SPANISH for MASTERY A

Bienvenidos

Jean-Paul Valette
Rebecca M. Valette

Editor-Consultant
Teresa Carrera-Hanley

Contributing Writer
Frederick Suárez Richard

D.C. Heath AND COMPANY
Lexington, Massachusetts / Toronto, Ontario

HEATH

TEACHER CONSULTANTS
Susan Crichton, Lynnfield High School, Massachusetts
Karen Davis, McLean Middle School, Texas
Elena Marsh, Columbine High School, Colorado
Judith Morrow, Bloomington High School South, Indiana
Delores Rodríguez, San Jose Unified School District, California

LINGUISTIC CONSULTANT
Kenneth Chastain, University of Virginia

DIRECTOR, MODERN LANGUAGES
Roger D. Coulombe

PROJECT EDITORS
Lawrence Lipson
Sylvia Madrigal
Reem Kettaneh

NATIONAL MODERN LANGUAGE COORDINATOR
Teresa Carrera-Hanley

D.C. HEATH CONSULTANT
Karen Ralston

DESIGN AND PRODUCTION
Victor Curran, Design Section Manager
David B. Graham and Christine Beckwith, Designers
Sandra Easton, Senior Production Coordinator
Marianna Frew Palmer, Editorial Services
Christine Beckwith, Cover Designer
Susan McDermott, Photo Researcher
Melle Katze, Illustrator

1997 Impression

International Standard Book Number: 0-669-26883-6

7 8 9 10 11 12   VHP   03 02 01 00

Querídos amígos,
Dear friends,

The language you are going to study this year is a very special language. It is present all around us! Think of the many states, cities, rivers and mountains that bear Spanish names: Florida, Colorado, Los Angeles, El Paso, the Rio Grande, the Sierra Nevada . . . More important, Spanish is spoken by millions of Americans every day. You may have a friend with a Hispanic name, or you may know of famous people whose names are Spanish. In fact, you yourself may be of Hispanic origin.

Spanish is the language of Spain, of Mexico, of Central America and of most of South America. It is also spoken in parts of the Philippines and in parts of Africa. It is the official language of 20 countries and is one of the five official languages of the United Nations. More than 330 million people around the world use Spanish daily to communicate.

In a broader sense, the study of Spanish is important because language is part of culture. In learning a language, you learn not only how other people express themselves, but also how they live and what they think. This, in turn, will help you to understand your own culture better.

As you see, knowing Spanish can be a step toward several worthwhile goals: communication with others here and abroad, increased knowledge of the world and better understanding of ourselves.

Y ahora, ¡adelante con el español!
And now, forward with Spanish!

Jean-Paul Valette   *Rebecca M. Valette*

Contents

iv

Nosotros
los hispanoamericanos 58

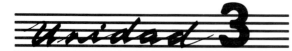

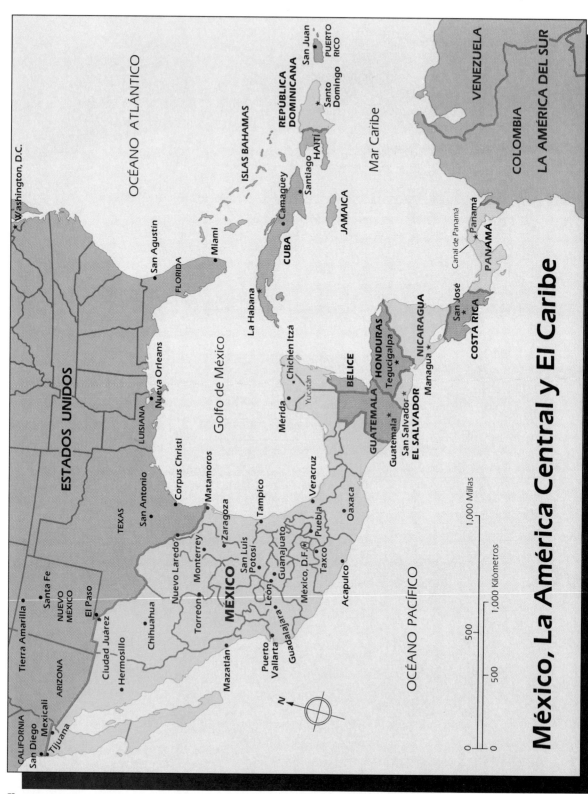

México, La América Central y El Caribe

Mar Caribe

Canal de Panamá

COSTA RICA

Cartagena

Maracaibo

Caracas ★

PANAMÁ

VENEZUELA

GUYANA

SURINAM

GUAYANA FRANCESA

Medellín

Bogotá ★

Cali ★

COLOMBIA

Quito ★

ECUADOR

Guayaquil ●

Iquitos ●

Manaus ●

Belém ●

Fortaleza ●

B R A S I L

Trujillo ●

PERÚ

El Callao ●

Lima ★

Machu Picchu □

Cuzco ●

Salvador ●

La Paz ●

Arequipa ●

BOLIVIA

Sucre ★

Brasilia ★

Antofagasta ●

PARAGUAY

Rio de Janeiro ●

São Paulo ●

OCÉANO

PACÍFICO

Asunción ★

San Miguel

de Tucumán ●

Pôrto Alegre ●

CHILE

Córdoba ●

URUGUAY

Valparaíso ●

Santiago ★

LA PAMPA

Buenos

Aires ●

Montevideo ●

Punta del Este ●

Concepción ●

ARGENTINA

OCÉANO ATLÁNTICO

N

La América del Sur

ISLAS MALVINAS

Tierra del Fuego

0   400   800 Millas

0   400   800 Kilómetros

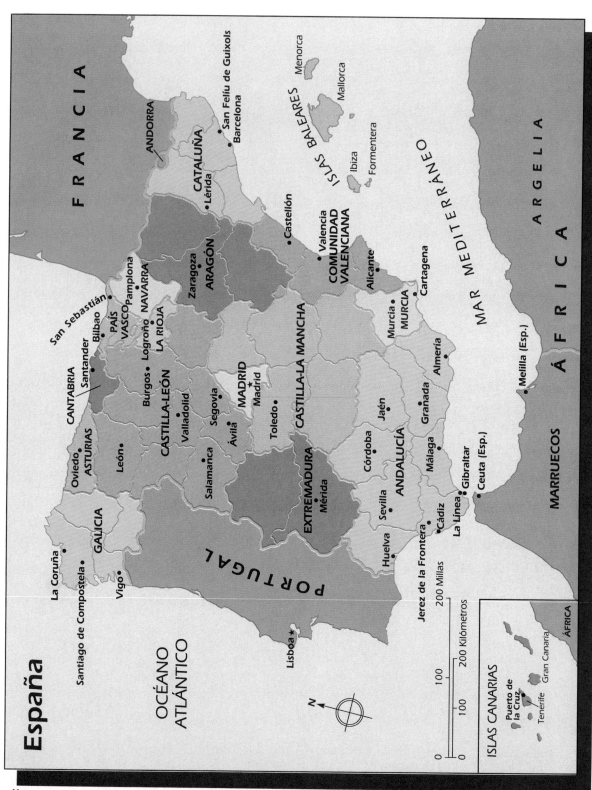

España

FRANCIA

OCÉANO ATLÁNTICO

PORTUGAL

ANDORRA

San Feliu de Guixols
Barcelona

CATALUÑA

Lérida •

ISLAS BALEARES

Menorca

Mallorca

Ibiza
Formentera

Castellón •

MAR MEDITERRÁNEO

Valencia •
COMUNIDAD
VALENCIANA

Alicante •

ARGELIA

Pamplona
NAVARRA

Zaragoza •
ARAGÓN

San Sebastián •
Bilbao
PAÍS
VASCO
Logroño •
LA RIOJA

Santander
CANTABRIA

ASTURIAS
Oviedo •

GALICIA

La Coruña •
Santiago de Compostela •

Vigo •

Burgos •

CASTILLA-LEÓN

Valladolid •

León •

Segovia •

Ávila •

Salamanca •

CASTILLA-LA MANCHA

MADRID
★ Madrid

Toledo •

MURCIA
Murcia ★

Cartagena •

Almería •

Granada •

Jaén •

Córdoba •

ANDALUCÍA

Málaga •

Sevilla •

Huelva •

Cádiz •

Jerez de la Frontera •

La Línea

Gibraltar

Ceuta (Esp.)

EXTREMADURA
Mérida •

MARRUECOS

ÁFRICA

Melilla (Esp.) •

Lisboa ★

N

200 Millas

0   100   200 Kilómetros

0   100   200

ISLAS CANARIAS

Puerto de
la Cruz

Tenerife

Gran Canaria

ÁFRICA

¡Hola! Me llamo...

Alberto
Alonso
Andrés
Antonio
Carlos
Diego
Domingo
Eduardo
Enrique
Esteban
Federico

Manuel
Miguel
Pablo
Pedro
Ramón
Raúl
Rafael
Ricardo
Roberto
Salvador
Tomás

Felipe
Francisco (Paco)
Guillermo
Jaime
Jesús
José (Pepe)
Juan
Luis

Alicia
Ana
Anita
Bárbara
Beatriz
Carolina
Carlota
Catalina
Clara
Cristina
Elena
Emilia
Francisca (Paca)
Inés
Isabel
Josefina (Pepita)
Juana
Juanita

Laura
Lucía
Luisa
Manuela
María
Mariana
Marta
Rosa
Rosalinda
Susana
Teresa
Verónica

Unidad 1

¡Bienvenidos!

Lección 1 Presentaciones

A. ¿CÓMO TE LLAMAS?

(On the first day of school in San Antonio, Texas)

Alicia: ¿Cómo te llamas?
Carlos: Me llamo Carlos, ¿y tú?
Alicia: ¡Me llamo Alicia!
Carlos: ¿Eres de Puerto Rico?
Alicia: ¡No!
Carlos: ¿Eres de México?
Alicia: ¡No!
Carlos: ¿Eres de Panamá?
Alicia: ¡No, no, no! Soy de San Antonio . . .
      ¡como tú!

A. WHAT'S YOUR NAME?

What's your name?
My name is Carlos; and yours?
My name is Alicia!
Are you from Puerto Rico?
No.
Are you from Mexico?
No.
Are you from Panama?
No, no, no! I'm from San Antonio,
like you!

NOTA CULTURAL

José Antonio Domínguez
México

Los hispanohablantes
(The Spanish speakers)

Today Spanish is spoken by over three hundred and thirty million people around the world. These people who share the same language are the Hispanic people. They live in Spain, South and Central America, Mexico, the Caribbean ... and also in the United States. More than twenty million people of Hispanic background are living in the United States.

Ángela Santos
Puerto Rico

Ernesto Medina
Perú

Ana Guzmán
Argentina

Pablo Castillo
España

Graciela Cortez
Panamá

Marta Gómez
Estados Unidos

Nombre			
Castillo, Pablo	Calle Velázquez	Madrid	España
Cortez, Graciela	Avenida Balboa	Panamá	Panamá
Domínguez, José A.	Avenida Reforma	Veracruz	México
García, Carmen	Avenida Colón	Bogotá	Colombia
Gómez, Marta	San Martín Road	San Antonio Texas,	Estados Unidos
Guzmán, Ana	Plaza de la Independencia	Buenos Aires	Argentina
Martínez, Felipe	Avenida de la Paz	San José	Costa Rica
Medina, Ernesto	Avenida del Sol	Cuzco	Perú
Montero, María	Avenida José Martí	La Habana	Cuba
Santos, Ángela	Avenida Palmas del Mar	San Juan	Puerto Rico
Pérez, Ricardo	Ponce de León Boulevard	Miami,	Florida, Estados Unidos
Sánchez, Pedro	Avenida América	Quito	Ecuador
Vilar, Luisa	Avenida Simón Bolívar	La Paz	Bolivia

ACTIVIDAD 1 Presentaciones (Introductions)

Imagine that you are in a school in Colombia. It is the first day of school and the new students are introducing themselves to one another. Play the roles of these students.

⟳ José / Anita

José: ¿Cómo te llamas?
Anita: Me llamo Anita, ¿y tú?
José: Me llamo José.

1. Tomás / Teresa
2. Diego / Susana
3. Luis / Luisa
4. Miguel / Ana
5. Pablo / Emilia
6. Ramón / Inés
7. Ricardo / Clara
8. Juan / Anita
9. Felipe / María
10. Pedro / Isabel

NOTAS:
1. You may have noted the accent mark in certain names (José, María, Tomás, Inés). Accent marks are part of Spanish spelling. They should not be left out!

2. In Spanish, question marks and exclamation points occur at the beginning as well as at the end of a question or exclamation. These punctuation marks are written upside down at the place where the question (¿) or exclamation (¡) begins.

ACTIVIDAD 2   ¿De dónde eres? *(Where are you from?)*

Say where you are from. Then ask a classmate where he or she is from.

≫   Estudiante 1: Soy de [San Antonio], ¿y tú?
     Estudiante 2: Soy de [Houston].

ACTIVIDAD 3   ¡Hola!

Choose one of the Hispanic young people listed in the address book on the
left and pretend to be that person. Introduce yourself to the class.

≫   ¡Hola! Me llamo Graciela Cortez. Soy de Panamá.

ACTIVIDAD 4   ¿Quién eres? *(Who are you?)*

A classmate will play the part of one of the young people in the address
book. Have an interview according to the model.

≫   Estudiante 1: ¡Hola! ¿Cómo te llamas?
     Estudiante 2: Me llamo José Antonio Domínguez.
     Estudiante 1: ¿Eres de México?
     Estudiante 2: ¡Sí! Soy de México.

B. ¿QUIÉN ES?

Alicia: ¿Quién es?
Carlos: ¡Es Dolores Hernández!
Alicia: ¿Dolores Fernández?
Carlos: ¡No! ¡Hernández, con H (hache)!

WHO IS THAT?

Who is that?
It's Dolores Hernández.
Dolores Fernández?
No, Hernández, with an H.

NOTA CULTURAL

Nombres hispánicos
(Spanish names)

Since many people in Spanish-speaking countries are Catholic, it has been the tradition to give children the names of saints of the Catholic calendar. Boys are commonly named Juan, Pedro, Tomás, José, Miguel, Carlos . . . Girls are often named in honor of the Virgin Mary: María, Dolores, Carmen, Concepción, Consuelo, Pilar, Mercedes . . . The name Dolores, for example, is an abbreviation of *Nuestra Señora de los Dolores*—Our Lady of Sorrows.

It is common to give children a double first name: Juan Carlos, José Luis or José Antonio for boys; Ana María, María Elena or Maricarmen for girls.

Pronunciación El alfabeto español

Knowing the Spanish alphabet will help you spell Spanish words. It will also help you practice pronouncing Spanish sounds. Here are the letters of the Spanish alphabet, along with their Spanish names.

a	a	**j**	jota	**r**	ere
b	be	**k**	ka	**rr**	erre
c	ce	**l**	ele	**s**	ese
ch	che	**ll**	elle	**t**	te
d	de	**m**	eme	**u**	u
e	e	**n**	ene	**v**	ve
f	efe	**ñ**	eñe	**w**	doble ve
g	ge	**o**	o	**x**	equis
h	hache	**p**	pe	**y**	i griega
i	i	**q**	cu	**z**	zeta

The Spanish alphabet contains three more letters than the English alphabet: **ch, ll,** and **ñ.** When Spanish words are put in alphabetical order the letters **ch, ll,** and **ñ** come after **c, l,** and **n,** respectively.

ACTIVIDAD 5 Nombres

Spell out loud the following names in Spanish:

> your first name
> your last name
> the names of your father and mother or brothers and sisters

Para la comunicación

Expresión para la conversación

aquí   *here*

Soy de **aquí**, como tú.   *I'm from here, like you.*
Y María, ¿es de **aquí?**   *And María, is she from here?*
Y Pablo, ¿es de **aquí?**   *And Pablo, is he from here?*

Mini-diálogos

Use the words in the pictures to replace the underlined words.

Carmen: ¿Quién es?
    José: ¡Es Miguel!
Carmen: ¿Es de aquí?
    José: ¡No! ¡Es de Puerto Rico!

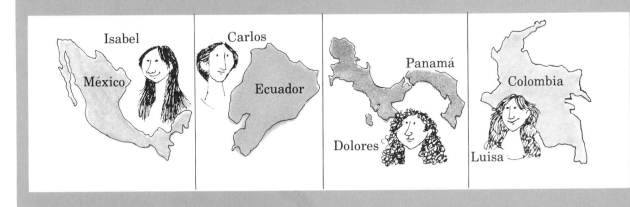

¡Hola, Carlos!
¡Hola, María!

¡Hola, Felipe!
¿Qué tal, Carolina?

¡Hola, Luis!, ¿qué tal?
Muy bien, ¿y tú?

¡Hola, José! ¿Cómo estás?
Bien, ¿y tú?

¡Buenos días, señora Sánchez!
¡Buenos días, señora Camacho!

¡Buenos días, señor Fonseca! ¿Cómo está usted?
¡Muy bien, señor Montero!

¡Adiós, Luisa!
¡Adiós, Miguel!

Hello, Carlos!
Hi, María!

Hi, Felipe!
How's it going, Carolina?

Hello Luis, how are you?
Very well, and you?

Hi, José! How are you?
Fine, and you?

Good morning, Mrs. Sánchez.
Good morning, Mrs. Camacho.

Good morning, Mr. Fonseca. How are you?
Very well, Mr. Montero!

Goodby, Luisa!
'Bye, Miguel!

NOTAS CULTURALES

Saludando a los amigos
(Greeting friends)

Hispanic people are very open in showing their friendship. Teenagers, for instance, greet each other not only with words, but also with marks of affection. Boys shake hands. Girls kiss each other on the cheek. Boys and girls shake hands. These greetings are used when people meet and sometimes when they are leaving each other.

Informalidad y formalidad

In general, Spanish speakers tend to be more formal than English speakers. Here are two examples of this formality. In the United States, we say "Hi" or "Hello" when we meet a friend or a teacher. A Hispanic teenager will say *¡Hola!* to a friend, but when meeting a teacher will still probably use the more formal greetings *¡Buenos días!, ¡Buenas tardes!* and *¡Buenas noches!*

In the United States we would ask "How are you?" of both close friends and more distant acquaintances. There are two ways of asking this question in Spanish, depending on the relationship between the speakers. Hispanic teenagers will say *¿Cómo estás?* to a friend or a member of the family. They will use the more formal *¿Cómo está usted?* with all other persons.

Hispanic formality is a mark of respect and a way of life.

VOCABULARIO PRÁCTICO   Saludos y respuestas *(Greetings and responses)*

To greet someone . . .	*saludos*	*respuestas*
informally:	¡Hola!	¡Hola!
	¿Cómo estás?	¡Muy bien! ¿Y tú?
	¿Qué tal?	¡Bien, gracias!
formally:		
(in the morning)	¡Buenos días, señor!	¡Buenos días!
(in the afternoon)	¡Buenas tardes, señorita!	¡Buenas tardes!
(in the evening)	¡Buenas noches, señora!	¡Buenas noches!
	¿Cómo está usted?	¡Muy bien, gracias! ¿Y usted?
To say goodby. . .		
formally and informally:	¡Adiós!	¡Adiós!
	¡Hasta luego!	¡Hasta luego!
	¡Hasta la vista!	¡Hasta la vista!

NOTA: In written Spanish, the following abbreviations, which are always capitalized, are commonly used:

Sr. señor   **Sra.** señora   **Srta.** señorita   **Ud.** (or **Vd.**) usted

ACTIVIDAD 1   En el restaurante

Imagine that you are eating lunch in a Spanish restaurant. You notice the following friends who are arriving with their parents. Greet each person, using ¡Hola! or ¡Buenas tardes! as appropriate.

⟯⟯ Carlos   ¡Hola, Carlos!
   Señor Sánchez   ¡Buenas tardes, señor Sánchez!

1. Carmen
2. Miguel
3. Felipe
4. Manuel

5. Luisa
6. Teresa
7. Señor Pérez
8. Señora Vilar

9. Señora López
10. Señor Ortiz
11. Señorita Fonseca
12. Señorita Velázquez

ACTIVIDAD 2   En la calle

Imagine you meet the following people in the street at the time of day indicated. Greet them appropriately.

⟯⟯ ☽ Señor Alonso   ¡Buenas noches, señor Alonso!

1. ☼ Señor Morales
2. ☽ Señora Santana
3. ☼ Señorita León

4. ☼ Señor Ortiz
5. ☼ Señora Sera
6. ☽ Señorita Montero

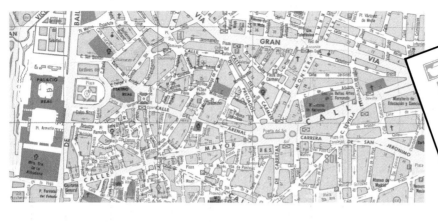

ACTIVIDAD 3 De paseo *(Walking down the street)*

Imagine that you are spending your vacation in Spain. After supper, you engage in one of the favorite Spanish activities which consists of strolling down the street. As you walk, you meet the following people and ask them how they are. Use **¿Cómo estás?** and **¿Cómo está Ud.?** as appropriate.

> Carlos   ¿Cómo estás, Carlos?
> Señor Sánchez   ¿Cómo está Ud., señor Sánchez?

1. Dolores
2. Señor García
3. Inés
4. Señora Pascual
5. Roberto
6. Señor Guitarte
7. Paco
8. Señora Iturbe
9. Luis
10. Señorita Meléndez

ACTIVIDAD 4 Adiós

Say goodby to the following people, using the expression suggested.

> Manuel (Adiós)   ¡Adiós, Manuel!

(Adiós)	(Hasta luego)	(Hasta la vista)
1. Felipe	4. Luisa	7. Catalina
2. Ramón	5. Sr. Martí	8. Sra. Machado
3. Tomás	6. Sra. Fonseca	9. Sr. Pacheco

Pronunciación   El sonido de la vocal *a*

Model word: A̲na̲
Practice words: ha̲sta̲ A̲nita̲ Ca̲ta̲lina̲ Pa̲na̲má̲
Practice sentences: ¡Ha̲sta̲ la̲ vista̲, A̲nita̲!
                 ¡Hola̲, A̲na̲! ¿Qué ta̲l?

The sound of the Spanish vowel **a** is similar to but shorter and more precise than the sound of the English vowel **a** of "father."

Para la comunicación

Mini-diálogos

Use the suggestions in the pictures to create new dialogs. Remember to use the appropriate level of formality.

Anita y Sr. Chávez

Anita:	¡Buenos días, señor Chávez!
Sr. Chávez:	¡Buenos días, Anita!
Anita:	¿Cómo está Ud.?
Sr. Chávez:	¡Muy bien, gracias!

Pilar y Luisa

Sra. Martí y Sr. Sánchez

Sra. Iturbe y Sra. Vilar

Roberto y Tomás

Lección 3 ¿Cuánto es?

A. MÉXICO — EN UN CAFÉ

Claudia, Inés, Esteban, Pablo

Esteban: ¡Camarero!
Camarero: ¡Sí, señor!
Esteban: Una Coca-Cola, por favor.
Claudia: Y uno . . . dos . . . tres cafés.
Camarero: Con mucho gusto.

. . . . . .

Inés: ¿Cuánto es?
Pablo: No, no, Inés . . . Aquí tiene,
camarero.
Camarero: Gracias, señor. Y aquí tiene
el vuelto. Diez pesos.
Claudia, Inés
y Esteban: ¡Gracias, Pablo!
Pablo: De nada.

A. MEXICO — IN A CAFE

Waiter!
Yes, sir!
A Coca-Cola, please.
And one . . . two . . . three coffees.
With pleasure.

. . . . . .

How much is that?
No, no, Inés . . . Here you are,
waiter.
Thank you, sir. And here's
your change. Ten pesos.

Thanks, Pablo!
Don't mention it.

NOTA CULTURAL

Monedas de los países hispánicos
(Hispanic currency)

Although they share a common language, the various Hispanic countries are far from similar. Their people are different and so are their traditions, their customs, their forms of government, their economic systems . . . and their national currencies. Here are the monetary units of some of these countries.

la Argentina: el austral
Bolivia: el peso
el Ecuador: el sucre
España: la peseta

Guatemala: el quetzal
el Perú: el sol, el inti
México: el peso
Venezuela: el bolívar

The value of the peso varies from country to country.

VOCABULARIO PRÁCTICO   Los números de 0 a 10

0	cero	3	tres	6	seis	9	nueve
1	uno	4	cuatro	7	siete	10	diez
2	dos	5	cinco	8	ocho		

ACTIVIDAD 1   Números de teléfono

Imagine that the following Mexican teenagers are exchange students in
your school. Give each person's phone number, according to the model.

Felipe 324-5278   El número de Felipe es tres-dos-cuatro-cinco-dos-siete-ocho.

1. Ramón 527-9031
2. Luisa 442-6839
3. Isabel 964-8701
4. Dolores 862-0483

5. Pilar 782-3942
6. Carmen 681-0357
7. Pedro 456-9801
8. Paco 612-3794

ACTIVIDAD 2   En un café

Together with a classmate, play the roles of a customer and a waiter or
waitress in a café. Use the menu which appears below. **¿Cuánto cuesta ___?**
means *How much does ___ cost?* Follow the model.

el café   Cliente: ¡Camarero! (¡Camarera!)
        Camarero(a): Sí, señor (señorita).
            Cliente: ¿Cuánto cuesta el café?
        Camarero(a): Cuatro pesos, señor (señorita).

(el) café	4 pesos	(el) sándwich	10 pesos
(el) té	4 pesos	(la) hamburguesa	10 pesos
(el) chocolate	5 pesos	(la) pizza	9 pesos
(la) Coca-Cola	3 pesos	(el) taco	6 pesos

B. EN UN MERCADO

Pedro: ¡Perdón, señor! ¿Cuánto cuesta el sombrero?	Excuse me, sir! How much is the hat?
El vendedor: ¿El sombrero? ¡Treinta pesos, señor!	The hat? Thirty pesos, sir.
Pedro: ¡Veinte!	Twenty!
El vendedor: ¡No, señor! ¡Veinte y ocho pesos! ¡Menos, no!	No, sir. Twenty-eight pesos. No less!
Pedro: ¡Veinte y tres!	Twenty-three!
El vendedor: ¡No, veinte y seis!	No, twenty-six.
Pedro: ¡Veinte y cinco!	Twenty-five!
El vendedor: Bueno . . . ¡pero es un regalo!	OK . . . but it's a gift (a giveaway)!!

NOTA CULTURAL

La artesanía
(Handicrafts)

In shops and outdoor markets throughout the Spanish-speaking world, you will find many beautiful handcrafted articles. There is colorful pottery, woven and embroidered textiles, fine leather articles, straw hats, wooden figurines. Each country has its own specialty. Bolivia is known for its embroidered dance costumes, Mexico for its variety of ceramic objects, Venezuela for its glass figurines, Spain for its painted tiles. Created by skilled and imaginative craftsmen, these superb handicrafts combine traditional folk art with new techniques and ideas.

11	once	20	veinte	29	veinte y nueve
12	doce	21	veinte y uno	30	treinta
13	trece	22	veinte y dos	40	cuarenta
14	catorce	23	veinte y tres	50	cincuenta
15	quince	24	veinte y cuatro	60	sesenta
16	diez y seis	25	veinte y cinco	70	setenta
17	diez y siete	26	veinte y seis	80	ochenta
18	diez y ocho	27	veinte y siete	90	noventa
19	diez y nueve	28	veinte y ocho	100	cien (ciento)

ACTIVIDAD 3   En el puesto de periódicos *(At the newsstand)*

Imagine that you are earning money selling papers at a newsstand.
Newspapers (**periódicos**) are five pesos each, and magazines (**revistas**) are
seven pesos. Say how much the following cost.

ᗡ 2 periódicos   Dos periódicos cuestan *(cost)* diez pesos.

1. 3 periódicos
2. 4 periódicos
3. 5 periódicos
4. 10 periódicos
5. 12 periódicos

6. 2 revistas
7. 4 revistas
8. 5 revistas
9. 6 revistas
10. 7 revistas

11. 2 periódicos y 2 revistas
12. 2 periódicos y 4 revistas
13. 4 periódicos y 6 revistas
14. 8 periódicos
15. 10 periódicos

ACTIVIDAD 4   En el mercado

Imagine that you are in a marketplace. Bargain for a lower price on the
following items. A classmate will play the part of the merchant. Use
dialog B as a model.

1. el sombrero: 30 pesos
2. el sombrero: 20 pesos
3. el sombrero: 40 pesos

4. el poncho: 80 pesos
5. el poncho: 100 pesos
6. el poncho: 90 pesos

Pronunciación   El sonido de la vocal e

Model word: Pepe
Practice words: peso peseta cero tres es café trece
Practice sentences: ¿Cuánto es? ¿Trece pesetas?
　　　　　　　　　¡Camarero! Tres cafés, por favor.

The sound of the Spanish vowel **e** is similar to but shorter and more
precise than the sound of the English vowel **a** in "tape."

Para la comunicación

Expresiones para la conversación

Here are some expressions of politeness used by Spanish speakers:

¡Por favor!	*Please*	—Un café, **por favor.**
¡Con mucho gusto!	*With pleasure!*	—**Con mucho gusto,** señor.
¡Gracias! **¡Muchas gracias!** }	*Thank you*	—**Gracias.**
¡De nada! **¡No hay de qué!** }	*You're welcome*	—**De nada.**

Mini-diálogos

Imagine you are in a stationery store in Madrid. Create new dialogs by replacing the underlined words with the expressions suggested in the pictures.

el mapa

Cliente: Por favor, ¿cuánto cuesta <u>el mapa</u>?

Vendedor(a): <u>Ochenta</u> pesetas.

Cliente: Aquí tiene <u>cien</u> pesetas.

Vendedor(a): *(making change)* <u>Noventa, y cien.</u>

Cliente: Muchas gracias.

Vendedor(a): De nada.

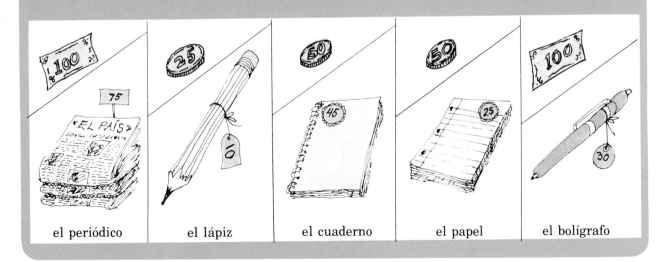

| el periódico | el lápiz | el cuaderno | el papel | el bolígrafo |

Lección 4   Una cita

<table>
<tr><td>

A. A LAS DOS

Anita: ¿Qué hora es, Clara?
Clara: Son las dos.
Anita: ¿Las dos? ¡Caramba!
Clara: ¿Qué pasa?
Anita: Tengo una cita con Antonio.
Clara: ¿A qué hora?
Anita: ¡A las dos! ¡Adiós, Clara!
Clara: ¡Hasta luego!

</td><td>

A. AT TWO O'CLOCK

What time is it, Clara?
It's two o'clock.
Two? Oh, no!
What's wrong?
I have a date with Antonio.
At what time?
Two o'clock! 'Bye, Clara!
See you later!

</td></tr>
</table>

VOCABULARIO PRÁCTICO La hora

¿Qué hora es?

Es la una. **Son las dos.** **Son las tres.** **Son las diez.**

¿A qué hora?

A la una. **A las cinco.** **A las ocho.** **A las doce.**

NOTA: To distinguish between *a.m.* and *p.m.*, Spanish speakers say:

Tengo **una cita** *(date)* con Isabel a las diez **de la mañana.**

Tengo una cita con Antonio a las dos **de la tarde.**

Tengo una cita con Anita a las ocho **de la noche.**

Son las doce **de la noche.**

ACTIVIDAD 1 Citas

Say at what time you have an appointment with the people mentioned below.

Luisa 1:00 Tengo una cita con Luisa a la una.

1. Roberto 2:00
2. Clara 5:00
3. Paco 6:00
4. Enrique 8:00
5. Isabel 9:00
6. Pablo 7:00

ACTIVIDAD 2   ¿A qué hora?

Elena is well-informed and can tell Antonio at what hour these activities begin. Play the two roles according to the model.

⟫ el concierto: 2:00   Antonio: ¿A qué hora es el concierto, Elena?
                        Elena: A las dos.

1. la clase de español: 10:00
2. la clase de matemáticas: 11:00
3. el programa de televisión: 7:00
4. la comedia musical: 4:00
5. el partido de fútbol *(soccer game):* 3:00
6. el partido de béisbol: 5:00
7. el partido de tenis: 1:00
8. la fiesta *(party):* 9:00

NOTA CULTURAL

La hora hispánica
(Hispanic attitudes towards time)

For many Americans, "time is money." This attitude is not shared by most Hispanic people. For them, life is to be fully enjoyed, not hurried through. Friends may be an hour late to a date and no one will be upset. Guests may arrive half an hour late at a dinner party and no one will expect an apology.

Obviously, this attitude does not characterize *all* aspects of Hispanic life. Shops, banks, and government offices open and close at fixed hours, and in most instances buses, trains and planes follow regular timetables.

Desde Bogotá
El mayor número de vuelos.

DÍA	SALE	LLEGA	VUELO
Diario	11:15 A.M.	2:30 P.M.	908
sin escalas	10:35 A.M.	3:20 P.M.	976
Lunes	10:35 A.M.	3:20 P.M.	976
Martes	10:35 A.M.	3:20 P.M.	976
Sábados	10:35 A.M.	3:20 P.M.	976
Domingos			

B. A LAS DOS Y DIEZ

Antonio: ¿Qué hora es, Carlos? ¿Las dos menos
cuarto?
Carlos: No, Antonio. Son las dos y diez.
Antonio: ¡Las dos y diez! ¡Caramba!
Carlos: ¿Qué pasa?
Antonio: ¡Tengo una cita con Anita!
Carlos: ¿A qué hora?
Antonio: ¡A las dos!
Carlos: ¿Es Anita muy puntual?
Antonio: Sí, es muy puntual . . . ¡pero no es muy
paciente!

A LAS DOS Y MEDIA

¡Hola, Anita!   ¿Qué tal, Antonio?

B. AT TWO-TEN

What time is it, Carlos? Quarter
to two?
No, Antonio . . . it's two-ten.
Two-ten! Oh, no!
What's the matter?
I have a date with Anita!
At what time?
At two o'clock!
Is Anita very punctual?
Yes, she's punctual. . . but not very
patient!

AT TWO-THIRTY

Hi, Anita!   How's it going, Antonio?

VOCABULARIO PRÁCTICO La hora

Son las diez
y cinco.

Son las diez
y cuarto.

Son las diez
y veinte.

Son las diez
y media.

Son las dos
menos cinco.

Son las dos
menos cuarto.

Son las dos
menos veinte.

Es la una
y media.

ACTIVIDAD 3   La hora exacta

Pedro wants to make sure his watch is right, and he checks with Anita.
Play both roles according to the model.

🕮 10:00   Pedro: ¿Son las diez?
             Anita: ¡Sí, son las diez!

1. 11:00	4. 10:00	7. 2:30	10. 4:45	13. 8:05
2. 1:00	5. 10:15	8. 3:30	11. 6:50	14. 9:24
3. 2:00	6. 2:15	9. 4:05	12. 7:55	15. 9:40

Pronunciación El sonido de la vocal *i*

Model word: sí
Practice words: Lima Anita Cádiz cita Isabel
Practice sentences: Tengo una cita con Anita.
                     Sí, señorita.

The sound of the Spanish vowel **i** is similar to but shorter and more precise
than the sound of the English vowels **ea** in "meat."

Para la comunicación

Mini-diálogos

Use the train schedule to create new dialogs. Replace the underlined words with the information in the schedule, making the necessary changes.

En la estación de Madrid *(In the Madrid train station)*

LLEGADAS — ARRIVALS		SALIDAS — DEPARTURES	
Barcelona	1:05	Córdoba	3:10
Sevilla	2:30	Valencia	4:25
Salamanca	2:45	Málaga	7:20
Toledo	3:00	Bilbao	8:50
Granada	4:10	Pamplona	9:40
Cádiz	6:30	San Sebastián	10:55

(a) Josefina: ¡Por favor! ¿A qué hora llega *(arrives)* el tren de <u>Barcelona</u>?

Taquillera: <u>A la una y cinco.</u>

Josefina: Muchas gracias.

Taquillera: No hay de qué.

(b) Taquillera: El tren de <u>Córdoba</u> sale *(leaves)* a <u>las tres y diez</u>.

Salvador: ¡Caramba!

Taquillera: ¿Qué pasa?

Salvador: ¡<u>Son las tres y veinte</u>!

25

Lección 5   Fechas importantes

Hay fechas muy importantes en el diario
de María. ¡Mira!

There are very important dates in María's
diary. Look!

el cumpleaños de mamá	el 20 de agosto
el cumpleaños de papá	el 13 de marzo
el cumpleaños de Maricarmen	el 21 de febrero
el cumpleaños de Isabel	el 2 de octubre
el cumpleaños de Ricardo	el 7 de mayo
el cumpleaños de Juan	el primero de septiembre
mi cumpleaños	el 8 de abril
el día de mi santo	el 15 de agosto
el primer día de clase	el 14 de septiembre
el primer día de vacaciones	el primero de julio

Mom's birthday	August 20
Dad's birthday	March 13
Maricarmen's birthday	February 21
Isabel's birthday	October 2
Ricardo's birthday	May 7
Juan's birthday	September 1
my birthday	April 8
my saint's day	August 15
first day of class	September 14
first day of vacation	July 1

María: ¿Qué día es hoy? ¿El treinta de septiembre?	What day is today? The thirtieth of September?
Juan: No. Hoy es el primero de octubre.	No. Today is the first of October.
María: ¡Y mañana es el dos de octubre! ¡Es el cumpleaños de Isabel y no tengo regalo!	And tomorrow's the second of October! It's Isabel's birthday and I don't have a gift!
Juan: ¡Ay!	Oh, no!

NOTA CULTURAL

El cumpleaños y el día del santo
(Birthdays and saint's days)

Since the family means a great deal to most Spanish-speaking people, birthdays are occasions for large celebrations and family gatherings. First there is a meal to which family (parents, brothers, sisters, aunts, uncles, cousins, grandparents), godparents *(los padrinos)* and friends are invited. Then the party continues with stories, music and dancing, and a lot of fun.

In addition to their birthdays, many Hispanic people also celebrate their saint's day. This is the day on which the Catholic Church honors a particular saint. For example, a person named Juan would celebrate his *día del santo* on June 24, *el día de San Juan.*

Some Hispanic people are named after the saint who was being honored on the day of their birth, and as a result their saint's day coincides with their birthday.

VOCABULARIO PRÁCTICO   La fecha (The date)

los días de la semana (days of the week)

lunes   martes   miércoles   jueves   viernes   sábado   domingo

el fin de semana (weekend)

los meses del año (months of the year)

enero	**abril**	**julio**	**octubre**
febrero	**mayo**	**agosto**	**noviembre**
marzo	**junio**	**septiembre**	**diciembre**

¿Qué día es hoy (mañana)?	*What day is it today (tomorrow)?*
Es sábado.	*It's Saturday.*
¿Cuál es la fecha de hoy (mañana)?	*What is today's (tomorrow's) date?*
Es el 12 de octubre.	*It's October 12.*

NOTA: To give the date, Spanish speakers use the following construction:

el + number + de + month

Hoy es **el dos de mayo.** Mañana es **el tres de mayo.**

Exception: The first day of the month is **el primero.**

El cumpleaños de Pedro es **el primero de agosto.**

ACTIVIDAD 1   Un día atrasado (A day late)

Roberto has trouble keeping up with his calendar. He is always a day late when thinking of the date. Anita corrects him. Play both roles.

᠔ domingo   Roberto: Hoy es domingo.
             Anita: No, es lunes.

1. martes	3. sábado	5. lunes
2. viernes	4. jueves	6. miércoles

ACTIVIDAD 2   Un día adelantado (A day early)

Felipe has just the opposite problem. He is always a day early. Anita corrects him. Play both roles. (The expression **¿verdad?** means *isn't it?*)

᠔ 12 octubre   Felipe: Hoy es el doce de octubre, ¿verdad?
                Anita: No, es el once.

1. 5 diciembre	4. 2 enero	7. 5 agosto
2. 10 noviembre	5. 14 febrero	8. 29 marzo
3. 15 abril	6. 2 julio	9. 20 junio

ACTIVIDAD 3 Información personal

Complete the following calendar.

1. Mi cumpleaños es el . . .
2. El cumpleaños de mi papá es el . . .
3. El cumpleaños de mi mamá es el . . .
4. El cumpleaños de mi mejor amigo
   (best friend: boy) es el . . .
5. El cumpleaños de mi mejor amiga
   (best friend: girl) es el . . .
6. Hoy es el . . .
7. Mañana es el . . .
8. El primer día de vacaciones es el . . .

El día del santo

Si *(If)* te llamas:	el día de tu *(your)* santo es:	Si te llamas:	el día de tu santo es:
Antonio	el 13 de junio	Ana	el 26 de julio
Carlos	el 4 de noviembre	Bárbara	el 4 de diciembre
Eduardo	el 5 de enero	Carmen	el 16 de julio
Enrique	el 13 de julio	Catalina	el 25 de noviembre
Esteban	el 26 de diciembre	Cecilia	el 22 de noviembre
Francisco	el 24 de enero	Clara	el 11 de agosto
Guillermo	el 10 de enero	Dolores	el 15 de septiembre
Jaime	el 25 de julio	Elena	el 18 de agosto
José	el 19 de marzo	Guadalupe	el 12 de diciembre
Juan	el 24 de junio	Lucía	el 13 de diciembre
Luis	el 25 de agosto	Luisa	el 15 de marzo
Martín	el 3 de noviembre	María	el 15 de agosto
Miguel	el 29 de septiembre	Marta	el 29 de julio
Pablo	el 29 de junio	Mónica	el 27 de agosto
Pedro	el 29 de junio	Rosa	el 13 de agosto
Ricardo	el 3 de abril	Teresa	el 15 de octubre
Vicente	el 27 de septiembre	Verónica	el 12 de julio

ACTIVIDAD 4 El día del santo

Isabel is very familiar with the Catholic calendar and can identify
everyone's saint's day. Perform the dialogs according to the model.
(Entonces means *so* or *then*.)

⟷ Ricardo   Ricardo: Me llamo Ricardo.
             Isabel: Entonces, tu santo es el tres de abril.

1. Teresa	3. Dolores	5. Luis	7. Pedro
2. Lucía	4. Miguel	6. María	8. Esteban

Pronunciación **El sonido de la vocal *u***

Model word: t<u>ú</u>

Practice words: l<u>u</u>nes j<u>u</u>nio j<u>u</u>lio oct<u>u</u>bre m<u>u</u>cho <u>u</u>sted

Practice sentences: El c<u>u</u>mpleaños de S<u>u</u>sana es en oct<u>u</u>bre.
                         Con m<u>u</u>cho g<u>u</u>sto, L<u>u</u>cía.

The sound of the Spanish vowel **u** is similar to but shorter and more
precise than the sound of the English vowels **oo** in "food."

Para la comunicación

Expresión para la conversación

To express surprise, you may say:

¿De veras?   *Really?*   — Mañana es el diez y nueve de marzo.
                                 Es mi cumpleaños.
                             — **¿De veras?** ¡Es el día de mi santo!

Mini-diálogos

Use the suggestions in the pictures to replace the underlined words. (The
word **¿cuándo?** means *when?*)

María

(a) Carmenza: Tengo una cita con <u>María</u>.
         Carolina: ¿De veras? ¿Cuándo?
         Carmenza: <u>El diez de octubre</u>.

(b)   Felicia: ¿Cuándo es el cumpleaños de
                   <u>María</u>?
          Beatriz: Es en <u>octubre</u>.
          Felicia: ¿Qué día?
          Beatriz: El <u>diez</u>.

Pablo

Luisa

Juan

Concepción

¿QUÉ TIEMPO HACE?

Buenos Aires, el veinte y seis de diciembre

Paula: ¡Hola, Mariana! ¡Feliz Navidad!

Mariana: ¡Feliz Navidad, Paula! ¿Qué tal?

Paula: ¡Muy bien! Hace buen tiempo hoy.

Mariana: ¡Sí! Hace sol y hace mucho calor.

Paula: ¡Vamos a la playa!

Mariana: ¡Qué bueno!

WHAT'S THE WEATHER LIKE?

Buenos Aires, December twenty-sixth

Hi, Mariana! Merry Christmas!

Merry Christmas, Paula! How are you?

Fine! The weather's great today.

Right. It's sunny and hot.

Let's go to the beach!

Great!

NOTA CULTURAL

Las estaciones (Seasons)

Does it seem strange to you to be going to the beach at Christmastime? Look at the globe and you will see that much of South America is in the Southern Hemisphere. The seasons in Argentina are the opposite of seasons in the United States: December is summertime, March is fall, July is winter, and October is spring. If young people in Buenos Aires go skiing at Christmas, it is likely to be waterskiing.

VOCABULARIO PRÁCTICO   El tiempo (Weather)

¿Qué tiempo hace?

Hace buen tiempo.

Hace calor.

Hace mucho calor.

Hace sol.

Está nublado.

Hace mal tiempo.

Hace viento.

Hace frío.

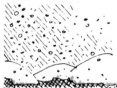

Llueve.   **Nieva.**

ACTIVIDAD 1   En el teléfono

Imagine that you are phoning friends in different cities. Talk about the weather, according to the model.

> hace calor / hace frío

Estudiante 1: ¿Qué tiempo hace?
Estudiante 2: Hace calor.
Estudiante 1: Aquí hace frío.

1. hace sol / hace viento
2. nieva / hace mucho calor
3. llueve / está nublado

4. hace viento / hace frío
5. está nublado / hace calor
6. hace viento / nieva

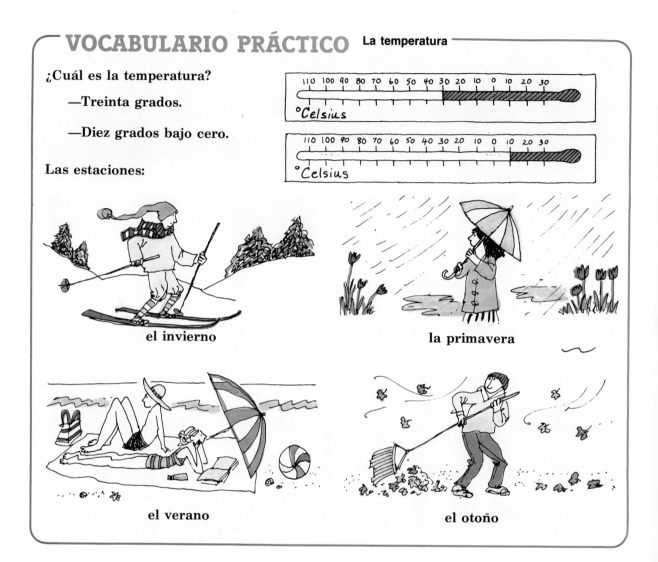

VOCABULARIO PRÁCTICO   La temperatura

¿Cuál es la temperatura?

—Treinta grados.

—Diez grados bajo cero.

Las estaciones:

el invierno

la primavera

el verano

el otoño

ACTIVIDAD 2   ¿Qué tiempo hace?

1. ¿Qué tiempo hace hoy?
2. ¿Cuál es la temperatura?
3. ¿Qué tiempo hace en el invierno? Y ¿cuál es la temperatura?
4. ¿Qué tiempo hace en la primavera? Y ¿cuál es la temperatura?
5. ¿Qué tiempo hace en el verano? Y ¿cuál es la temperatura?
6. ¿Qué tiempo hace en el otoño? Y ¿cuál es la temperatura?
7. Aquí, ¿cuáles son *(which are)* los meses del invierno? ¿de la primavera?
   ¿del verano? ¿del otoño?
8. En la Argentina, ¿cuáles son los meses del invierno? ¿de la primavera?
   ¿del verano? ¿del otoño?

El tiempo en el mundo (world) hispánico: El quince de enero

	TIEMPO	TEMPERATURA mínima	máxima
San Antonio, Texas		5°	17°
Nueva York		–3°	4°
San Juan, Puerto Rico		20°	27°
México, D.F.		7°	17°
Panamá, Panamá		21°	31°
La Paz, Bolivia		6°	13°
Santiago, Chile		16°	26°
Buenos Aires, Argentina		25°	37°
Madrid, España		2°	6°

MILLAS EN KILÓMETROS

1 milla = 1.609 kilómetros

millas	10	20	30	40	50
km	16	32	48	64	80
millas	60	70	80	90	100
km	97	113	129	145	161

KILÓMETROS EN MILLAS

1 kilómetro = 0.62 milla

km	10	20	30	40	50	60	70
millas	6	12	19	25	31	37	44
km	80	90	100	110	120	130	
millas	50	56	62	68	75	81	

ACTIVIDAD 3 El quince de enero

1. ¿Qué tiempo hace hoy en San Juan? ¿en México? ¿en Madrid?
2. ¿Llueve en Panamá? ¿Nieva en Nueva York?
3. ¿Dónde (where) está nublado? ¿Dónde hace viento?
4. ¿Cuál es la temperatura en Santiago? ¿en San Antonio? ¿en La Paz?
5. En España, ¿es invierno o verano? ¿y en la Argentina?

Pronunciación

El sonido de la vocal o

Model word: ag<u>o</u>st<u>o</u>
Practice words: <u>o</u>t<u>o</u>ño h<u>o</u>la s<u>o</u>l frí<u>o</u>
Practice sentences: Hace much<u>o</u> cal<u>o</u>r en ag<u>o</u>st<u>o</u>.
¡H<u>o</u>la, Al<u>o</u>ns<u>o</u>! ¿C<u>ó</u>m<u>o</u> estás?

The sound of the Spanish vowel **o** is similar to but shorter and more precise than the sound of the English vowel **o** of "noble."

Para la comunicación

Expresiones para la conversación

If you want to express your feelings about a situation, you can say:

¡Qué bueno! *Great!*
¡Qué malo! *That's bad!*

Mini-diálogos

Use the suggestions to create new dialogs. Replace the underlined words with the expressions suggested in the pictures. Conclude with **¡Qué bueno!** or **¡Qué malo!**, as appropriate.

30°

Felipe: ¡Hola! ¿Qué tiempo hace?

Rafael: <u>Hace sol.</u>

Felipe: Y ¿cuál es la temperatura?

Rafael: <u>Treinta grados.</u>

Felipe: <u>¡Qué bueno!</u>

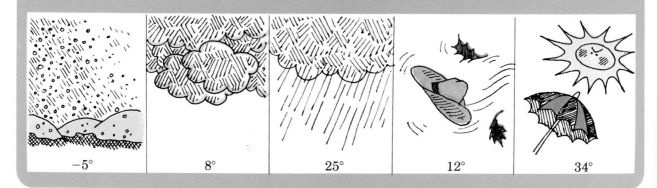

| −5° | 8° | 25° | 12° | 34° |

Unidad 1

Comunicando

¿Y ustedes?

Complete the following sentences with an expression that best reflects your personal situation or preferences. Then compare your answers with those of your classmates. You may want to establish a class survey.

1 Nací° en el mes de . . .
- agosto
- enero
- mayo
- noviembre
- ¿?

2 Mi día favorito es . . .
- el lunes
- el miércoles
- el viernes
- el domingo
- ¿?

3 Mi estación favorita es . . .
- el otoño
- el invierno
- el verano
- la primavera

*Por lo general,
llego a la escuela . . .*

4 Por lo general,° llego a la escuela° . . .
- a las ocho de la mañana
- a las ocho y media
- a las nueve
- a las once
- ¿?

5 Por lo general, cenamos° . . .
- a las cinco
- a las cinco y media
- a las seis menos cuarto
- ¿?

6 Por lo general, me acuesto° . . .
- a las nueve
- a las diez
- a las once
- a las doce
- ¿?

Nací *I was born* **Por lo general** *In general* **llego a la escuela** *I arrive at school*
cenamos *we have dinner* **me acuesto** *I go to bed*

7 Por lo general, el día de
mi cumpleaños . . .

- hace mucho calor
- hace buen tiempo
- hace frío
- nieva
- ¿?

8 Hoy, estoy°. . .

- bien
- mal
- regular
- así, así
- ¿?

Conversaciones

This activity consists of several
conversations between two
speakers, A and B. Put these
conversations together by matching
each of A's questions or comments
with an appropriate response from
the box. You may act out each
conversation with a classmate.

1 **At the Spanish Club**

A: ¡Hola! ¿Cómo te llamas?
B: —
A: ¿Eres de aquí?
B: —
A: Yo también.°
B: —

¡Qué coincidencia!

No, soy de Colombia.

Carlos Montoya.

2 **At the train station in
Madrid, Spain**

A: Perdón, señorita.
   ¿Qué hora es?
B: —
A: Y, ¿a qué hora sale°
   el tren de Valencia?
B: —
A: Muchas gracias.
B: —

No hay de qué.

Son las doce y media.

A la una y diez.

estoy *I am*   **Yo también.** *Me, too.*   **sale** *leave*

3 **At the beach in Puerto Vallarta, Mexico**

A: ¿Eres de aquí?

B: —

A: ¿Qué tiempo hace en Puerto Rico en el verano?

B: —

A: Y, ¿en el invierno?

B: —

A: ¡Qué bueno!

> Hace calor.
>
> También° hace buen tiempo.
>
> No, soy de Puerto Rico.

4 **On a street in Cuernavaca, Mexico**

A: ¡Hola, Olga! ¿Qué tal?

B: —

A: Muy bien, gracias. Dime,° ¿qué hora es?

B: —

A: Tengo° una cita a la una y media. ¡Adiós!

B: —

> ¡Hasta la vista!
>
> Es la una.
>
> Bien, ¿y tú?

5 **In a café in San Antonio, Texas**

A: Hola, Paco. ¿Cómo estás?

B: —

A: ¿Qué pasa?

B: —

A: ¿Qué problema?

B: —

> Tengo un problema.
>
> ¡Así, así!
>
> Mañana es el cumpleaños de Carlota y no tengo regalo.

También *Also*   **Dime** *Tell me*   **Tengo** *I have*   **39**

Situaciones

Imagine you are in the following situations. Choose a partner. Your partner will play the role of the other person in the situation and answer your questions.

1 **You are a new student in a school in Mexico.**

Ask your partner . . .

- what his/her name is
- if he/she is from Mexico
- how he/she is

2 **You are planning to go out and are not sure what to wear.**

Ask your partner . . .

- what the weather is like
- what the temperature is

3 **You have been invited to a party on Saturday but you are a bit confused about the dates.**

Ask your partner . . .

- what day it is today
- what the date is tomorrow
- what day the party (**la fiesta**) is

4 **You have been elected secretary of the Spanish Club. You need to get some information from each of the members.**

Ask your partner . . .

- what his/her name is
- what his/her phone number is (**¿cuál es tu número de teléfono?**)
- the date of his/her birthday (**tu cumpleaños**)

Intercambios

Ask 5 friends when their birthdays are. Record their answers on an information sheet similar to the one below.

nombre	fecha de cumpleaños
1. *Adán Ramírez*	*el tres de mayo*
2.	
3.	
4.	
5.	

La vida práctica

1 Arriving in Spain

Upon arrival in a foreign country, travellers often have to fill out a "landing card." If you were visiting Spain, for instance, you would have to fill out a card similar to the one here. Carefully read the information it contains.

- What is the traveler's last name?

- What is her first name?

- Where was she born?

- What is her birthdate?

- What is her nationality?

- When did she arrive in Spain?

ENTRADA DE EXTRANJEROS № 381008

APELLIDOS 1.º *NELSON*   NOMBRE *SUSAN*
2.º

FECHA DE NACIMIENTO *6 de abril de 1975*
NACIONALIDAD *Norteamericana*
LUGAR DE NACIMIENTO *Watertown, Mass., EE.UU.*
PASAPORTE N.º *5.720.925*   EXP. EN *Boston* EL *25/3/85*
Madrid, 10   DE *octubre* DE 19 *90*

Firma,

DOMICILIO *3601 Main Street* *Susan Nelson*
Watertown, Massachusetts, EE.UU.

2 Going to Ecuador

If you were going to Ecuador for more than 3 months, you would need not only a passport, but also a visa. To apply for a visa, you would have to fill out a form similar to the one here and send it to the Ecuadorian consulate closest to your city. Look carefully at the document. In which blank would you write:

- your address?

- your complete name?

- your nationality?

- the date of your application?

- your signature?

CONSULADO DEL ECUADOR EN BOSTON
CERTIFICADO DE VISACIÓN

1 Número: _____   2 Fecha: _____

DATOS PERSONALES :

3 Nombres y Apellidos: _____

4 Nacionalidad: _____

5 Domicilio: _____

6 Pasaporte Número: _____

7 Válido Hasta: _____

8 Observaciones: _____

9 Firma del Titular de la Visa

En el caso de que la visa tenga una validez mayor a noventa días, el extranjero deberá solicitar su registro en el Ministerio de Relaciones Exteriores, dentro de los 30 primeros días de su ingreso al país. La visa 12-X no requiere registro.

3 The weather report in Mexico

The chart below describes the weather in Mexico.

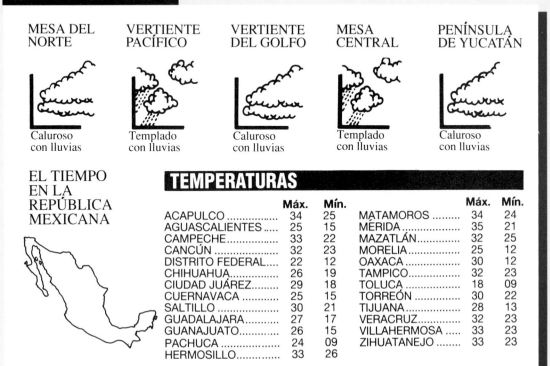

CONDICIONES METEOROLÓGICAS

MESA DEL NORTE	VERTIENTE PACÍFICO	VERTIENTE DEL GOLFO	MESA CENTRAL	PENÍNSULA DE YUCATÁN
Caluroso con lluvias	Templado con lluvias	Caluroso con lluvias	Templado con lluvias	Caluroso con lluvias

EL TIEMPO EN LA REPÚBLICA MEXICANA

TEMPERATURAS

	Máx.	Mín.		Máx.	Mín.
ACAPULCO	34	25	MATAMOROS	34	24
AGUASCALIENTES	25	15	MÉRIDA	35	21
CAMPECHE	33	22	MAZATLÁN	32	25
CANCÚN	32	23	MORELIA	25	12
DISTRITO FEDERAL	22	12	OAXACA	30	12
CHIHUAHUA	26	19	TAMPICO	32	23
CIUDAD JUÁREZ	29	18	TOLUCA	18	09
CUERNAVACA	25	15	TORREÓN	30	22
SALTILLO	30	21	TIJUANA	28	13
GUADALAJARA	27	17	VERACRUZ	32	23
GUANAJUATO	26	15	VILLAHERMOSA	33	23
PACHUCA	24	09	ZIHUATANEJO	33	23
HERMOSILLO	33	26			

■ Look at the temperature chart. Are these temperatures given in degrees Fahrenheit or in degrees Celsius?

In the report, weather conditions are described for the 5 large regions of Mexico: the Northern Plateau, the Pacific Region, the Gulf Region, the Central Plateau, and the Yucatan Peninsula.

■ Look at a map of Mexico in an atlas or an encyclopedia, and locate the 5 regions mentioned above.

■ On the map, find Acapulco, the first city listed in the chart. What are the high and low temperatures in Acapulco?

■ In which Mexican city is it the hottest? Locate that city on the map.

■ In which cities is it the coldest? Locate those cities on the map.

■ Locate 3 other cities on the map and describe the weather conditions.

Vamos a escribir

1 You are inviting your friends to your birthday party. Write out an invitation by giving the date, the time and your name.

una invitación

hora _____

fecha _____

en casa de° _____

2 Your Spanish pen pal Marisela is going to spend a year at your school as an exchange student. She wants to know what clothes to bring. Write her a note telling her what the weather is like in your city.

En el otoño _____

En el invierno _____

En la primavera _____

En el verano _____

3 You are on a short vacation in Mexico. Write a postcard to a friend at home. Include the following information:

- *Say hello.*
- *Say what day it is.*
- *Describe the weather.*
- *Ask your friend how he / she is.*
- *Say good-bye.*
- *Sign the postcard.*

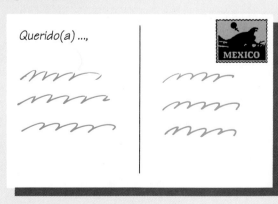

Querido(a) ...,

en casa de *at the home of*

4 What is your daily schedule? Write at what time you do the following things.

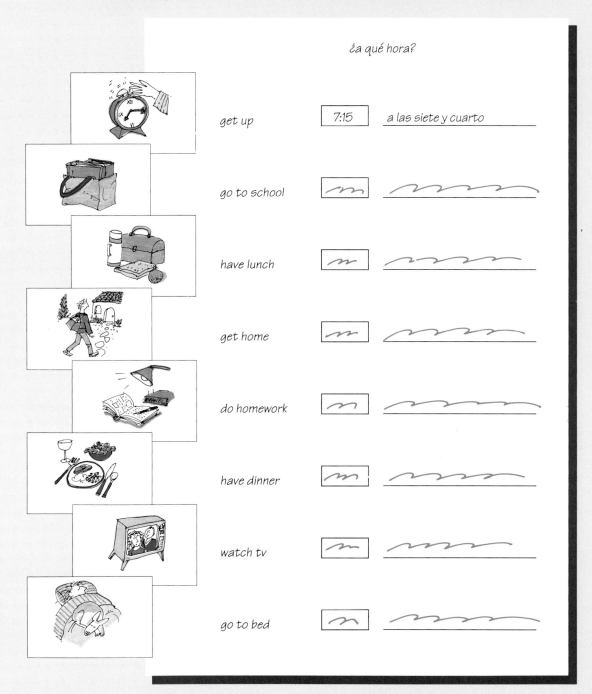

¿a qué hora?

get up   7:15   a las siete y cuarto

go to school

have lunch

get home

do homework

have dinner

watch tv

go to bed

Active Vocabulary

GREETINGS AND RESPONSES

buenos días	¿qué tal?	adiós	gracias	sí
buenas tardes	muy bien, ¿y tú?	hasta la vista	muchas gracias	no
buenas noches	¡mal!	hasta luego	de nada	aquí
¡hola!	¡muy mal!	(el) señor (Sr.)	con mucho gusto	
¿cómo te llamas?	¡regular!	(la) señora (Sra.)	no hay de qué	soy de...
me llamo...	¡así, así!	(la) señorita (Srta.)	¡qué bueno (malo)!	eres de...
¿cómo está usted?	por favor		¿qué pasa?	es de...
¿cómo estás?			¿de veras?	

NUMBERS

cero	siete	catorce	veinte y uno	veinte y ocho	ochenta
uno	ocho	quince	veinte y dos	veinte y nueve	noventa
dos	nueve	diez y seis	veinte y tres	treinta	cien (ciento)
tres	diez	diez y siete	veinte y cuatro	cuarenta	
cuatro	once	diez y ocho	veinte y cinco	cincuenta	¿cuánto es?
cinco	doce	diez y nueve	veinte y seis	sesenta	(el) número
seis	trece	veinte	veinte y siete	setenta	

TIME

(la) hora	Son (las cuatro) y media.	¿A qué hora es la cita?
¿Qué hora es?	Son (las cinco) menos cuarto.	a (la una, las dos, etc.)
Es la una.	Son (las seis) y cinco.	a las ocho de la mañana
Son (las dos).	Son (las siete) menos diez.	a las seis de la tarde
Son (las tres) y cuarto.	¿A qué hora?	a las siete de la noche

DAYS OF THE WEEK

(el) lunes	(el) jueves	(el) domingo	¿Qué día es hoy (mañana)?	(el) día
(el) martes	(el) viernes	hoy	Es (sábado).	(la) semana
(el) miércoles	(el) sábado	mañana		(el) fin de semana

MONTHS

enero	mayo	septiembre	¿Qué día es hoy?	hoy es el (dos) de (mayo)
febrero	junio	octubre	¿Cuál es la fecha de hoy?	es el (primero) de (junio)
marzo	julio	noviembre	¿Cuál es la fecha de mañana?	(el) cumpleaños
abril	agosto	diciembre		(el) mes

SEASONS/WEATHER

las estaciones	(el) tiempo	hace calor	llueve
(el) invierno	¿Qué tiempo hace?	hace mucho calor	nieva
(la) primavera	hace buen tiempo	hace sol	(la) temperatura
(el) verano	hace mal tiempo	hace viento	¿Cuál es la temperatura?
(el) otoño	hace frío	está nublado	Diez grados bajo cero.

VISTA

El mundo hispánico

1

¡BIENVENIDOS AL MUNDO HISPÁNICO!

Aeropuerto Internacional de la Ciudad de México

Aeropuertos y Servicios Auxiliares

oficina de turismo

CONSEJO NACIONAL DE TURISMO · MEXICO

aeropuerto

pasaportes y visas

VUELO FLIGHT VOL	SALIDA DEPARTURE DEPART	ABORDAR BOARDING EMBARC'N	SALA LOUNGE SALLE	PUERTA GATE SORTIE	SALIDAS DEPARTURES	VUELO VOL	HORARIO SCHEDULED HORAIRE	LLEGA SALA ARRIVES LOUNGE ARRIVERA SALLE	LLEGADAS ARRIVALS ARRIVEES PROCEDENCIA FROM VENANT DE	OBSERVACIONES REMARKS RENSEIGNEMENTS
MX 940	9:10	8:40	B	5	PUERTO VALLARTA-MAZATLAN LOS ANGELES	MX 510	8:30	9:03	C ZIHUATANEJO ---------- ARRIBO	
AM 474	9:15	8:45	B	1F	CANCUN-HOUSTON	AM 131	8:40	8:57	A LEON ------------------ ARRIBO	
MX 615	9:15	8:45	B	4	CANCUN	MX 951	8:50	8:58	C GUADALAJARA ---------- ARRIBO	
AM 212	9:20	8:50	B	1F	CHIHUAHUA	MX 624	8:55	9:05	C VILLAHERMOSA	
EA 908	9:25	8:55	D	12	ATLANTA-BOSTON	MX 400	9:00	9:30	A ACAPULCO ---------- DEMORADO	
AA 058	9:30	9:00	D	14	DALLAS-FT. WORTH	352	9:10		A ZIHUATANEJO	
RL 527	9:30	9:00	D	12	SAN STA-BOSTON	1	9:15		MONTERREY ---------- CANCELADO	
AA 058	9:30	9:00	D	14	DALLAS-FT. WORTH		9:15		VERACRUZ ---------- CANCELADO	
RL 527	9:30	9:00	D	12	SAN SALVADOR-MANAGUA		9:30	9:30	C MERIDA	
AM 468	9:30	9:00	D	17	LOS ANGELES		35		GUADALAJARA ---------- CANCELADO	
MX 633	9:40	9:10	B	8	MINATITLAN			9:55	E MOSCU-SHANN	
MX 756	9:45	9:15	B	7	TAMPICO			11:10	C PUERTO VALL	
MX 211	9:45	9:15	B		TUXTLA GUTIERREZ					
MX 209	9:50	9:20	B		OAXACA					
AM 150	9:50	9:20	B	1B	DURANGO-MAZATLAN-LA PAZ					
AM 303	10:00	9:30	B		ACAPULCO					
AM 412	10:00	9:30	B		MERIDA-MIAMI					
MX 900	10:00	9:30	D	9	LOS ANGELES					
AM 140	10:05	9:35	B		LA PAZ-GUAYMAS					

REPUBLICA DE COLOMBIA

PASAPORTE

CONSTANZA REY SANGUES

Bogotá, marzo 8 de 1.959.

ESTUDIANTE

| LA American | AM Aeromexico | AR Argentinas | BA British | CU Cubana | EA Eastern | GU Aviate |
| LA Air France | AL Aeroleón | AV Avianca | BN Braniff | EU Ecuatoriana | IA Interestatal | |

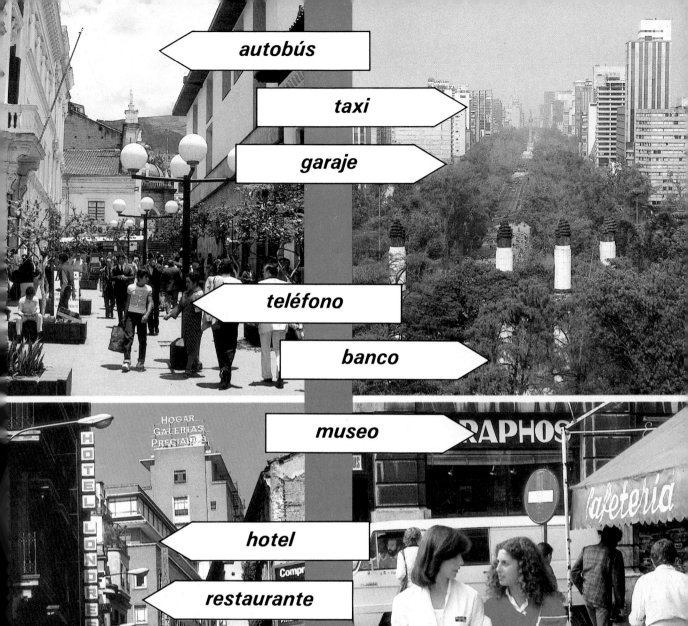

autobús

taxi

garaje

teléfono

banco

museo

hotel

restaurante

cafetería

farmacia

49

JÓVENES de

MÉXIC

¡Hola! ¿Qué tal?
Me llamo María Teresa Vargas Lira.
Pero° para° mis amigos,° me llamo Tere.
Soy de Santo Domingo de la República
Dominicana.

¡Hola!
Me llamo Ricardo Fernández.
Soy mexicano, de Oaxaca.

¿Qué tal?
Yo soy Ila Montalvo.
Soy peruana, del Cuzco, la
ciudad° imperial de los incas.

¡Hola!
Yo soy colombiano.
Me llamo Santiago Torres Castillo.
Soy de Cartagena, un puerto°
espléndido en el Caribe.

pero *but* **para** *for* **amigos** *friends* **ciudad** *city* **puerto** *port*

Hispanoamérica y España

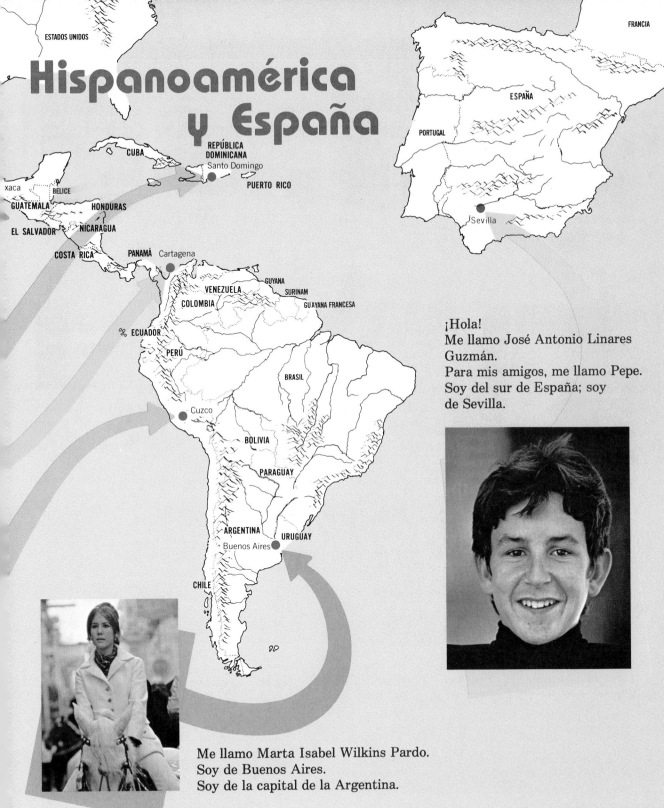

ESTADOS UNIDOS

CUBA

REPÚBLICA DOMINICANA
Santo Domingo

PUERTO RICO

xaca

BELICE

GUATEMALA

HONDURAS

EL SALVADOR

NICARAGUA

COSTA RICA

PANAMÁ   Cartagena

VENEZUELA

GUYANA

SURINAM

COLOMBIA

GUAYANA FRANCESA

ECUADOR

PERÚ

BRASIL

Cuzco

BOLIVIA

PARAGUAY

ARGENTINA

URUGUAY

Buenos Aires

CHILE

FRANCIA

ESPAÑA

PORTUGAL

Sevilla

¡Hola!
Me llamo José Antonio Linares Guzmán.
Para mis amigos, me llamo Pepe.
Soy del sur de España; soy
de Sevilla.

Me llamo Marta Isabel Wilkins Pardo.
Soy de Buenos Aires.
Soy de la capital de la Argentina.

Los animales y el español

¿Hablas tú° español?

¿Sabes que° el español y el inglés tienen° muchas palabras° en común? Aquí tienes° varias palabras familiares.

ALIMENTOS°

banana
melón
tomate

ensalada
chocolate
café

DIVERSIONES°

cine
teatro
discoteca

radio
televisión
estéreo

DEPORTES°

fútbol
béisbol
básquetbol
volibol
tenis

ping pong
esquí
boxeo

CIENCIAS Y TÉCNICAS

biología
matemáticas
satélite

átomo
computadora

ANIMALES

bronco
jaguar

tigre
cocodrilo
elefante
jirafa

MÚSICA

piano
banjo
clarinete
guitarra
melodía
orquesta
sinfonía

Hablas tú *Do you speak*   **Sabes que** *Do you know that*   **tienen** *have*   **palabras** *words*
Aquí tienes *Here are*   **Alimentos** *Food*   **Diversiones** *Entertainment*   **Deportes** *Sports*

53

Felipe Santos
Nueva York,
Nueva York

**Ana María
Quiroga**
Orlando, Florida

LOS HISPANOHABLANTES
ENTRE NOSOTROS

La población de habla española° es muy importante en el territorio de los Estados Unidos. El mapa representa los estados donde° se concentra la mayoría° de personas de habla española.

de habla española *Spanish-speaking*   **donde** *where*   **mayoría** *majority*

Eduardo Gómez
Amarillo,
Texas

Teresa Herrera
Los Ángeles,
California

Los Alamos 9
San Luis Obispo 58
San Francisco 289

Public Library →

Biblioteca Pública

700 LOMA VERDE

Influencia española en el origen de los nombres

ARIZONA Zona árida° o *arizonac*, palabra° india

COLORADO Tierra° roja°

FLORIDA Tierra descubierta° en el día de Pascua Florida°

MONTANA Montaña°

NEVADA Nevada; tierra cubierta° de nieve

NEW MEXICO O *Meshica*, otro nombre° de los indios aztecas

TEXAS Tejas,° o *techas*, palabra india

árida *dry* **palabra** *word* **tierra** *earth* **roja** *red*
descubierta *discovered* **Pascua Florida** *Easter*
Montaña *Mountain* **cubierta** *covered* **nombre** *name*
tejas *tiles*

55

Hispanoamericanos notables

Bob Martínez: *político*

Nativo de Tampa, fue° gobernador° de la Florida hasta° 1991. Como° gobernador, trabajó mucho por° los habitantes de su° estado.° En particular, luchó contra° el abuso de drogas en la comunidad. Hoy ocupa un importante puesto° nacional: director del programa antidrogas. ¿Sus pasatiempos° favoritos? El básquetbol y la pesca.°

Graciela Daniele: *coreógrafa*

Graciela Daniele, de la Argentina, es coreógrafa de fama internacional. Sus° creaciones demuestran° humor y energía. Es coreógrafa del gran éxito° de Broadway «Los piratas de Penzance». Presentó° «Tango apasionado», su propia° creación, en Nueva York en 1987. Graciela se siente° muy orgullosa° de interpretar obras latinoamericanas para públicos° norteamericanos.

Antonia Coello Novello: *Cirujano° General de los Estados Unidos*

¿Sabes qué hace° el Cirujano General? Tiene° la responsabilidad de proteger° la salud° pública. Antonia Novello, de Puerto Rico, es la primera mujer,° y la primera persona hispana, en ocupar este puesto.° La doctora Novello es especialista en el cuidado° de los niños.° También° se dedica° a la investigación° médica. Administradora, doctora, investigadora . . . ¡Antonia Novello es una mujer excepcional!

Dra. María Cristina Penagos Profesora de Historia	**Dr. Juan José Herrera** Optometrista

Perico González
Farmacéutico

Carlos Alberto Cuadros Arquitecto	**Carmen María Aparicio** Programadora I.B.M.

Donoso Díaz
Fotógrafo

Dra. Ana María Ortiz Vilar Pediatra	**Francisca Orejuela Rey** Ingeniera

---

fue *he was* **gobernador** *governor* **hasta** *until* **Como** *As* **trabajó mucho por** *he worked hard for* **su** *his* **estado** *state* **luchó contra** *he fought (against)* **puesto** *post* **pasatiempos** *pastimes* **la pesca** *fishing* **Sus** *Her* **demuestran** *exhibit* **gran éxito** *big hit* **Presentó** *She put on (stage)* **propia** *own* **se siente** *feels* **orgullosa** *proud* **públicos** *audiences* **Cirujano** *Surgeon* **Sabes qué hace** *Do you know what . . . does* **Tiene** *She/He has* **proteger** *protecting* **salud** *health* **mujer** *woman* **cuidado** *care* **niños** *children* **También** *Also* **se dedica** *she devotes herself* **investigación** *research*

Mario García:
profesor

Mario García, de El Paso, Texas, es hijo° de padres° mexicanos. De joven° estudia° historia. Luego° se especializa en° la historia méxico-americana. Hoy es profesor en la Universidad de Yale. Allí° también es director de un programa que° se ocupa de° los Hispanos y otras° minorías° en los Estados Unidos. Autor de dos importantes libros,° Mario García es admirado por° sus colegas. ¡Y sus estudiantes lo° consideran un excelente profesor!

Lucy Pereda:
estrella de televisión

De origen cubano, Lucy Pereda es una de las personalidades más brillantes de la televisión hispana. Empieza° su carrera como° modelo profesional en La Habana, Cuba. Luego,° en los Estados Unidos, su fama crece° como comentarista° del canal° 51 en Miami. Su contribución al programa «Mundo Latino» de Univisión (la cadena° de televisión hispana de Latinoamérica) le trae° mucha popularidad en Latinoamérica.

¿Qué le espera a° la artista cubana? Conquistar° Hollywood, ¡por supuesto!°

Gloria Molina:
política

Gloria Molina, de origen mexicano, fue° la primera mujer° hispana en la legislatura de California. Ahora° es concejala° de la ciudad° de Los Ángeles. Inteligente, simpática° y activa, es muy° popular en su° distrito. La revista° *Ms.* la nombró° «Mujer del Año°». Sus pasatiempos° favoritos son° el esquí,° la jardinería° y el teatro.

Actividades culturales

Actividades para cada estudiante

1. *Select a Spanish-speaking country or area and make a poster advertising it. (Sources of pictures: travel brochures, travel magazines, the travel section of the Sunday paper)*
2. *Prepare a chart listing eight countries in which Spanish is the official language. For each country, give the following information: population, size, capital, unit of currency, principal products. (Source: almanac)*

Actividades para la clase

1. *Imagine that your class is going to six Latin American countries. Draw the route you will take. For each stop, prepare a display of travel brochures and list the things you want to do there. (Sources: travel agencies, travel magazines)*
2. *Prepare a display of stamps from Spanish-speaking countries. For each, select stamps representing famous people and places, typical animals, flowers, etc. (Sources: stamp catalogs and magazines)*

hijo *son* **padres** *parents* **De joven** *In his youth* **estudia** *he studies* **Luego** *Later* **se especializa** *he specializes* **Allí** *There* **que** *that* **se ocupa de** *deals with* **otras** *other* **minorías** *minorities* **libros** *books* **por** *by* **lo** *him* **Empieza** *She begins* **como** *as* **crece** *grows* **comentarista** *news commentator* **canal** *channel* **cadena** *network* **le trae** *brings her* **Qué le espera a** *What lies ahead for* **Conquistar** *Conquering* **¡por supuesto!** *of course!* **fue** *was* **mujer** *woman* **Ahora** *Now* **concejala** *councilwoman* **ciudad** *city* **simpática** *likeable* **muy** *very* **su** *her* **revista** *magazine* **la nombró** *named her* **Año** *Year* **pasatiempos** *pastimes* **son** *are* **esquí** *skiing* **jardinería** *gardening*

Welcome to: calle OCHO
Kiwanis of Little Havana

Unidad 2

Nosotros los hispanoamericanos

59

En San Antonio y en Nueva York

EN SAN ANTONIO

¡Hola!
Me llamo Anita Sánchez.

Soy de San Antonio.
Soy de origen mexicano.
Hablo inglés.
Hablo español también.
¿Y tú?
¿Un poco?
¡Ah! ¡Fantástico!

Hablo inglés: *I speak English*

¿Un poco?: *A little?*

EN NUEVA YORK

¡Hola!
Me llamo Antonio García.

No soy de origen mexicano.
Soy de Puerto Rico.
Yo también hablo español.
Pero no estudio español como tú.
Estudio mecánica en Nueva York.
Estudio mucho.
¿Y tú?

también: *also*
estudio: *I study,*
  como: *like*
mucho: *a lot*

CONVERSACIÓN

Antonio is talking to you about himself. Enter into a conversation with him by selecting the appropriate reply.

	(a)	**(b)**
1. **Hablo** inglés.	Yo también **hablo** inglés.	Yo no **hablo** inglés.
2. **Hablo** español.	Yo también **hablo** español.	Yo no **hablo** español.
3. **Estudio** mecánica.	Yo también **estudio** mecánica.	Yo no **estudio** mecánica.
4. **Estudio** mucho.	Yo también **estudio** mucho.	Yo no **estudio** mucho.

OBSERVACIÓN

Reread Antonio's statements and the *positive* replies in column (a). The words in heavy print are the *verbs*. These words tell you what action is going on. The form of the verb indicates who the subject is. The *subject* tells you who or what is doing the action. When you speak about yourself, you use the **yo** *(I)* form of the verb.

- In what letter does the **yo** form of the verbs end?

Look at the suggested *negative* answers in column (b).
- In a negative sentence, what word comes directly before the verb?

NOTA CULTURAL

Nuestra herencia hispánica
(Our Hispanic heritage)

San Francisco, El Paso, Santa Fe, Los Angeles. . . These familiar names reflect the importance of the Hispanic heritage in the United States. This Hispanic heritage is very much alive and flourishing today.

In our daily vocabulary we use many Spanish words such as *patio, vista, canyon, poncho, cargo, guitar, mosquito* and *barbecue.* In our diet we have beef, pork, sugar, oranges, bananas and coffee, all of which were introduced to the American continents by the Spaniards.

Above all, the vitality of our Hispanic heritage is due to the presence in the United States of many millions of citizens of Hispanic origin who are maintaining their traditions, culture and language.

Estructuras

A. Los verbos que terminan en –ar

The *infinitive* (**hablar** = *to speak*) is the basic form of the verb. When you look up a verb in the vocabulary listing at the back of this book, you will find it listed in the infinitive form. Spanish verbs are grouped according to their infinitive endings. The most common infinitive ending is **–ar:**

> **hablar** *to speak*   **estudiar** *to study*

Verbs with infinitives ending in **–ar** are called **–ar** *verbs.*

B. El presente: la forma *yo*

hablar	*to speak*	**(Yo)** Habl**o** inglés.	*I speak English.* *I am speaking English.*
estudiar	*to study*	**(Yo)** Estudi**o** español.	*I study Spanish.* *I am studying Spanish.*
trabajar	*to work*	**(Yo)** Trabaj**o** mucho.	*I work a lot.* *I am working a lot.*

> In the present tense, the **yo** form (first person singular) of the verb is formed by replacing the **–ar** ending of the infinitive with the ending **-o.**

> It is not necessary to use the pronoun **yo** *(I)* because the ending **-o** indicates who the subject is. Spanish speakers use **yo** mainly for emphasis.

VOCABULARIO PRÁCTICO   Actividades

tocar (el piano)   cantar   escuchar (discos)   estudiar

How much?

trabajar

hablar (inglés)

ACTIVIDAD 1   Antonio y José

Antonio and José do the same things. Give José's replies to Antonio's
statements. The word **también** means *also*.

𝄇   Antonio: Estudio inglés.   José: Estudio inglés también.

1. Hablo inglés.
2. Estudio mucho.
3. Trabajo aquí.
4. Estudio español.
5. Hablo siempre.

6. Toco el piano.
7. Canto bien.
8. Escucho discos.
9. Escucho la radio.
10. Canto siempre.

C. La negación

Compare the following sentences:

Anita: Elena:
Soy de San Antonio.   **No** soy de San Antonio.   *I am **not** from San Antonio.*
Estudio mucho.   **No** estudio mucho.   *I do **not** study a lot.*
Toco la guitarra.   **No** toco la guitarra.   *I don't play the guitar.*

To make a Spanish sentence negative, the word **no** is placed before the verb.

ACTIVIDAD 2   ¡No!

Anita and Clara are not doing the same things. Give Clara's replies to
Anita's statements.

𝄇   Anita: Estudio mucho.   Clara: No estudio mucho.

1. Estudio música.
2. Toco el piano.
3. Toco la guitarra.
4. Trabajo mucho.

5. Canto bien.
6. Escucho discos.
7. Escucho la radio.
8. Hablo inglés bien.

ACTIVIDAD 3   ¿Sí o no?

Say whether or not you do the following things.

𝄇   hablar italiano   Sí, hablo italiano.
                        (No, no hablo italiano.)

1. hablar francés
2. hablar español bien
3. estudiar español
4. estudiar inglés
5. estudiar francés
6. trabajar

7. trabajar mucho
8. escuchar discos
9. escuchar la radio
10. cantar bien
11. tocar el piano
12. tocar la guitarra

bien	well	Hablo español **bien.**
muy	very	Hablo inglés **muy** bien.
mal	badly, poorly	Hablo italiano **mal.**
mucho	a lot	Trabajo **mucho.**
un poco	a little	Toco el piano **un poco.**
también	also, too	Toco la guitarra **también.**
ahora	now	**Ahora** escucho discos.
siempre	always	**Siempre** escucho la radio.
aquí	here	No trabajo **aquí.**
pero	but	Hablo español **pero** no soy de Puerto Rico.
con	with	Canto **con** Antonio.
como	like, as	Soy de Texas, **como** Luis.
de	from, of	Soy **de** San Antonio.
en	in	**En** clase hablo español.
a	to, at	Elena trabaja **a** las nueve.
y	and	Estudio inglés **y** español.
o	or	Siempre estudio con Arturo **o** Marta.

NOTA: **y** becomes **e** before **i** or **hi**   Luis **y** Carmen, *but* Luis **e** Inés
o becomes **u** before **o** or **ho**   Luis **o** José, *but* Luis **u** Orlando

ACTIVIDAD 4   Presentación

Introduce yourself to your classmates. Use the following suggestions as a guide.

1. Me llamo . . .
2. Hablo . . .
3. Soy de . . .
4. En clase, trabajo (mucho, un poco).
5. Hablo español (bien, muy bien, mal).
6. Ahora no (canto, escucho discos, trabajo).
7. Trabajo siempre con . . .
8. Estudio con . . . también.

Pronunciación

a) La consonante *h*

The letter **h** is always silent.
Model word: h̲ablo
Practice words: h̲ace   h̲ora   la H̲abana   h̲oy
Practice sentences: ¿Qué h̲ora es?
¿Qué tiempo h̲ace h̲oy?

b) La «jota»

Model word: José
Practice words: Juan junio julio México mexicano origen trabajo
Practice sentence: Juan es de origen mexicano.

The "jota" is the sound you make when you blow on glasses before cleaning them. The letter **j** (or "jota") is always pronounced this way in Spanish. The letter **g**, when followed by **e** or **i**, represents the "jota" sound.

Para la comunicación

Expresiones para la conversación

¡Fantástico!	*Great!*	Hace sol hoy.	**¡Fantástico!**
¡Qué lástima!	*Too bad!*	Hace mal tiempo.	**¡Qué lástima!**

español

¡Hola!

muy bien

Mini-diálogos

Create new dialogs by replacing the underlined words with the words suggested in the pictures.

Pablo: Hablo español.

Marta: ¡Fantástico!

Pablo: Pero no hablo muy bien.

Marta: ¡Qué lástima!

siempre

bien

la guitarra

el piano

francés

español

mucho

aquí

Tú tienes la palabra

With a classmate, prepare a short dialog of your own. Use the conversation between Pablo and Marta as a model.

Lección 2 En el suroeste

Con Lorenzo en Santa Fe, Nuevo México

Lorenzo estudia.
Estudia mucho.
¿Estudia español Lorenzo?
¿Él? ¡No! No estudia español.
Estudia historia.
Mañana hay un examen.
¡Qué lástima!

hay: *there is*

Con María en Tucson, Arizona

María estudia música.
Toca la guitarra.
Toca el piano también.
¿Toca bien María?
¿Ella? ¡Sí! Toca muy bien.

Con Carlos y Pedro en Pueblo, Colorado

¿Estudian Carlos y Pedro?
¿Ellos? ¡No! ¡Trabajan en un rancho!
¿Trabajan mucho Carlos y Pedro?
¡Sí! Ellos trabajan mucho, pero . . .
¡no ganan mucho dinero!

ganan mucho dinero:
earn much money

Con Luisa y Sara en Merced, California

Hoy Luisa y Sara bailan.
Ellas cantan.
Escuchan discos.
¿No trabajan ellas?
¡No! . . . Hoy es domingo.

CONVERSACIÓN

Indicate whether the following statements are true (**¡Es verdad!**) or false (**¡Es falso!**).

1. Lorenzo estudia mucho.
2. **Él** estudia español.
3. María toca la guitarra.
4. **Ella** toca el piano.
5. Carlos y Pedro trabaj**an** mucho.
6. **Ellos** gan**an** mucho dinero.
7. Luisa y Sara escuch**an** discos.
8. **Ellas** bail**an**.

OBSERVACIÓN

Look at the even-numbered sentences. The names of the young people have been replaced by *pronouns*.

- Which pronoun is used to replace the following names:
  Lorenzo? María? Carlos y Pedro? Luisa y Sara?

Sentences 1 to 4 tell what one person is doing. The verb is in the **él/ella** (*he/she*) form.
- In what letter does each verb end?

Sentences 5 to 8 tell what two people are doing. The verbs are in the **ellos/ellas** (*they*) form.
- In what two letters does each verb end?

NOTA CULTURAL

Un poco de historia
(A little bit of history)

Our Hispanic heritage in the continental United States can be traced back to the year 1513 — more than one hundred years before the Pilgrim landing at Plymouth — when a Spanish expedition led by Juan Ponce de León landed in Florida. Many other expeditions followed this one, bringing explorers to this new land in search of gold and high adventure. Spanish priests accompanied the expeditions, establishing missions and spreading the Catholic faith.

Hernando de Soto was the first European to discover the Mississippi River, in 1541. In 1565 Pedro Menéndez de Avilés founded Saint Augustine (Florida), which is the oldest permanent city of European origin in the United States. Santa Fe (New Mexico), the oldest seat of government, was founded in 1610 by Pedro de Peralta.

Estructuras

A. El presente: las formas *él/ella* y *ellos/ellas*

Carlos	**(Él)** Trabaja en Puerto Rico.	*He works in Puerto Rico.*
Anita	**(Ella)** No trabaja en México.	*She doesn't work in Mexico.*
Juan y Luis	**(Ellos)** Hablan francés.	*They speak French.*
Sara y Ana	**(Ellas)** No hablan inglés.	*They don't speak English.*

The **él/ella** form (third person singular) of the **–ar** verbs ends in **-a**.
The **ellos/ellas** form (third person plural) of the **–ar** verbs ends in **-an**.

- As in the case of **yo**, Spanish speakers use the subject pronouns **él, ella, ellos** and **ellas** for emphasis, or in situations where the meaning is not clear.

- In Spanish, two pronouns correspond to the English *they:*
  Ellos refers to a group of boys or to a mixed group.
  Ellas refers to a group composed only of girls.

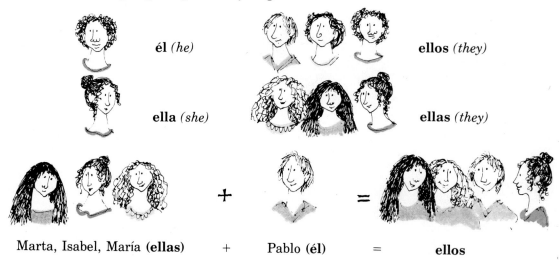

él *(he)*   ellos *(they)*

ella *(she)*   ellas *(they)*

Marta, Isabel, María **(ellas)**   +   Pablo **(él)**   =   **ellos**

ACTIVIDAD 1   Trabajos *(Jobs)*

These students have summer jobs abroad. Say which cities they are working in and which languages they are speaking.

- Tomás (París / francés)   Tomás trabaja en París. Él habla francés.

1. Ramón (Nueva York / inglés)
2. Isabel (Roma / italiano)
3. Marisol y Carmen (Buenos Aires / español)
4. Jaime y Pedro (Berlín / alemán)
5. Carlos y Juanita (Moscú / ruso)
6. Pilar y María (Tokio / japonés)

VOCABULARIO PRÁCTICO   Actividades

SAN FRANCISCO

visitar (San Francisco)

viajar

OLIMPÍADAS

nadar

mirar (la televisión)

bailar

ganar (dinero)

ACTIVIDAD 2   María también

Lorenzo is saying what he does. Reply that María does the same things.

➢ Lorenzo: Escucho la radio.   María escucha la radio también.

1. Estudio mucho.
2. Canto bien.
3. Bailo muy bien.
4. Miro la televisión.
5. Gano dinero.
6. Nado bien.
7. Viajo en julio.
8. Visito Los Álamos.

ACTIVIDAD 3   ¡Ellos no!

Now tell Lorenzo that Roberto and Carlos do not do the things he does.

➢ Lorenzo: Escucho la radio.   Roberto y Carlos no escuchan la radio.

B. Preguntas con respuestas afirmativas y negativas

The following questions can be answered by **sí** or **no**.
Compare the position of the subject in the questions and the answers.

*Is **Juan** studying?*	¿Estudia **Juan?**
	Sí, **Juan** estudia.
*Does **Carmen** earn money?*	¿Gana dinero **Carmen?**
	Sí, **Carmen** gana dinero.

*Do **Luis and José** study a lot?*	¿Estudian mucho **Luis y José?**
	Sí, **Luis y José** estudian mucho.

Questions which request a simple yes or no answer are called *yes/no questions*. In Spanish, these questions are formed in either of two ways:

> ¿ verb + subject (if expressed) + rest of sentence ?

or often:

> ¿ verb + rest of sentence + subject (if expressed) ?

⟫ In yes/no questions, the voice rises at the end of the sentence.

⟫ Informal yes/no questions may be formed by adding **¿verdad?** *(right?)* at the end of a statement.

María habla español, **¿verdad?**	*María speaks Spanish, **right?***
	*María speaks Spanish, **doesn't she?***

⟫ An inverted question mark (¿) signals the beginning of a question.

ACTIVIDAD 4 ¿Quién habla inglés? *(Who speaks English?)*

Imagine that you are traveling in Mexico. You need to know who speaks English and can help you out. Ask the appropriate questions.

⟫ Elena   ¿Habla inglés Elena?

1. Pedro
2. Carmen
3. Felipe y Miguel
4. Luisa y Susana
5. Paco y Teresa
6. Alberto y Luis

ACTIVIDAD 5 Carmen y Pepe

Imagine that Carmen and Pepe are visiting from Mexico. You know what Carmen does. Ask whether Pepe does the same things.

⟫ Carmen habla inglés.   ¿Habla Pepe inglés también?

1. Carmen canta siempre.
2. Carmen viaja mucho.
3. Carmen visita Nueva York.
4. Carmen toca la guitarra.
5. Carmen baila mal.
6. Carmen mira la televisión.
7. Carmen escucha la radio.
8. Carmen estudia inglés.

Pronunciación El sonido de la consonante *ll*

Model word: e<u>ll</u>a
Practice words: e<u>ll</u>os e<u>ll</u>as Gui<u>ll</u>ermo <u>ll</u>ueve torti<u>ll</u>a
Practice sentences: Me <u>ll</u>amo Pepi<u>ll</u>o Vi<u>ll</u>as.
                            E<u>ll</u>a es de Sevi<u>ll</u>a.

The letters **ll** represent a sound which is like the **y** of the English "yes."

Para la comunicación

Expresiones para la conversación

Spanish speakers have different ways of answering yes/no questions.

¡Cómo no!
¡Claro!   } *Of course*
¡Por supuesto!

— ¿Baila María bien?
— **¡Por supuesto!** Baila muy bien.

¡Tal vez!   *Maybe*

— ¿Trabaja Luisa mañana?
— **¡Tal vez!**

¡Claro que no!   *Of course not*

— ¿Mira Sara la televisión?
— **¡Claro que no!** Estudia.

Mini-diálogos

Create new dialogs by replacing the underlined words with the information
in the pictures.

Lorenzo: ¿Canta <u>Miguel</u> en inglés?

Anita: ¡Claro que no! Canta en español.

Lorenzo: ¿En español?

Anita: ¡Cómo no! <u>Él</u> es de <u>Puerto Rico.</u>

Tú tienes la palabra

With a classmate, prepare a short dialog in which you talk about a
student from a Spanish-speaking country. Use the conversation between
Lorenzo and Anita as a model.

Lección 3   En Los Ángeles

Miguel y Teresa estudian en un colegio de Los Ángeles.
Ahora hablan de un asunto muy serio: los estudios.

Miguel: ¿Estudias mucho, Teresa?
Teresa: ¡Sí!
Miguel: ¿Qué estudias tú ahora?
Teresa: Estudio inglés, matemáticas, física . . .
Miguel: ¿Física? . . . ¿Por qué estudias física?
Teresa: Deseo trabajar como ingeniera. ¿Y tú?
Miguel: Deseo trabajar en un estudio de televisión.

colegio: *high school*

asunto: *topic,*
estudios: *studies*

Deseo: *I want*

estudio de televisión:
TV studio

La señora Vargas es la consejera vocacional del colegio. Ella y
Teresa también hablan de los estudios.

Sra. Vargas: ¡Buenos días, Teresa!
Teresa: ¡Buenos días, Señora Vargas!
Sra. Vargas: ¿Qué estudia usted ahora?
Teresa: Estudio inglés, matemáticas, física . . .
Sra. Vargas: ¿Por qué estudia usted física?
Teresa: Deseo trabajar como ingeniera.
Sra. Vargas: ¿Y dónde desea usted trabajar?
Teresa: En México o en Venezuela, para una compañía
internacional.
Sra. Vargas: Usted necesita estudiar idiomas . . .
Teresa: Pero hablo inglés y español.
Sra. Vargas: ¡Ah! ¡Claro!

consejera vocacional:
Vocational Counselor

dónde: *where*
para: *for*

necesita: *you need,*
idiomas: *languages*

Unidad dos
72

CONVERSACIÓN

Imagine that María Inés, an exchange student from Mexico, is talking to you. Answer her.

1. ¿Hablas español?   Sí, hablo español.
   (No, no hablo español.)
2. ¿Estudias francés?
3. ¿Estudias mucho?
4. ¿Trabajas mucho en clase?

Now imagine that el señor Portillo, a teacher from Mexico, is talking to you. Answer him.

5. ¿Habla usted español?   Sí, hablo español.
   (No, no hablo español.)
6. ¿Estudia usted francés?
7. ¿Estudia usted mucho?
8. ¿Trabaja usted mucho en clase?

OBSERVACIÓN

María Inés, the student, and el señor Portillo, the teacher, ask you the same questions, but in different ways.

María Inés, like you, is a student. She talks to you in an informal way, using the **tú** *(you: familiar)* form of the verb.
- In which two letters do the verbs she uses end?

El señor Portillo talks to you in a more formal way, using the **usted** *(you:* formal) form of the verb.
- In which letter do the verbs he uses end?
- Which word comes directly after the verb?

NOTA CULTURAL

Los hispanos en los Estados Unidos

Do you think of Spanish as a foreign language? Think again! Today over twenty million American citizens claim Hispanic ancestry. Many of them speak Spanish in the course of their daily life—at home, at work, at school. Spanish is therefore an important language of communication in our own country.

Who are the Hispanic Americans? It is impossible to generalize. Hispanic Americans live in nearly every region of the United States and come from a great variety of backgrounds. Many are recent arrivals to this country. Some can trace their ancestry to the Indians who have been living on this continent for many centuries, others to the early Spanish settlers of the sixteenth century, and still others to Africa, Asia or Europe.

Whatever their origins, the Hispanic Americans share the same language, as well as many of the same customs and values.

Estructuras

A. El presente: las formas *tú* y *usted*

When Spanish speakers talk to one another, they use either **tú** or **usted**.

Tú is used to address a child, a member of the family, a close friend or a classmate. **Tú** is the *familiar* or *informal* form of address.

> Carlos, ¡**tú** trabajas mucho!   *Carlos, **you** work a lot!*
> Anita, ¿hablas (**tú**) inglés?   *Anita, do **you** speak English?*

The **tú** form (second person singular) of the **–ar** verbs ends in **-as**.

- As with the other subject pronouns you have learned, the pronoun **tú** is often omitted. It is used for emphasis or clarity.

Usted (abbreviated **Ud.**) is used to address everyone else. **Ud.** is the *polite* or *formal* form of address.

> Sr. Vargas, **Ud.** habla inglés muy bien.   *Mr. Vargas, **you** speak English very well.*
> ¿**Habla Ud.** italiano, Sra. Molina?   *Do **you** speak Italian, Mrs. Molina?*

The **Ud.** form of the **-ar** verbs ends in **-a**.

- In contrast to other pronouns, **Ud.** is usually *not* omitted.
- **Ud.** is used with the third person singular form of the verb:

Ud. **trabaja** mucho.   *You work a lot.*
María **trabaja** mucho.   *María works a lot.*

You should use the **tú** form when talking to your classmates and the **Ud.** form when talking to your teacher. You will be addressed in the **tú** form in this book.

ACTIVIDAD 1   Preguntas personales

1. ¿Estudias matemáticas?
2. ¿Estudias historia?
3. ¿Estudias mucho?
4. ¿Estudias mucho en la clase de español?
5. ¿Tocas la guitarra?
6. ¿Tocas el piano?
7. ¿Cantas bien o mal?
8. ¿Miras la televisión en casa?

ACTIVIDAD 2   Diálogo: El fin de semana

Ask a classmate whether he or she does the following things during the
weekend (**durante el fin de semana**).

∽ hablar español   Estudiante 1: ¿Hablas español durante el fin de semana?
                    Estudiante 2: Sí, hablo español. (No, no hablo español.)

1. estudiar
2. trabajar
3. mirar la televisión
4. ganar mucho dinero
5. bailar
6. cantar
7. escuchar discos
8. tocar la guitarra

ACTIVIDAD 3   Diálogo: ¿Y el profesor (la profesora)?

Ask your teacher the questions of Actividad 2, using **Ud.**

∽ hablar español   ¿Habla Ud. español durante el fin de semana?

B. El infinitivo

The infinitive is used after certain verbs:

desear	**Deseo trabajar** como ingeniero.	*I wish to work as an engineer.*
esperar	**Espero trabajar** en Venezuela.	*I hope to work in Venezuela.*
necesitar	**Necesito hablar** bien el español.	*I need to speak Spanish well.*

∽ Note that where English uses two words *(to work, to speak)*, Spanish
uses only one (**trabajar, hablar**).

ACTIVIDAD 4   Preguntas personales

1. ¿Deseas trabajar como ingeniero (ingeniera)?
2. ¿Deseas trabajar en un estudio de televisión?
3. ¿Deseas hablar bien el español?
4. ¿Esperas ganar mucho dinero?
5. ¿Esperas estudiar en una universidad?
6. ¿Esperas viajar a México?
7. ¿Necesitas trabajar mucho en la clase de español?
8. ¿Necesitas estudiar mucho en la clase de matemáticas?

C. Preguntas para obtener información

Questions which ask for specific information rather than a simple yes or no are called *information questions*.

¿Cómo está Ud., señor López?	*How are you, Mr. López?*
¿Dónde estudian Manuel y Teresa?	*Where do Manuel and Teresa study?*
¿Qué estudias ahora?	*What are you studying now?*

In Spanish, information questions follow this pattern:

¿   Question word(s)   +   verb   +   subject (if used)   +   rest of sentence   ?

▷ Question words such as **¿cómo?** *(how?)*, **¿dónde?** *(where?)* and **¿qué?** *(what?)* indicate the type of information which is being requested.

▷ The voice is high at the beginning of an information question and often falls or levels off at the end.

ACTIVIDAD 5   Trabajos de verano *(Summer jobs)*

Gonzalo's friends have summer jobs. María wants to know where. Gonzalo answers. Play the roles of María and Gonzalo.

▷   Carlos: en San Diego   María: ¿Dónde trabaja Carlos?
                    Gonzalo: Trabaja en San Diego.

1. Miguel: en San Francisco
2. Luisa: en Nueva York
3. Raúl y Clara: en Boston
4. Pablo y Paco: en Chicago
5. Lucía y Cristina: en Los Ángeles
6. Tomás y Silvia: en Miami.

VOCABULARIO PRÁCTICO   Palabras interrogativas y palabras de respuesta

¿cómo?	how?	**¿Cómo** está Ud.?
¿cuándo?	when?	**¿Cuándo** estudian Felipe y Raúl?
cuando	when	**Cuando** es posible, estudian.
¿dónde?	where?	**¿Dónde** estudian ellos?
donde	where	Estudian **donde** trabajan.

ACTIVIDAD 6   Curiosidad

Teresa's friends are doing certain things. Manuel wants more information.
Play the two roles according to the model.

> Pedro canta. (¿cómo?)   Teresa: Pedro canta.
> Manuel: ¿Cómo canta?

1. María estudia francés. (¿por qué?)
2. Anita canta. (¿cuándo?)
3. Raúl trabaja. (¿dónde?)
4. Juanita y Carlos bailan. (¿cómo?)
5. Luis y Laura hablan inglés. (¿por qué?)
6. Alberto y Paco estudian. (¿cuándo?)

ACTIVIDAD 7   Más curiosidad (More curiosity)

Ana overhears part of Manuel and Teresa's conversation. She wants to
know whom they are talking about. Use the cues of Actividad 6 to ask
questions.

> Pedro canta.   Ana: ¿Quién canta?

¿qué?	what?	¿**Qué** estudia Teresa?
¿por qué?	why?	¿**Por qué** estudia física?
porque	because	**Porque** desea trabajar como ingeniera.
¿quién?	who (singular)?	¿**Quién** desea hablar español?
¿quiénes?	who (plural)?	¿**Quiénes** esperan trabajar en México?

NOTAS: 1. Note the written accents on question words.
2. **¿Quiénes?** is the plural form of **¿quién?.** It is used when the expected answer
concerns more than one person. It is followed by the **ellos** form of the verb.

Pronunciación   El sonido de la consonante *v*

a) *v* inicial

Model word: <u>v</u>einte

Practice words: <u>v</u>erano <u>v</u>iernes <u>v</u>endedor <u>V</u>argas <u>V</u>enezuela

Practice sentence: Señor <u>V</u>argas, hoy es <u>v</u>iernes, el <u>v</u>einte de mayo.

At the beginning of a word, the letter **v** represents the sound / **b** /, as in the English **b** of "boy."

Para la comunicación

Expresión para la conversación

To tell someone that you cannot do something, you can say:

No puedo.   *I can't.*   Deseo mirar la televisión, pero **no puedo.** Necesito trabajar.

Mini-diálogos

Look at the illustration and the sample conversation. Create similar conversations, replacing the underlined words with the expressions suggested in the pictures.

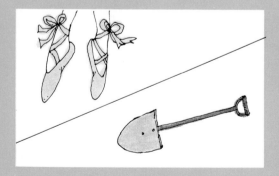

Ramón: ¡Hola, Clara! ¿Deseas <u>bailar</u>?

Clara: Sí, pero no puedo.

Ramón: ¿Por qué?

Clara: Porque necesito <u>trabajar</u>.

b) *v* **medial**

Model word: prima<u>v</u>era

Practice words: nie<u>v</u>a llue<u>v</u>e hace <u>v</u>iento no<u>v</u>iembre jue<u>v</u>es

Practice sentence: Nie<u>v</u>a y hace <u>v</u>iento en no<u>v</u>iembre.

Between two vowels, the letter **v** represents the sound / ƀ /. To produce this sound, try to make a **b**-like sound without letting your lips come together.

Tú tienes la palabra

With a classmate, prepare a short dialog of your own.
Use the conversation between Ramón and Clara as a model.

En Miami

Me llamo Isabel Pérez.

Mi familia es de Cuba.
En casa hablamos español.
Mi papá y mi mamá no hablan mucho inglés.
Por eso siempre hablo español con ellos.

En casa: *At home*

Por eso: *That's why*

Me gusta nadar.
¡Nado bien!
Me gusta tocar la guitarra . . .
Me gusta escuchar discos . . .
Me gusta bailar . . .
También me gusta viajar.
Un día espero visitar México.
¿Y tú? ¿Deseas visitar México?
¿Te gusta viajar?

Me gusta: *I like*

CONVERSACIÓN

These questions are addressed to you and your friends.

1. ¿Hablan ustedes español en clase?
   Sí, hablamos español en clase.
   (No, no hablamos español en clase.)

2. ¿Estudian ustedes mucho en clase?
3. ¿Hablan ustedes español en casa?
4. ¿Miran ustedes la televisión en casa?

OBSERVACIÓN

Reread the questions above. They use the **ustedes** (you: plural) form of the verb.
- In which two letters do the verbs end?
- Which word comes directly after the verb?

Now read the model answer. When you answer for yourself and your friends you use the **nosotros** (we) form of the verb.
- In which four letters does the verb end?

NOTA CULTURAL

Más sobre los hispanos
(More on the Hispanic people)

In the United States there are not one but several Spanish-speaking groups whose cultural characteristics are quite distinct.

The *Mexican Americans* are the oldest and the largest group of Spanish speakers in this country, totaling about thirteen million people. Their history and culture are intimately linked to the development of the Southwest, where many families of Spanish and Indian origin have lived for generations. Today the Mexican Americans represent a significant percentage of the population in Texas, Arizona, New Mexico, California, Colorado and Michigan.

The *Puerto Ricans* became United States citizens in 1917. Since then, and especially since 1945, many have left the island of Puerto Rico for the large metropolitan areas of the Atlantic seaboard: New York, Boston, Newark and New Haven.

The *Cubans* are one of the more recent groups of Spanish-speaking immigrants. In the early 1960's they settled in Florida, where they now represent ten percent of the population. In Miami alone they number approximately 200,000 people. Other recent Spanish-speaking immigrants come from the Dominican Republic, Nicaragua, Guatemala, El Salvador and Honduras.

Estructuras

A. El presente: las formas *nosotros* y *ustedes*

Nosotros is used when you are talking about yourself and others.

Pedro y yo [Antonio]	**(Nosotros) Trabajamos** en un rancho.	*We work on a ranch.*
María y yo [Carlos]	**(Nosotros) Hablamos** español.	*We speak Spanish.*
Isabel y yo [Carmen]	**(Nosotras) Necesitamos** estudiar.	*We need to study.*

The **nosotros** form (first person plural) of the **–ar** verbs ends in **–amos.**

‹› The pronoun **nosotros** has a feminine form, **nosotras.** This form is used with groups composed only of females.

‹› The pronouns **nosotros** and **nosotras** are used only for emphasis or clarity.

Ustedes (abbreviated **Uds.**) is used by most Spanish speakers to address two or more people. **Uds.** is used with any group of people, whether they are addressed individually as **tú** or **Ud.**

tú	+	tú	=	Uds.
tú	+	Ud.	=	Uds.

Isabel y Ana, ¿desean **Uds.** bailar?	*Do **you** wish to dance?*
Señores Pérez, ¿hablan **Uds.** inglés?	*Do **you** speak English?*

The **Uds.** form (third person plural) of the **–ar** verbs ends in **-an.**

‹› The pronoun **Uds.** is usually not omitted.

‹› **Uds.** is used with the third person plural form of the verb:

Uds. visitan México.	*You are visiting Mexico.*
Carlos y Ana visitan México también.	*Carlos and Ana are visiting Mexico too.*

Nota: *vosotros*

In Spain, **vosotros** is used to address two or more people with whom one uses **tú.**

> Carlos y Felipe, **¿habláis** inglés (**vosotros**)?   *Do **you speak** English?*
> Isabel y Conchita, **¿trabajáis** mucho (**vosotras**)?   *Do **you work** hard?*

The **vosotros** form (second person plural) of the **–ar** verbs ends in **-áis.**

 **Vosotros** has a feminine form, **vosotras.**

 Though you will not practice the **vosotros** form, you should be able to recognize it. **Vosotros** forms will be given in all verb charts.

ACTIVIDAD 1   Diálogo

Dolores, an exchange student from Mexico, is spending the year in your school. She asks what students do in and out of class. Jim, one of your classmates, answers her. Play both roles.

 hablar español   Dolores: ¿Hablan Uds. español?
                        Jim: Sí, hablamos español.
                        (No, no hablamos español.)

1. hablar español en clase
2. cantar en español
3. estudiar física

4. estudiar mucho
5. viajar durante *(during)* las vacaciones
6. bailar durante el fin de semana

B. Repaso: el presente de verbos que terminan en –ar

Most –ar verbs form the present tense like **hablar**:

INFINITIVE:			hablar	FORMATION OF PRESENT TENSE	
NUMBER	SUBJECT PRONOUN			STEM: INFINITIVE MINUS -ar	ENDINGS
SINGULAR	*I* *you (informal)* *he* *she* *you (formal)*	yo tú él ella Ud.	hablo hablas habla		-o -as -a
				habl-	
PLURAL	*we* *you (informal)* *they* *they (feminine)* *you (formal)*	nosotros(as) vosotros(as) ellos ellas Uds.	hablamos habláis hablan		-amos -áis -an

> Verbs that follow the same pattern of endings as **hablar** are called *regular –ar verbs.*

> The form of such verbs in Spanish has two parts:
> • the *stem,* or part which does not change. (For verbs like **hablar** the stem is the infinitive minus the ending –ar.)
> • the *ending,* or part which changes to show the subject.

ACTIVIDAD 2   España

Read the following story which tells of a trip being taken by two Mexican students, Jorge and Cristina.

1. Jorge y Cristina viajan a España.
2. Hablan español.
3. Visitan Barcelona.
4. Nadan en la playa *(beach).*
5. Escuchan música española.
6. Bailan en una discoteca.
7. No visitan Francia.
8. No hablan francés.

Now retell the story from the viewpoint of:

— Jorge and Cristina (Viajamos a . . .)
— Jorge alone (Viajo a . . .)
— a friend talking to Cristina (Viajas a . . .)
— a friend talking about Jorge (Viaja a . . .)
— a friend talking to Jorge and Cristina (Uds. viajan a . . .)

C. Me gusta

There is no Spanish verb which corresponds directly to the English "to like." Instead, Spanish speakers use the expressions:

me gusta *(it pleases me to . . .)*	**Me gusta** bailar. *I like to dance.*
¿te gusta? *(does it please you to . . .?)*	**¿Te gusta** nadar? *Do you like to swim?*

Note the negative forms:

¿No te gusta hablar español?	*Don't you like to speak Spanish?*
No me gusta hablar francés.	*I don't like to speak French.*

ACTIVIDAD 3   Diálogo: ¿Sí o no?

Ask a classmate if he or she likes to do the following things.

viajar Estudiante 1: ¿Te gusta viajar?
Estudiante 2: Sí, me gusta viajar.
(No, no me gusta viajar.)

1. trabajar	4. cantar	7. visitar museos
2. estudiar	5. nadar	8. escuchar música popular
3. bailar	6. hablar español en clase	9. escuchar música clásica

D. Pronombres con la preposición

In the answers to the questions below, the pronouns in heavy print replace the underlined nouns. Note these pronouns.

¿Estudias con <u>Miguel y Julio?</u>	Sí, estudio con **ellos.**
¿Baila Juan con <u>Elena?</u>	Sí, baila con **ella.**
¿Trabaja Jaime para <u>el Sr. Ruiz?</u>	Sí, trabaja para **él.**

The pronouns which are used after *prepositions* like **con** *(with)* and **para** *(for)* are the same as the subject pronouns.

There are two exceptions:

mí is used instead of **yo**	— ¿Deseas trabajar para **mí?**
ti is used instead of **tú**	— ¿Para **ti?** ¡Claro!

The pronouns **mí** and **ti** combine with **con** to form:

conmigo *(with me)*	— ¿Deseas estudiar **conmigo?**
contigo *(with you)*	— ¿**Contigo?** ¡Ah, no!

ACTIVIDAD 4   Carlos

Carlos does a lot of things with his friends. His cousin Susana wants to know precisely with whom. Answer her questions affirmatively or negatively, as indicated.

🎵 ¿Estudia Carlos con Elena? (sí)   Sí, estudia con ella.

1. ¿Trabaja Carlos con Pedro? (no)
2. ¿Baila Carlos con Emilia? (sí)
3. ¿Nada Carlos con Enrique y José? (sí)
4. ¿Habla Carlos con Susana y Luisa? (no)
5. ¿Viaja Carlos con Silvia y Roberto? (no)
6. ¿Estudia Carlos con Carmen y Felipe? (sí)

ACTIVIDAD 5   ¿Conmigo?

Ask a classmate if he or she wants to do the following things with you.

🎵 estudiar   Estudiante 1: ¿Deseas estudiar conmigo?
                Estudiante 2: ¿Contigo? ¡Claro!
                          (¿Contigo? ¡No!)

1. hablar español
2. trabajar
3. mirar la televisión
4. bailar
5. escuchar discos
6. viajar
7. visitar México
8. cantar

ACTIVIDAD 6   La serenata

Juan Pablo is singing a traditional serenade. María Luisa wonders whether he is singing for the people below. Play both roles according to the model.

🎵 Paco: no   María Luisa: ¿Cantas para Paco?
              Juan Pablo: No, no canto para él.

1. Elena: no
2. Cristina y Luisa: no
3. Carlos y Felipe: no
4. Carmen y Rodolfo: no
5. nosotros: no
6. mí: sí

Pronunciación   El sonido de la *r* medial

Model word: pa*r*a
Practice words: pe*r*o ene*r*o Cla*r*a ce*r*o el Pe*r*ú Ma*r*ía
Practice sentences: Ma*r*ía y Cla*r*a visitan el Pe*r*ú.
                      El dine*r*o es pa*r*a Te*r*esa.

The sound of the Spanish **r** in mid-word is very similar to the American pronunciation of the **t**'s in "better" or the **d**'s in "ladder." Pronounce "pot o' tea" rapidly: you will be close to producing the Spanish **"para ti."**

Para la comunicación

Expresión para la conversación

To introduce a conclusion, you may use:

por eso   *therefore, that's why*   — Me gusta estudiar con Isabel.
    — ¡Ah! **Por eso** estudias siempre con ella.

Mini-diálogos

Look at the illustration and the sample conversations. Create similar conversations, replacing the underlined words with the expressions suggested in the pictures.

Elena

a)   Pedro: ¡Hola, Carmen!
    Carmen: ¡Hola, Pedro!
    Pedro: ¿Te gusta trabajar?
    Carmen: No, no me gusta trabajar.
    Pedro: ¡Ah! Por eso no trabajas ahora.

b)   Pedro: ¿Trabajas con Elena?
    Carmen: ¡No, no trabajo con ella!
    Pedro: ¿Deseas trabajar conmigo?
    Carmen: ¿Contigo? ¡Por supuesto!

Luis

Ana

Juan
y
Carlos

Linda
y
Teresa

Tú tienes la palabra

With a classmate, prepare a short dialog in which you talk about things you do or don't like to do. Use one of the conversations between Pedro and Carmen as a model.

¡Vamos a leer! ¿Quién soy yo?

The following young people are our "mystery guests." They will each describe themselves, without giving their names. Read carefully what they say, looking for clues to their identities. Then match each person with his or her portrait.

A. ¿Cómo me llamo? Bueno . . . es un secreto . . . Soy norteamericana como Uds. . . . pero con una diferencia: hablo español. Soy de origen mexicano-americano. En casa,° hablamos siempre el español . . . Me gusta tocar la guitarra y me gusta nadar. ¿Nado bien? Sí, nado muy bien . . . y nado todos los días° del año.° ¿Dónde? En el Océano Pacífico, ¡por supuesto!

    ¿Quién soy?

En casa: *At home*

todos los días: *every day,*
año: *year*

B. ¡Hola! ¡Me llamo Superman! . . . ¡Claro que no! Me llamo _____ y vivo° en _____. Dos secretos para Uds., amigos. Yo también soy de origen mexicano-americano y también hablo español en casa . . . Estudio en una escuela° bilingüe . . . Estudiamos mucho. Me gusta estudiar idiomas° (¡Espero trabajar como intérprete en las Naciones Unidas en Nueva York!). No, no soy de Nueva York . . . Soy de _____, una ciudad° donde hace mucho frío en el invierno y hace mucho calor en el verano.

    ¿Quién soy?

vivo: *I live*

escuela: *school*
idiomas: *foreign languages*

ciudad: *city*

C. Soy norteamericana, ¡ciento por ciento!° Pero soy también hispanohablante° . . . Soy una persona de dos culturas. Mis° padres° no hablan mucho inglés pero no importa° . . . Mi mamá trabaja en casa y mi papá trabaja en un restaurante cubano en la Pequeña° Habana . . . ¿Dónde está° la Pequeña Habana? Ah . . . ah . . . La Pequeña Habana está situada en una ciudad muy grande de los Estados Unidos: una ciudad donde tal vez un millón de personas hablan español . . . una ciudad donde hace calor en el verano y en el invierno . . . una ciudad en la costa del° Océano Atlántico . . . una ciudad extraordinaria . . . ¡una ciudad fantástica . . .!

    ¿Quién soy?

ciento por ciento: *100%*
hispanohablante: *Spanish-speaking,*
Mis: *My,*
padres: *parents*
no importa: *it doesn't matter*
Pequeña: *Little*
está: *is*

del: *of the*

D. ¿Qué tal, amigos? ¿Desean Uds. hablar conmigo? ¡Bueno! Yo también soy de origen hispánico pero no soy cubano ni° mexicano-americano. Soy de Puerto Rico. Pero ahora no vivo en Puerto Rico . . . Vivo en una ciudad del este de los Estados Unidos. Me gusta tocar el piano. Toco el piano en una orquesta de música latina . . . Me gusta también nadar . . . pero no nado mucho. En la ciudad donde vivo, hace mucho frío en el invierno. ¡Qué lástima!

    ¿Quién soy yo?

ni: *nor*

Delia Sánchez
San Diego

Rubén Ávila
Chicago

Carlos Gómez
Nueva York

Rosita Hurtado
Miami

El arte de la lectura *(The art of reading)*

Cognates

When you read a new selection in Spanish, you should first read it through to get the general meaning. Then you can go back and work out the meanings of new words and expressions. Some of these new words may be so unfamiliar that you will have to look them up in a dictionary. In the passage you have just read, you would probably not be able to guess the meanings of the words glossed in the margin.

Sometimes, though, you will not need a dictionary to find out the meanings of unfamiliar Spanish words. You will be able to guess them because many look like English words and have the same meanings. For instance, you probably understood the phrase **es un secreto** even though you had never before seen the Spanish word **secreto**. Words which look alike and have similar meanings in two languages are called "cognates."

Cognates present certain problems:

- They are never pronounced the same in Spanish and English.
- They are often spelled differently in the two languages.
- They may not have quite the same meaning in the two languages.

Ejercicio de lectura

Make a list of ten cognates which you came across for the first time in this reading.

a. Are there any words on your list that are spelled exactly the same way in Spanish and English?
b. Which words are spelled differently? Describe the differences.

¡Vamos a leer!

89

Comunicando

¿Y ustedes?

Complete the following sentences with an expression that best reflects your personal situation or preferences. Then compare your answers with those of your classmates. You may want to establish a class survey.

Canto . . .

1 En la clase de español, estudio . . .
- un poco
- mucho
- siempre

2 En casa,° prefiero . . .
- estudiar
- escuchar música
- mirar la televisión

3 En las fiestas, prefiero . . .
- cantar
- bailar
- tocar la guitarra

4 En el verano, prefiero . . .
- nadar
- viajar
- trabajar y ganar dinero

5 Prefiero viajar . . .
- con mi° familia
- con mis amigos
- solo(a)°

6 Canto . . .
- bien
- muy bien
- mal

7 Bailo . . .
- bien
- muy bien
- mal

8 Nado . . .
- bien
- muy bien
- mal

Conversaciones

This activity consists of several conversations between two speakers, A and B. Put these conversations together by matching each of A's questions or comments with an appropriate response from the box. You may act out each conversation with a classmate.

1 **At a party**

A: ¿Quién es?

B: —

A: Baila bien.

B: —

A: ¿Por qué no bailas con ella?

B: —

A: ¡Ay! ¡Qué lástima!

> ¡Sí, muy bien!
>
> Porque no me gusta bailar.
>
> Es Olga Ramos, una amiga.

2 **In a café**

A: ¿Qué estudias en el colegio?

B: —

A: ¿Quieres° hablar inglés conmigo?

B: —

A: ¿Por qué no?

B: —

A: ¡Qué bueno!

> Ahora no puedo.
>
> Tengo una cita con Felipe.
>
> Español e inglés.

3 **At the Spanish Club**

A: ¿Qué escuchas?

B: —

A: ¿Te gusta el rock?

B: —

A: ¿Tocas la guitarra?

B: —

A: ¡Qué bien!

> Sí, un poco.
>
> Un disco de rock.
>
> Sí, me gusta mucho.

Quieres *Do you want*

4 **At the beach**

A: ¿Te gusta nadar?

B: —

A: ¿Por qué no nadas
con nosotros?

B: —

A: ¿Dónde trabajas?

B: —

> En el "Café Miramar".
>
> Sí, mucho.
>
> Necesito trabajar.

5 **In an airport**

A: ¿Viajas mucho?

B: —

A: ¿Qué países° esperas visitar?

B: —

A: Hablas español y francés,
¿verdad?

B: —

A: ¡Fantástico!

> Claro, soy bilingüe.
>
> España y Francia.
>
> Sí, siempre viajo en el verano.

6 **In a travel agency**

A: ¿Viaja Ud. mucho,
señora Ortiz?

B: —

A: ¿Dónde trabaja Ud.?

B: —

A: ¿Para quién?

B: —

A: ¡Qué bien!

> En Buenos Aires.
>
> Trabajo para una compañía
> internacional de electrónica.
>
> ¡Por supuesto! Viajo mucho
> para mi compañía.

7 **In a café, after work**

A: ¿Dónde trabajas, Silvia?

B: —

A: ¿Cuándo trabajas?

B: —

A: ¿Por qué trabajas?

B: —

A: ¿Quién trabaja contigo?

B: —

> Mi primo° Luis.
>
> En un restaurante.
>
> Los sábados y los domingos.
>
> Necesito ganar dinero.

países *countries* **primo** *cousin*

Situaciones

Imagine you are in the following situations. Choose a partner. Your partner will play the role of the other person in the situation and answer your questions.

1 **You are in charge of organizing a talent show for the Spanish Club.**

Ask your partner . . .

- if he/she sings well

- if he/she plays the piano

- if he/she plays the guitar

2 **You have been invited to a party during your vacation in Mexico City.**

Ask your date (your partner) . . .

- if he/she likes to dance

- if he/she dances well

- if he/she likes rock (**el rock**)

3 **A student from Venezuela is going to spend two weeks at your home this summer. You have just met the student at the airport.**

Ask your Venezuelan guest (your partner) . . .

- if he/she speaks English

- if he/she likes to swim

- if he/she hopes to visit San Francisco

4 **You are in Madrid, Spain, and are planning to go to a concert. You call the box office to ask for certain information. The employee will answer your questions using his/her imagination.**

Ask your partner . . .

- at what time the concert is

- who is singing

- when the next concert (**el próximo concierto**) is

Intercambios

1 You want to know who in your class is interested in the same activities you are. List 4 activities you enjoy doing on a chart similar to the one below. Then ask several classmates if they like to do these things too. How many classmates are interested in at least 3 of the same activities that you listed?

Actividades:	Amigos:			
Me gusta:	*Pedro*	*Olga*		
1. ~~~	✓			
2. ~~~				
3. ~~~				
4. ~~~	✓			

2 You want to know more about the talents of your classmates. Interview 2 or 3 friends and find out if they can do the following things and how well they can do them. Prepare a chart similar to the one below and write the names in the corresponding boxes.

	sí, muy bien	sí, bien	sí, pero mal	no
		Teresa		

La vida práctica

1 At the Swimming Club

This illustration is an advertisement for a swimming club.

- Can you guess the meaning of *academia de natación*? To which Spanish verb is the word *natación* related?

- As of what date can you register at the club?

- At what times can you phone to obtain information about the club?

academia de natación
teo capriles hijo

INSCRIPCIONES ABIERTAS
desde el 1° de Noviembre

Solicite información
de 8:00 a.m. a 8:00 p.m.

MACARACUAY
Av. Principal a 500 mts. del CADA.
Telfs.: 21.58.34 - 22.86.43 - 22.24.01

2 A concert in Caracas

The following is an ad for a concert in Caracas.

- In which country is Caracas located?

- On what day and at what time will the concert take place?

- What type of concert is it?

- What is the cost of general admission? (The price is given in *bolívares: Bs.*)

- As a student, could you get a special price? How much would it cost you?

- Would you like to go to the concert? Why or why not?

FUNDACIÓN
RICARDO
ZULOAGA

Sala de Conciertos Electricidad de Caracas 1ª Temporada 1991

Elizabeth Guerrero
Piano

—PROGRAMA—

Chopin, Scarlatti, Mompou, Albéniz

**Próximo Miércoles 12 de Abril
Hora: 8:30 p.m.**

Entradas:
General Bs. 70,oo
Empleados E. de C.,
Estudiantes y Ateneístas
Bs. 40,oo

**Sala de Conciertos
Electricidad de Caracas**

Edif. La Electricidad de Caracas
Av. Vollmer, San Bernardino.

Watching movies on TV

The following TV program advertises two famous movies. Look at the description of the two movies and select the one you would like to watch.

Televisión

LAS PELÍCULAS DE LA SEMANA

Domingo 1

ABC DRAMA

«El tesoro de Sierra Madre»

Dirección: John Huston. Guión: John Huston. Blanco y negro. Principales intérpretes: Humphrey Bogart, Walter Huston, Tim Holt

Videoteca..............

Primera Cadena. Hora: 10,35
Título mítico que reúne dos inconfundibles personalidades, el maestro Huston y el gran Bogart, en una de sus mejores interpretaciones como el desesperado Fred C. Dobbs.

Miércoles 4

ABC DRAMA

«Carmen»

Dirección: Francesco Rosi. Guión: Melmac y Haley. Color. Principales intérpretes: Julia Migenes-Johnson, Plácido Domingo, Ruggero Raimondi.

Videoteca..............

Primera Cadena. Hora: 2,00
El tema eterno y fascinante de «Carmen», en su faceta melodramática, encuentra en Rosi uno de los más coherentes directores italianos.

- What is the title of the movie you have chosen?

- On what day will it be shown?

- At what time?

- What kind of movie is it?

- Is it black and white or color?

- Who is the director?

- Who are the actors?

- Why did you choose that movie?

Vamos a escribir

1 Write a note to your Mexican pen pal Marta telling her 3 things you like to do when you have free time. Also mention one or two things you do not like to do.

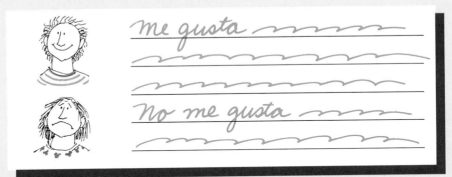

2 You are planning your summer vacation. Write a note to a Spanish friend telling him 3 things you hope to do this summer.

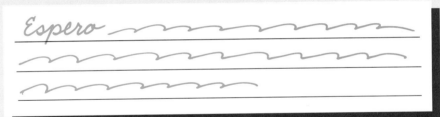

3 An exchange student from Argentina is arriving at your school next week. You would like to know more about her. Prepare a list of 5 questions that you could ask her. (For example: Does she speak English? Where does she study? Does she like to dance? Does she play the piano?)

1. _____
2. _____
3. _____
4. _____
5. _____

4 Write a short description of your best friend. Start by giving your friend's name, and then mention a few things your friend does and does not do.

Mi amigo (a) se llama _____

_____

_____

_____

5 List one thing you do and one thing you do not do in the following circumstances.

	sí	no
en la clase de español	*hablo español*	*no hablo inglés*
en casa°		
los fines de semana		
en el verano		
en la clase de...		

Active Vocabulary

ACTIVITIES

bailar	estudiar	necesitar
cantar	ganar (dinero)	tocar (el piano)
desear	hablar (inglés)	trabajar
escuchar (discos)	mirar (la televisión)	viajar
esperar	nadar	visitar

QUESTION WORDS

¿cómo?	¿qué?
¿cuándo?	¿quién(es)?
¿dónde?	¿verdad?
¿por qué?	

PRONOUNS

yo	nosotros
tú	vosotros
él	ellos
ella	ellas
usted	ustedes

USEFUL EXPRESSIONS

a	para	ahora	mucho	conmigo
con	pero	bien	muy	contigo
de	porque	como	siempre	mí
en	también	cuando	un poco	tú
o	y	donde		

COMMUNICATIVE EXPRESSIONS

¡claro!	me gusta	¡qué lástima!
¡claro que no!	no puedo	¡tal vez!
¡cómo no!	por eso	¿te gusta?
¡fantástico!	¡por supuesto!	

3

Unidad

Amigos . . . y amigas

Lección 1   En un café

Sevilla, España.
Pedro y Miguel entran en un café.
El café se llama «La Florida».
En el café, hay música de guitarra.
¿Quién toca?

Miguel: ¡Eh, Pedro! ¿Quién toca la
        guitarra?
 Pedro: Es . . . un guitarrista.

se llama: *is called*
hay: *there is*

Miguel: Claro, claro . . . pero ¿quién es el
        guitarrista?
 Pedro: Es . . . un muchacho.

muchacho: *boy*

Miguel: Bueno . . . pero ¿sabes quién es el
        muchacho?
 Pedro: Es . . . un estudiante.

sabes: *do you know*

Miguel: ¡Por supuesto! . . . pero ¿quién es?
 Pedro: Es el amigo de . . .

amigo: *friend*

Miguel: ¡Eh, Pedro! ¡El muchacho no es
        un muchacho!
 Pedro: Es . . . una muchacha.
Miguel: ¡Sí! Es Alicia, la amiga de Ramón.

muchacha: *girl*

 Alicia: ¡Hola, muchachos!
 Pedro: ¡Hola, Alicia!
Miguel: ¡Hola!

CONVERSACIÓN

Let's talk about people.

1. ¿Quién es Miguel? ¿Un **muchacho** o una **muchacha**?
2. ¿Quién es Alicia? ¿Un **muchacho** o una **muchacha**?
3. ¿Quién eres tú? ¿Un **muchacho** o una **muchacha**?
4. ¿Quién enseña *(teaches)* la clase de español? ¿Un **señor**, una **señora** o una **señorita**?
5. ¿Quién enseña la clase de inglés? ¿Un **profesor** o una **profesora**?
6. ¿Quién enseña la clase de matemáticas? ¿Un **profesor** o una **profesora**?

OBSERVACIÓN

The words in heavy print are *nouns*.

- Does the noun **muchacho** represent a male or a female person? What about **señor**? **profesor**?
- Does the noun **muchacha** represent a male or a female person? What about **señora**? **señorita**? **profesora**?

Nouns are often introduced by *articles*. In the above sentences, the words which come directly before the nouns are *indefinite articles*, like the English *a, an.*

- Which indefinite article is used before **muchacho**? **señor**? **profesor**?
- Which indefinite article is used before **muchacha**? **señora**? **señorita**? **profesora**?

NOTA CULTURAL

Los amigos *(Friends)*

For young Hispanic people, *un amigo* or *una amiga* is not just an acquaintance or a casual friend. *Un amigo* or *una amiga* is a close friend, a person with whom you share your joys and troubles, a person who is always there when you need someone to talk to.

El novio or *la novia* is more than a boyfriend or a girlfriend. The relationship between *novios* implies exclusive dating. In fact, *el novio* or *la novia* is usually the person whom you intend to marry. In Hispanic society, individual dating is not encouraged by the family. A boy and a girl will go out together alone only if they have been *novios* for some time and are over seventeen years old.

Estructuras

A. El sustantivo y el artículo indefinido: masculino y femenino

Nouns are used to designate people, animals or things. Nouns have *gender* in Spanish; that is, all nouns are either *masculine* or *feminine*.

Note the forms of the *indefinite article* (in heavy print) in the chart below.

MASCULINE NOUNS		FEMININE NOUNS	
un señor	*a gentleman*	**una** señora	*a lady*
un gato	*a (male) cat*	**una** gata	*a (female) cat*
un auto	*an automobile*	**una** orquesta	*an orchestra*

Un is used before masculine nouns. **Una** is used before feminine nouns.

How can you tell whether a Spanish noun is masculine or feminine?

> Usually you can tell the gender of nouns designating people.
> - Nouns designating male persons are generally masculine:
>   **un** muchacho, **un** señor, **un** profesor, **un** amigo.
> - Nouns designating female persons are generally feminine:
>   **una** muchacha, **una** señora, **una** profesora, **una** amiga.

> Sometimes you can tell the gender of other nouns from their endings.
> - Most nouns ending in **-o** are masculine:
>   **un** piano, **un** disco (but **una** mano, *a hand)*.
> - Most nouns ending in **-a** are feminine:
>   **una** guitarra, **una** discoteca, (but **un** día).

Since the gender of nouns is not always predictable and since many nouns do not end in **-o** or **-a,** it is a good idea to learn new nouns together with their *articles.* For example, think of **un disco** instead of just **disco.**

VOCABULARIO PRÁCTICO La gente (People)

un amigo	friend	una amiga	friend
un chico	boy	una chica	girl
un muchacho	boy	una muchacha	girl
un joven	young man	una joven	young woman
un novio	boyfriend	una novia	girlfriend
un hombre	man	una mujer	woman
un señor	man, gentleman	una señora	lady
un profesor	professor, teacher	una profesora	professor
un estudiante	student	una estudiante	student
un maestro	teacher	una maestra	teacher
un alumno	student, pupil	una alumna	student, pupil

hay	there is/are	Hay un chico y una chica.
¿Cómo se llama?	*What is he (she) called? (What's his/her name?)*	
¿Cómo se llaman?	*What are they called? (What are their names?)*	

NOTA: Often the terms **profesor** and **estudiante** are used at the university level, while the terms **maestro** and **alumno** are used at the secondary school level.

ACTIVIDAD 1   ¿Quién es?

Luis shows school pictures to Anita. She asks him to identify each person.
Play the two roles according to the model.

ꕤ   Carlos   Anita: ¿Quién es?
                   Luis: ¡Es Carlos, un amigo!

(amigo/amiga)	(muchacho/muchacha)	(profesor/profesora)
1. José	4. Lucía	7. el Sr. Gómez
2. Felipe	5. Roberto	8. la Sra. Miranda
3. Carmen	6. Inés	9. la Srta. Hernández

ACTIVIDAD 2   Otras preguntas *(Other questions)*

Now Luis is showing the pictures to Ramón. Play the two roles according
to the model. Use the cues of Actividad 1 and the following expressions:

1-3 chico/chica   4-6 alumno/alumna   7-9 hombre/mujer

ꕤ   Carlos   Ramón: Hay un chico. ¿Quién es?
                   Luis: ¡Es Carlos!

B. Los artículos definidos: *el, la*

Read the sentences below, paying attention to the words in heavy print.

El Sr. Vargas habla con **un** muchacho.   ¿Cómo se llama **el** muchacho?
El Sr. Vargas habla con **una** muchacha.   ¿Cómo se llama **la** muchacha?

The *definite article* **el** is used before masculine nouns:

el muchacho *(the boy),* **el** piano *(the piano).*

The *definite article* **la** is used before feminine nouns:

la muchacha *(the girl),* **la** clase *(the class).*

The definite articles **el** and **la** are like the English article *the.*

ꕤ   When talking about a person, Spanish speakers use **el** or **la** in front
of titles.

El Sr. Miranda es de México, ¿verdad?
Sí, pero **la** Sra. Miranda es de Puerto Rico.

ACTIVIDAD 3   En el café

There are many people in the café where Alicia and Miguel are sitting.
Alicia asks who they are. Miguel answers. Play both roles according to the
model.

ꕤ   un muchacho: José   Alicia: ¿Cómo se llama el muchacho?
                   Miguel: ¿El muchacho? Se llama José.

1. una muchacha: Luisa	4. un novio: Jaime Rivera
2. un estudiante: Roberto	5. una maestra: Silvia María
3. una joven: Susana	6. un guitarrista: Salvador Ruiz

C. Ser

Here are the present tense forms of the important verb **ser** *(to be)*. Some of these forms will be familiar to you.

(yo)	**Soy** de California.	(nosotros)	**Somos** de Texas.
(tú)	**Eres** de Panamá.	(vosotros)	**Sois** de Madrid.
(él, ella, Ud.)	**Es** de Sevilla.	(ellos, ellas, Uds.)	**Son** de San Juan.

Ser is an *irregular* verb. It does not follow a predictable pattern the way the regular **–ar** verbs do.

☞ After **ser,** the indefinite article **(un, una)** is usually omitted before nouns designating professions.

Soy profesor.   *I am a teacher.*
Felipe **es estudiante.**   *Felipe is a student.*

ACTIVIDAD 4   El club de español

The following students belong to the Spanish club. Say which country each one is from.

☞   Silvia (Costa Rica)   Silvia es de Costa Rica.

1. Pablo (España)
2. Isabel (México)
3. Luisa (Chile)
4. Carmen y Diego (Cuba)
5. nosotros (Puerto Rico)
6. Uds. (Colombia)
7. yo (Venezuela)
8. tú (Guatemala)
9. Ud. (Bolivia)
10. Miguel y Federico (Honduras)

Pronunciación   Unión de las vocales *a a*

Model word: la‿amiga
Practice words: la‿alumna   la‿adulta   la‿americana   la‿Argentina
Practice sentences: María habla con la‿amiga de Juan.
                La‿alumna‿argentina se llama‿Alicia.

In rapid conversational Spanish, words are often linked together. When a word ending in **-a** is followed by a word beginning with **a-**, you hear only one **a.**

Para la comunicación

Expresiones para la conversación

An expression which frequently occurs in Spanish conversations is:

¡**Bueno!** *All right!* —Hace calor. Deseo nadar.

—¡**Bueno!** ¡Vamos a la playa! (*Let's go to the beach.*)

Bueno . . . *Well . . .* —No deseo estudiar ahora.

—**Bueno . . .** ¿deseas escuchar discos?

Mini-diálogos

Look at the illustration and the sample conversation. Create similar conversations, replacing the underlined words with the expressions in the pictures.

muchacho   muchacha

Ramón
María

José: Hay un muchacho y una muchacha.

Inés: Bueno . . . ¿Quién es el muchacho?

José: ¡Es Ramón!

Inés: ¿Y la muchacha?

José: ¡Es María!

chico chica	maestro alumno	profesora estudiante	hombre mujer

Pedro Luisa	el Sr. Vargas Miguel	la Srta. Vilar Anita	el Sr. Arias la Srta. Colón

Tú tienes la palabra

With a classmate, prepare a short dialog in which you talk about two other people you notice at school. Use the conversation between José and Inés as a model.

Lección 2   Los amigos ideales

Un amigo es un amigo . . .
No siempre es perfecto, claro.
Sólo el amigo ideal es perfecto, ¿verdad?
Y la amiga ideal también.
Para Uds., ¿cómo es el amigo ideal? ¿Y la amiga ideal?

Sólo: *Only*

cómo es: *what is . . . like?*

el amigo ideal	sí	no
¿Es romántico?	■	■
¿Es tímido?	■	■
¿Es generoso?	■	■
¿Es paciente?	■	■
¿Es inteligente?	■	■
¿Es un muchacho sincero?	■	■
¿Es un muchacho interesante?	■	■

la amiga ideal	sí	no
¿Es romántica?	■	■
¿Es tímida?	■	■
¿Es generosa?	■	■
¿Es paciente?	■	■
¿Es inteligente?	■	■
¿Es una muchacha sincera?	■	■
¿Es una muchacha interesante?	■	■

CONVERSACIÓN

Now let's talk about your real friends, rather than the ideal model.

¿Cómo es tu mejor *(best)* amigo?

1. ¿Es **generoso?** Sí, es **generoso.**
    (No, no es **generoso.**)
2. ¿Es **simpático** *(nice)*?
3. ¿Es un muchacho **tímido?**
4. ¿Es un muchacho **sincero?**

¿Cómo es tu mejor amiga?

5. ¿Es **generosa?**
6. ¿Es **simpática?**
7. ¿Es una muchacha **tímida?**
8. ¿Es una muchacha **sincera?**

OBSERVACIÓN

Words used to describe people and things are called *adjectives*. In the Conversación, the words in heavy print are adjectives.

Questions 1-4 contain adjectives which describe a masculine noun (**amigo**).

- In what letter do these adjectives end?

Questions 5-8 contain adjectives which describe a feminine noun (**amiga**).

- In what letter do these adjectives end?

Re-read questions 3, 4, 7 and 8.

- Do the adjectives come *before* or *after* the nouns **muchacho** and **muchacha?**

NOTA CULTURAL

El grupo de amigos

Young people in Spanish-speaking countries prefer doing things together rather than individually. Thus the social life of a Hispanic teenager often revolves around a special group of friends, usually from the same school and social background.

El grupo de amigos (known as *la pandilla* in Spain) meets regularly, perhaps at a café, a park, or at the home of one of the members to listen to music, watch television or do homework. Other common activities include going to the beach, to the movies, or to a soccer game.

Taking walks is a popular activity in all Hispanic countries, especially since it is not common for teenagers to have cars. Groups of young people often walk arm in arm through the streets, singing, joking, and having a good time.

Estructuras

A. Los adjetivos: formas del singular

Compare the *adjectives* in heavy print in the following sentences.

Pablo es . . . **romántico,**
     simpático *(nice),*
     inteligente
     y muy **popular.**

Luisa es . . . **romántica,**
     simpática,
     inteligente
     y **popular** también.

The masculine form of an adjective is used to describe a masculine noun or pronoun. The feminine form of an adjective is used to describe a feminine noun or pronoun. This is called *noun-adjective agreement.* How do we form the feminine of Spanish adjectives? It depends on the masculine form.

Adjectives which end in **-o** in the masculine end in **-a** in the feminine.

Roberto es   Carolina es

generos   generos
fantástic   fantástic

- Adjectives which end in **-e** or **-a** in the masculine do not change in the feminine.

  Carlos es **independiente**   Marta es **independiente**
          e **individualista.**   e **individualista.**

- Most, but not all, adjectives which end in a consonant in the masculine do not change in the feminine.

  Rubén es muy **popular.**   Beatriz es muy **popular.**

- The feminine form of adjectives that do not follow the above patterns will be given in the vocabulary lists.

ACTIVIDAD 1   Los gemelos *(Twins)*

The following sets of twins look alike. Read the brother's description and then describe the sister.

- Juan es guapo / Juanita   Juanita es guapa también.

1. Roberto es alto / Roberta
2. Carlos es delgado / Carla
3. Antonio es bajo / Antonia
4. Emilio es gordo / Emilia
5. Enrique es rubio / Enriqueta
6. Felipe es moreno / Felipa
7. Francisco es serio / Francisca
8. José es aburrido / Josefa
9. Julio es antipático / Julia
10. Luis es divertido / Luisa

---

características físicas

alto(a)	tall	≠	**bajo(a)**	short
bonito(a)	pretty	≠	**feo(a)**	plain, ugly
guapo(a)	handsome, good-looking			
delgado(a)	thin	≠	**gordo(a)**	chubby, fat
moreno(a)	dark-haired, brunette	≠	**rubio(a)**	blond

características psicológicas

bueno(a)	good	≠	**malo(a)**	bad
divertido(a)	amusing, fun	≠	**serio(a)**	serious
inteligente	intelligent	≠	**tonto(a)**	foolish, stupid
interesante	interesting	≠	**aburrido(a)**	boring
simpático(a)	nice	≠	**antipático(a)**	unpleasant

bastante	rather, quite, enough	Linda es **bastante** simpática.
demasiado	too	Jaime es **demasiado** serio.
muy	very	Javier es **muy** inteligente.

ACTIVIDAD 2   Los opuestos se atraen *(Opposites attract)*

The following people have friends who are their opposites. Describe
the friends.

 ⁖   Carlos es moreno / Carmen   Carmen no es morena.
                                            Es rubia.

1. Juan es alto / Isabel   *baja*
2. Pedro es rubio / Luisa   *morena*
3. Paco es gordo / Juanita   *delgada*
4. Emilio es divertido / Dolores   *seria*
5. Roberto es interesante / Ana   *aburrido*

6. Pablo es simpático / Clara   *antipática*
7. Tomás es tonto / Lucía   *inteligente*
8. Felipe es bajo / Susana   *alta*
9. Pilar es inteligente / Miguel   *tonto*
10. Anita es guapa / Raúl   *feo*

ACTIVIDAD 3   Tipos ideales

Everyone has a personal view of the ideal people. Give your own opinions
by completing the following sentences.

1. Un amigo ideal es . . .   No es . . .
2. Una amiga ideal es . . .   No es . .
3. Un estudiante ideal es . . .   No es . . .
4. Una estudiante ideal es . . .   No es . . .

5. Un novio ideal es . . .   No es . . .
6. Una novia ideal es . . .   No es . . .
7. Un profesor ideal es . . .   No es . . .
8. Una profesora ideal es . . .   No es . . .

ACTIVIDAD 4   Retratos *(Portraits)*

Complete the following portraits of yourself and your worst enemy.

a) 1. Yo soy . . .
        2. Soy muy . . .
        3. Soy bastante . . .
        4. No soy demasiado . . .
        5. ¿Soy . . . ? ¡Claro!
        6. ¿Soy . . . ? ¡Claro que no!

b) 1. Mi peor enemigo(a) es . . .
        2. Es muy . . .
        3. Es bastante . . .
        4. No es demasiado . . .
        5. ¿Es . . . ? ¡Por supuesto!
        6. ¿Es . . . ? ¡No, no, no!

B. La posición de los adjetivos

Note the position of the adjectives in the answers below.

¿Es Roberto simpático?	Sí, es un muchacho **simpático.**
¿Es Emilia inteligente?	Sí, es una alumna **inteligente.**
¿Es el Sr. Ruiz muy serio?	Sí, es un profesor muy **serio.**

In Spanish, descriptive adjectives generally come *after* the noun they modify.

꩜ The adjectives **bueno** *(good)* and **malo** *(bad)* usually come before the noun, but may follow if the adjective is emphasized.

꩜ **Bueno** and **malo** become **buen** and **mal** before a masculine singular noun.

Roberto es un **buen** amigo, pero un **mal** estudiante.

ACTIVIDAD 5   Las opiniones de Consuelo

Consuelo gives her opinion of people she knows. Play her role according to the model.

꩜   Pedro: interesante   Pedro es un chico interesante.

(chico/chica)

1. Carlos: simpático
2. Alicia: bonita
3. Anita: muy seria
4. Rafael: fantástico
5. Marina: antipática

(alumno/alumna)

6. Alfonso: inteligente
7. Raúl: bueno
8. Conchita: mala
9. Victoria: buena
10. Francisco: malo

(profesor/profesora)

11. el Sr. Alonso: divertido
12. la Sra. Vilar: buena
13. el Sr. Gómez: demasiado serio
14. la Srta. Ruiz: bastante aburrida
15. el Sr. Molina: inteligente

ACTIVIDAD 6   Diálogo: Preferencias personales

Ask a classmate whom he or she prefers. (Note: **¿Qué te gusta más ...?** means *Whom do you prefer?)*

꩜   un amigo: ¿tímido o divertido?

Estudiante 1: ¿Qué te gusta más, un amigo tímido o divertido?
Estudiante 2: Me gusta más un amigo tímido.
(Me gusta más un amigo divertido.)

1. un amigo: ¿generoso o interesante?
2. un amigo: ¿inteligente o simpático?
3. una amiga: ¿divertida o seria?
4. una amiga: ¿bonita o popular?
5. un profesor: ¿interesante o aburrido?
6. un jefe *(boss):* ¿simpático o antipático?

Pronunciación **Los diptongos**

Model word: bueno
Practice words: rubio serio demasiado guapo Luisa Manuel
Practice sentences: Eduardo es un estudiante muy serio.
                     El novio de Mariana viaja siempre.

When **i** or **u** (without an accent mark) comes next to another vowel, the
two vowels are pronounced rapidly to form one *diphthong* or glided sound.
However, when **a, e** or **o** come together they are pronounced separately
and distinctly: Raf**ae**l y B**ea**triz, Bilb**ao** y Montevid**eo**.

Para la comunicación

Expresiones para la conversación

Hispanic people like to communicate their feelings about others. To express their feelings about a person, Spanish speakers use:

¡**qué** + adjective!	¡**Qué guapo!**	*How handsome (he is)!*
	¡**Qué bonita!**	*How pretty (she is)!*

To ask what someone is like, they may say:

¿**Cómo es?**	—¿**Cómo es** el chico?	*What's the boy like?*
	—Es muy divertido.	*He's a lot of fun.*

Mini-diálogos

Comment on the following street scenes, using the sample exchange as a model.

Marta

Miguel: ¡Qué <u>bonita</u>! ¿Quién es?

Alicia: Es <u>Marta</u>.

Miguel: ¿Cómo es? ¿Es simpática<u></u>?

Alicia: Sí, es muy simpática<u></u>.

Alberto

Esteban

Rosa

Carolina

Tú tienes la palabra

With a classmate, prepare a short dialog in which you comment on another person. Use the conversation between Miguel and Alicia as a model.

Lección 3   En la fiesta

En Bogotá, Colombia.
Aquí en la fiesta, el ambiente es muy divertido.
Hay muchos chicos y muchas chicas.
No hay orquesta, pero hay discos.

ambiente: *atmosphere*

María: Pablo, aquí tengo los discos.
         ¿Tú tienes el tocadiscos?
Pablo: ¡Sí! Tengo un tocadiscos nuevo.
María: ¡Fantástico!

tengo: *I have*
tocadiscos: *record
   player*

Roberto: ¿Quién es la chica rubia?
Ricardo: Se llama Olga.
Roberto: Es muy guapa . . .
Ricardo: . . . y muy interesante
           también. ¡Es mi novia!
Roberto: ¡Ah! . . . bueno . . . bueno . . .
           ¡Adiós!

Rosa: ¿Quiénes son los dos muchachos altos?
Olga: Se llaman Pietro y Alberto.
Rosa: No son colombianos, ¿verdad?
Olga: ¡No! Son italianos.
Rosa: Son muy guapos.
Olga: Y son simpáticos.
Rosa: ¡Qué bueno!

Se llaman: *Their
   names are*

Diego: ¿Son españolas las chicas?
Carolina: ¿Qué chicas?
Diego: Las chicas morenas.
Carolina: ¡No! Son mexicanas.
Diego: ¡Qué guapas!
Carolina: ¡Sí! Son muy divertidas también.
           Pero . . .
Diego: ¿Pero qué?
Carolina: ¡Tienen novio!
Diego: ¡Caramba!

118

CONVERSACIÓN

Do you have many books? many records? many friends? Answer the following questions.

1. ¿Tienes muchos **discos?** Sí, tengo muchos discos. (No, no tengo muchos discos.)
2. ¿Tienes muchos **discos** buenos?
3. ¿Tienes muchas **cintas** *(tapes)?*
4. ¿Tienes muchas **cintas** interesantes?

5. ¿Tienes muchos **amigos** simpáticos?
6. ¿Tienes muchas **amigas** simpáticas?
7. ¿Hay muchos **chicos** en la clase de español? ¿Cuántos *(How many)?*
8. ¿Hay muchas **chicas** en la clase de español? ¿Cuántas?

OBSERVACIÓN

In the above questions, the nouns in heavy print refer to several objects or several people. These are *plural nouns.*
- In what letter do Spanish plural nouns end?

In questions 2, 4, 5 and 6, the plural nouns are followed by *plural adjectives.*
- In what letter do these plural adjectives end?

NOTAS CULTURALES

Las fiestas

Hispanic teenagers love parties—they love giving them and going to them. Parties *(fiestas* or *reuniones)* are given to celebrate a birthday, a holiday, the end of the school year, or any special occasion such as the departure or arrival of a friend. They often start around nine in the evening, or even later, and are characterized by lots of music and dancing. There is usually a buffet with snacks, sandwiches, juice and soft drinks. Dress is often more formal than in the United States, for Hispanic people tend to dress up for such occasions. Frequently parties cut across generations with parents and even grandparents mingling with the young people.

Las citas *(Dates)*

On the whole, relationships between boys and girls are more formal in Hispanic countries than in the United States. Traditionally, individual dating has been discouraged, and young people go out in mixed groups. When a boy and girl do have a date, they usually meet at a prearranged time and place. Most often, parents know the families of the young people with whom their children are going out.

Estructuras

A. *Tener*

Tener *(to have)* is an irregular verb. Note the present tense forms of this verb in the following affirmative and negative sentences.

(yo)	**Tengo** una guitarra.	**No tengo** banjo.
(tú)	**Tienes** una bicicleta.	**No tienes** coche.
(él, ella, Ud.)	**Tiene** un disco.	**No tiene** tocadiscos.
(nosotros)	**Tenemos** un amigo en España.	**No tenemos** amigos aquí.
(vosotros)	**Tenéis** un televisor.	**No tenéis** radio.
(ellos, ellas, Uds.)	**Tienen** una cinta.	**No tienen** grabadora.

VOCABULARIO PRÁCTICO Unos objetos

un objeto   object

una cosa   thing

un coche

una bicicleta

una moto

un disco

**una cinta
(una cassette)**

un tocadiscos

una grabadora

un radio

una cámara

un televisor

una foto

un bolígrafo   **un lápiz**   **un cuaderno**   **un libro**

⟨⟩ After the verb **tener,** the indefinite article is omitted when the
speaker is not emphasizing a specific object.

No tengo coche.   *I don't have **a** car.*
No tengo tocadiscos pero   *I don't have **a** record player, but*
   tengo **una** grabadora buena.   *I have **a** good cassette recorder.*

ACTIVIDAD 1   **¿Quién tiene un tocadiscos?**

Rosa María bought a new record, but she does not have a record player to
play it on. Tell her who has one.

⟨⟩   Rafael   Rafael tiene un tocadiscos.

1. Elena
2. nosotros
3. Pablo y Fernando
4. El profesor

5. Marta y yo
6. Carolina
7. yo
8. Felipe y Eva

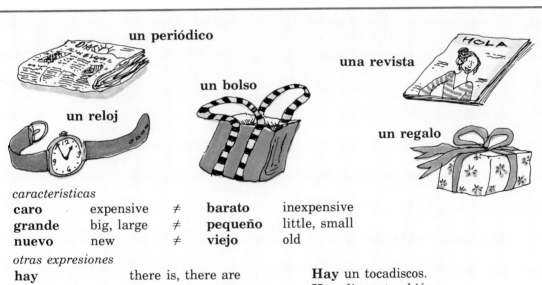

un periódico

una revista

un bolso

un reloj

un regalo

características

caro	expensive	≠	**barato**	inexpensive
grande	big, large	≠	**pequeño**	little, small
nuevo	new	≠	**viejo**	old

otras expresiones

hay	there is, there are	**Hay** un tocadiscos.
		Hay discos también.
no hay	there is no, there are no	**No hay** libros aquí.
¿qué hay . . .?	what is there?	**¿Qué hay** en el bolso?

NOTA: **Grande** may come before or after the noun.
      When it comes *before* the noun, it is shortened to **gran** and means *great.*
      When it comes *after* the noun, it is *not* shortened, and means *large* or *big.*

      Tengo un **gran** amigo. Tiene un coche **grande.**

ACTIVIDAD 2   Diálogo: Mis cosas

Ask your classmates if they have the following things. If they answer affirmatively, ask a second question using the adjective in parentheses according to the model.

🗪 un tocadiscos (nuevo)

Estudiante 1: ¿Tienes un tocadiscos?
Estudiante 2: Sí, tengo un tocadiscos.
  (No, no tengo tocadiscos.)
Estudiante 1: ¿Es nuevo?
Estudiante 2: Sí, es un tocadiscos nuevo.
  (No, no es un tocadiscos nuevo.)

1. una guitarra (eléctrica)
2. un coche (nuevo)
3. una bicicleta (vieja)
4. un televisor (bueno)
5. una grabadora (pequeña)

6. un reloj (barato)
7. una cámara (cara)
8. un bolso (grande)
9. un radio (viejo)
10. un disco (español)

ACTIVIDAD 3   El regalo ideal

The ideal gift is different for different people. Complete the sentences below according to the model. Use nouns and adjectives you have learned.

🗪 Para un chico de diez años *(ten years old)* . . .
   Para un chico de diez años, el regalo ideal es una bicicleta.

1. Para una chica de diez años . . .
2. Para un muchacho de quince años . . .
3. Para una muchacha de quince años . . .
4. Para un joven de veinte años . . .
5. Para una joven de veinte años . . .

6. Para una persona que *(that)* no es puntual . . .
7. Para una persona que estudia mucho . . .
8. Para una persona que viaja mucho . . .
9. Para una persona enferma *(sick)* . . .
10. Para mí . . .

el regalo para mamá
CASA VIVANCO   VIVANCO HNOS.
..y siempre de buen gusto!

B. Sustantivos y artículos: formas del plural

Compare the *singular* nouns and articles in the questions on the left with the *plural* nouns and articles in the questions on the right.

¿Cómo se llama **el** muchacho?   ¿Cómo se llaman **los** muchachos?
¿Cómo se llama **la** muchacha?   ¿Cómo se llaman **las** muchachas?
¿Cómo se llama **el** profesor?   ¿Cómo se llaman **los** profesor**es**?

Plural nouns are generally formed as follows:

by adding **-s** to singular nouns ending in a vowel: chico, chicos;
by adding **-es** to singular nouns ending in a consonant: reloj, relojes.

❧ The plurals of feminine nouns such as **chicas, amigas** and **alumnas** refer to groups containing only girls.

❧ The plurals of masculine nouns such as **chicos, amigos** and **alumnos** may refer to groups containing only boys or to mixed groups.

Pedro y Carlos   Isabel y María   Silvia, Dolores, Luisa y Miguel

son amigos

son amigas

son amigos

The plural forms of the definite article are: **los, las.**

The plural forms of the indefinite article are: **unos, unas.**

❧ These forms mean *some, a few* (or *any,* in negative and interrogative sentences). They are often omitted. Compare the sentences:

Tengo **discos** buenos.   *I have good **records**.*
Tengo **unos discos** de música latina.   *I have **a few records** of Latin American music.*

ACTIVIDAD 4   En la tienda *(At the store)*

A customer is looking for the following items. The salesperson says that
they do not have any. Play both roles according to the model.

Ɔ)   una guitarra   el (la) cliente: Necesito una guitarra.

el (la) vendedor(a): ¡Qué lástima! No tenemos guitarras.

1. un libro	5. un reloj	9. una cinta
2. un disco	6. un televisor	10. un bolígrafo
3. una bicicleta	7. un bolso	11. una cámara
4. una grabadora	8. un radio	12. un periódico

ACTIVIDAD 5   La tienda internacional *(The international boutique)*

Imagine that you are working in the international boutique at the Mexico
City airport. In this shop, everything comes from abroad. Explain the
origins of the following objects to the customers.

Ɔ)   cámara: Alemania *(Germany)*   Las cámaras son de Alemania.

1. bolso: Italia	5. libro: Chile
2. reloj: Suiza *(Switzerland)*	6. grabadora: Panamá
3. bicicleta: Francia	7. revista: Inglaterra *(England)*
4. periódico: España	8. televisor: los Estados Unidos

C. Adjetivos: formas del plural

Plural forms of adjectives are used to describe plural nouns and pronouns.
Note the singular and plural forms of adjectives in the sentences below.

SINGULAR	PLURAL
Pablo es **simpático,** **inteligente** y **popular.**	Pablo y Paco son **simpáticos,** **inteligentes** y **populares.**
Isabel es **simpática,** **inteligente** y **popular.**	Isabel y Luisa son **simpáticas,** **inteligentes** y **populares.**

Plural adjectives are generally formed as follows:

by adding **-s** to singular adjectives ending in a vowel: bueno**s**, buena**s**;
by adding **-es** to singular adjectives ending in a consonant: ideal**es**, popular**es**.

Ɔ)   *Masculine plural adjectives* are used to describe groups containing
both masculine and feminine nouns.

Pedro y José　　　　Elena y Amalia　　　Mauricio, Linda, Delia y Consuelo

son simpáticos　　　　son simpáticas　　　　son simpáticos

ACTIVIDAD 6　En otra tienda (At another store)

The customer of Actividad 4 is now in another store looking for the items
that were not available before. Play both roles according to the model.

⚛　una guitarra: buena　　　el (la) cliente: Deseo una guitarra.
　　　　　　　　　　　　el (la) vendedor(a): Tenemos unas guitarras buenas.

1. un libro: divertido
2. un disco: popular
3. una bicicleta: buena
4. una grabadora: pequeña
5. un reloj: barato
6. un televisor: grande

7. un bolso: caro
8. un radio: viejo
9. una cinta: interesante
10. un bolígrafo: barato
11. una cámara: nueva
12. un periódico: español

ACTIVIDAD 7　Orgullo nacional (National pride)

Ramón, who is from Argentina, boasts about the people of his country.
Elena, from Mexico, tries to outdo him. Play both roles according to the
model. (Note: **más** means more.)

⚛　chico: simpático　　Ramón: Los chicos argentinos son simpáticos.
　　　　　　　　　　　Elena: Los chicos mexicanos son más simpáticos.

1. muchacho: guapo
2. muchacha: simpática
3. estudiante: inteligente
4. profesor: serio

5. mujer: bonita
6. chica: divertida
7. hombre: interesante
8. alumno: perseverante

VOCABULARIO PRÁCTICO   Unos adjetivos

¿cuánto?, ¿cuánta?	how much	¿**Cuánto** dinero tienes?
¿cuántos?, ¿cuántas?	how many	¿**Cuántos** discos y **cuántas** cintas tienes?
otro, otra	other, another	¿Tienes **otro** libro?
otros, otras	other, others	Hay **otras** personas aquí.
mucho, mucha	much, a lot of	No gano **mucho** dinero.
muchos, muchas	many, a lot of	Tengo **muchos** discos, pero no tengo **muchas** cintas.
todo (el), toda (la)	all, the whole	Trabajo **todo** el verano.
todos (los), todas (las)	all	**Todos** los alumnos y **todas** las alumnas estudian español.

NOTAS: 1. The adjectives ¿**cuánto?**, **otro**, **mucho**, and **todo** agree with the noun they introduce.
2. The article **un, una** is *not* used before **otro, otra.**

ACTIVIDAD 8   Preguntas personales

1. ¿Tienes muchos amigos?
2. ¿Tienes muchas amigas?
3. ¿Cuántos chicos hay en la clase de español?
4. ¿Cuántas chicas hay en la clase?
5. ¿Cuántos profesores tienes?
6. ¿Cuántos radios tienes en casa *(at home)?* ¿Cuántos televisores?
7. ¿Tienes discos? ¿Cuántos?
8. ¿Tienes cintas? ¿Cuántas?
9. ¿Trabajas todo el día? ¿toda la semana?
10. ¿Son serios todos los profesores?
11. ¿Son interesantes todas las clases?
12. ¿Son inteligentes todos los estudiantes?
13. ¿Deseas hablar otros idiomas *(languages)?*
14. ¿Estudias con otro estudiante?

Pronunciación   Unión de las palabras

Model words: los‿amigos
Practice words: las‿alumnas   unos‿estudiantes   el‿lápiz   unas‿cintas
Practice sentences: Los‿alumnos escuchan‿unas‿cintas de‿español.
Felipe‿estudia con‿Nora.

Spanish speakers tend to link words together so that a group of words sounds like a long series of syllables. Often the last consonant of one word is pronounced with the next word. If the last sound of one word is the same as the first sound of the next word, the two are pronounced as one sound.

Para la comunicación

Expresiones para la conversación

To attract someone's attention, Spanish speakers say:

¡Oye!	*Listen!*	**¡Oye,** Pepe!
¡Mira!	*Look!*	**¡Mira,** Anita!

Mini-diálogos

In this dialog, two customs officers are talking. Create new dialogs, replacing the underlined words with the expressions suggested in the illustrations.

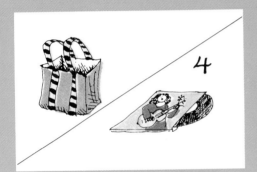

Primer aduanero: ¡Oye! ¿Qué hay en <u>el bolso</u>?

Segundo aduanero: ¡Mira! ¡Hay <u>discos</u>!

Primer aduanero: ¿Cuán<u>tos</u> <u>discos</u>?

Segundo aduanero: ¡Hay <u>cuatro discos</u>!

Tú tienes la palabra

With a classmate, prepare a short dialog in which the two of you comment on something you see in a car. Use the conversation between the customs officers as a model.

Lección 4 Un club internacional

Soy española. Tengo diez y seis años.
Tengo una colección muy grande de discos
de música española. Deseo intercambiar
discos con un muchacho mexicano o argentino
de diez y seis a diez y ocho años.
Mari - Carmen Suárez
Santa Susana, 823
Madrid, España

Tengo diez y seis
años: *I'm sixteen*

intercambiar:
exchange

Tengo diez y siete años. Soy argentina.
Me gusta bailar, escuchar discos y
viajar. Deseo tener correspondencia
con una chica francesa o inglesa.
Consuelo Ortega
Avenida Santa Fe, 603
Buenos Aires, Argentina

CONVERSACIÓN

Let's talk about your age and the age of other people you know.

1. ¿**Tienes** doce (12) años? Sí, **tengo**
    doce años. (No, no **tengo** doce años.)
2. ¿**Tienes** catorce (14) años?
3. ¿**Tienes** diez y seis (16) años?
4. ¿Cuántos años **tienes?**
5. ¿Cuántos años **tiene** tu mejor amigo
    (your best friend)?
6. ¿Cuántos años **tiene** tu mejor amiga?
7. ¿**Tiene** cuarenta (40) años tu papá?
8. ¿**Tiene** cuarenta años tu mamá?

OBSERVACIÓN

In the above questions, you are asked *how old* certain people *are*.
• Which verb is used?

Soy mexicano. Tengo diez y seis años. Deseo intercambiar cartas con amigos norteamericanos de quince a diez y siete años. Deseo hablar de música y de béisbol con ellos. Tienen que contestar en español porque no hablo inglés.

Pedro Borges
Paseo de las Palmas, 472
México 11, D.F., México

cartas: *letters*

Tienen que contestar:
They must answer

Tengo ganas de: *I want to*

Soy un chico norteamericano que estudia español. Tengo ganas de visitar México. Deseo tener correspondencia con chicas mexicanas. Tienen que contestar en español porque tengo que practicar mucho. Deseo intercambiar periódicos y revistas con ellas.

Eric Brown
32 Ward Street
Newton, Massachusetts 02159
U.S.A.

TRAJES TIPICOS NACIONALES 1.60

"MESTIZA" YUCATAN

MEXICO T.I.E.V. 1981
G. GUTIERREZ

NOTAS CULTURALES

Los americanos

To the Spanish Americans, the word *americano* refers to any person who lives in North or South America. Thus all Latin Americans are *americanos*. To identify a person who lives in the United States, Spanish speakers use the word *norteamericano*.

Tres ciudades hispánicas

If you were asked to name three large Spanish-speaking cities, you would probably say Madrid, Buenos Aires and Mexico City. Which one do you think is largest? Madrid? No! The population of greater Mexico City is over twenty million. The population of greater Buenos Aires is over twelve million. And Madrid? It has about four million inhabitants.

Estructuras

A. Expresiones con *tener*

Note the use of **tener** in the following expressions.

tener [trece] años	*to be [13] years old*	—¿Cuántos años tienes? —**Tengo trece años.**
tener ganas de + infinitive	*to feel like*	—¿**Tienes ganas de** visitar México? —¡Por supuesto!
tener que + infinitive	*to have to*	—¿**Tienen que** estudiar mucho en clase? —Sí. Y también **tenemos que** hablar español.

There are many Spanish expressions in which **tener** does not mean *to have*.

ACTIVIDAD 1   Diálogo: ¿Cuántos años?

Ask a classmate how old certain people are.

꩜   tu mejor amigo   Estudiante 1: ¿Cuántos años tiene tu mejor amigo?
Estudiante 2: Tiene [trece] años.

1. tu mejor amiga
2. tu papá
3. tu mamá

4. tú
5. el (la) profesor(a)
6. yo

ACTIVIDAD 2   Pretextos *(Excuses)*

Carlos asked his friends to help him paint his room. Everyone found an excuse not to come. Give each person's reasons, using **tener que.**

꩜   Anita: estudiar   Anita tiene que estudiar.

1. yo: estudiar también
2. nosotros: trabajar
3. Pablo: hablar con el profesor

4. tú: tocar el piano
5. Uds.: escuchar cintas
6. Carmen y Elena: visitar un museo

ACTIVIDAD 3   Diálogo: Deseos *(Wishes)*

Ask your classmates if they feel like doing the following things. Create dialogs according to the model.

꩜   estudiar   Estudiante 1: ¿Tienes ganas de estudiar?
Estudiante 2: Sí, tengo ganas de estudiar.
(No, no tengo ganas de estudiar.)

1. hablar español
2. viajar
3. visitar México
4. ganar mucho dinero

5. tener una moto
6. tener un coche
7. mirar la televisión ahora
8. cantar ahora

ACTIVIDAD 4 Diálogo: Obligaciones

Ask a classmate if he or she has to do the following things.

🗩 estudiar mucho   Estudiante 1: ¿Tienes que estudiar mucho?
　　　　　　　　　 Estudiante 2: Sí, tengo que estudiar mucho.
　　　　　　　　　　　　　　　 (No, no tengo que estudiar mucho.)

1. hablar español en clase
2. escuchar las cintas de español
3. trabajar en casa (at home)
4. ser paciente
5. ser buen(a) estudiante
6. ser sincero(a) con los amigos
7. ser generoso(a)
8. ganar mucho dinero
9. estudiar todo el año
10. trabajar toda la semana
11. practicar el piano
12. practicar la guitarra

B. Venir

Venir (to come) is an irregular verb. Note the present tense forms of this verb in the sentences below.

(yo)	**Vengo** en bicicleta.
(tú)	**¿Vienes** con nosotros?
(él, ella, Ud.)	**¿Viene** Carlos a la fiesta?
(nosotros)	**Venimos** en coche.
(vosotros)	**¿Venís** a la fiesta conmigo?
(ellos, ellas, Uds.)	**¿Vienen** con Anita?

The present tense of **venir** is like that of **tener,** except in the **nosotros** and **vosotros** forms.

🗩 Note the use of the interrogative expression **¿de dónde?** (from where?):

¿De dónde vienes?　Vengo **de** la cafetería.
¿De dónde es Juan?　Es **de** Puerto Rico.

ACTIVIDAD 5 Unos alumnos serios

Many students are not coming to the party tonight because there is a math exam tomorrow and they have to study. Explain this according to the model.

🗩 Ricardo　Ricardo no viene a la fiesta. Tiene que estudiar.

1. Eva
2. Francisco
3. Marta y Cecilia
4. ellos
5. yo
6. tú
7. nosotros
8. Uds.

VOCABULARIO PRÁCTICO El país y la nacionalidad

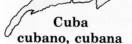

Cuba
cubano, cubana

España
español, española

México
mexicano, mexicana

los Estados Unidos
norteamericano, norteamericana

Puerto Rico
puertorriqueño, puertorriqueña

NOTAS: 1. Adjectives of nationality are not capitalized in Spanish.
2. Adjectives of nationality that end in a consonant in the masculine, add
an -**a** in the feminine.

Luis es **español**.	Juanita es **española**.
Jim es **inglés**.	Jane es **inglesa**.
Robert es **francés**.	Caroline es **francesa**.

ACTIVIDAD 6 En el aeropuerto de Montreal

Say where each of the following travelers is coming from and give his or
her nationality, according to the model.

🗢 Felipe: España   Felipe viene de España. Es español.

1. Luisa: Cuba
2. Isabel: Puerto Rico
3. Pedro: México
4. Linda: los Estados Unidos
5. Inés y Ana: México

6. nosotros: Cuba
7. Federico: los Estados Unidos
8. Uds.: Puerto Rico
9. Juana: España
10. yo: los Estados Unidos

ACTIVIDAD 7 Las compras de Teresa

Teresa has won a three-week vacation trip. In each country she visits she
buys local products. Describe her purchases. (Note: **comprar** means *to buy*.)

🗢 España: un libro   En España, Teresa compra un libro español.

1. España: dos discos
2. España: una guitarra
3. España: un bolso
4. México: un sombrero
5. México: una grabadora

6. México: cintas
7. Puerto Rico: libros
8. Puerto Rico: un disco
9. Puerto Rico: una cinta
10. Puerto Rico: unos periódicos

C. El pronombre relativo: *que*

Note the uses of **que** in the following sentences.

¿Cómo se llama el chico **que** baila con María?
*What is the name of the boy **who** is dancing with Maria?*

¿Quién es la muchacha **que** miras?
*Who is the girl **(whom)** you're looking at?*

Los muchachos **que** escuchan vienen conmigo.
*The boys **who** are listening are coming with me.*

Necesito el bolígrafo **que** tú tienes.
*I need the pen **(that)** you have.*

Me gusta la cinta **que** tú escuchas.
*I like the tape **(that, which)** you are listening to.*

The pronoun **que** *(who, whom, that, which)* comes *after* a noun. It can refer to people or things.

➢ Although the pronouns *that, which* and *whom* are often omitted in English, **que** must always be used in Spanish.

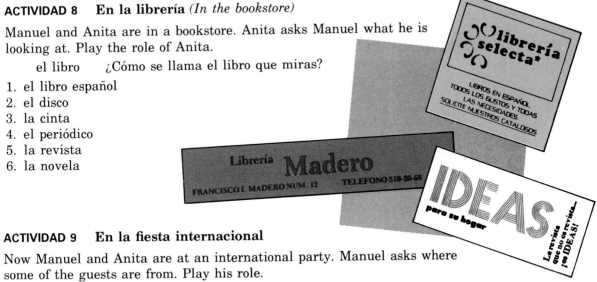

ACTIVIDAD 8   En la librería *(In the bookstore)*

Manuel and Anita are in a bookstore. Anita asks Manuel what he is looking at. Play the role of Anita.

el libro   ¿Cómo se llama el libro que miras?

1. el libro español
2. el disco
3. la cinta
4. el periódico
5. la revista
6. la novela

ACTIVIDAD 9   En la fiesta internacional

Now Manuel and Anita are at an international party. Manuel asks where some of the guests are from. Play his role.

➢ Un chico habla francés.   ¿De dónde es el chico que habla francés?

1. Una chica habla inglés.
2. Un muchacho tiene una cámara.
3. Una muchacha baila muy bien.
4. Dos chicos tocan la guitarra.
5. Dos chicas cantan.

6. Una señorita habla con Miguel.
7. Un joven escucha a Carlos.
8. Un señor tiene barba *(beard)*.
9. Una profesora habla francés.
10. Tres amigas tienen revistas españolas.

ACTIVIDAD 10 Las hermanas *(Sisters)*

Alicia asks her sister Teresa if she likes various things that she has or does. Teresa answers affirmatively. Play both roles.

Escucho un disco.   Alicia: ¿Te gusta el disco que escucho?
                      Teresa: Sí, me gusta mucho.

1. Escucho una cinta.
2. Miro un libro.
3. Canto una canción *(song)*.

4. Miro una foto.
5. Tengo un reloj.
6. Tengo una bicicleta.

Para la comunicación

Expresión para la conversación

To introduce a conclusion, you may say:

Entonces . . .   *Well, then* . . .   —No tengo discos.
                                            —**Entonces** . . . tienes que escuchar la radio.

Mini-diálogos

Create new dialogs by replacing the underlined words with the words in the pictures.

Pedro   viernes

estudiar

Alfonso: ¿Viene Pedro a la fiesta?
  Anita: ¿Cuándo es la fiesta?
Alfonso: El viernes.
  Anita: El viernes Pedro tiene que estudiar.
Alfonso: Entonces, no viene.
  Anita: ¡Claro que no!
Alfonso: ¡Qué lástima!

Pronunciación **El sonido de la consonante ñ**

Model word: español
Practice words: años   señor   señora   señorita   compañero
Practice sentences: El señor Núñez viene mañana.
                              La señora Muñoz tiene treinta años.

The sound of the Spanish consonant **ñ** is similar to the sound of the **ni** in the English word "companion."

Luisa   martes

trabajar

Roberto y Jaime   miércoles

visitar el museo

nosotros   sábado

viajar

Carmen   jueves

estudiar para el examen

Tú tienes la palabra

With a classmate, prepare a short dialog in which you talk about a friend who cannot come to a party you have planned. Use the conversation between Alfonso and Anita as a model.

¡Vamos a leer! Los secretos de la cara

Hay personas idealistas y románticas. Hay también personas realistas y muy prácticas . . . Todos somos un poco diferentes. Todos tenemos nuestra° personalidad, nuestra individualidad.

¿Cómo explicar las diferencias que hay entre° nosotros? Para algunas° personas, estas° diferencias son determinadas por° el aspecto físico de cada° uno, especialmente por la forma de la cara.° Así es que° una persona que tiene la cara ovalada no tiene las mismas° cualidades (ni° por supuesto los mismos defectos) que una persona que tiene la cara rectangular.

¿Es posible? . . . Tal vez . . . ¡Tú tienes que decidir!

nuestra: *our*

entre: *among*

algunas: *some,*
  estas: *these,*
  por: *by*

cada: *each,*
  cara: *face,*
  Así es que: *Thus*

mismas: *same*

ni: *nor*

¿Tienes la cara ovalada?

Tienes muchos amigos porque eres una persona muy simpática y generosa. Eres romántico(a) también. Te gusta escuchar música. Te gusta bailar. Te gusta viajar.

Tienes muchas ideas interesantes y originales. Tienes un temperamento artístico. Eres un poco tímido(a) y, a veces°, eres un poco . . . perezoso(a),° ¿verdad? En clase, estudias bien, pero en casa° . . . ¡no tienes muchas ganas de estudiar!

¡Tienes que ser más dinámico(a)!

a veces: *sometimes,*
  perezoso: *lazy*

en casa: *at home*

¿Tienes la cara rectangular?

Eres una persona muy dinámica. Tienes la personalidad de un líder.° Por eso eres muy respetado(a) por tus profesores y amigos. Te gusta organizar, dominar . . . y, a veces, criticar también.

Tienes muchas ambiciones y aspiraciones. Tienes ganas de ser una persona muy importante en el futuro, tal vez el presidente de una gran compañía internacional.

¡Tienes que ser más sociable en tus relaciones personales y menos° serio(a) en la vida!°

líder: *leader*

menos: *less*

vida: *life*

¿Tienes la cara cuadrada?°

Eres realista y práctico(a) . . . Tienes también una gran curiosidad intelectual. Te gusta estudiar en clase y trabajar en casa. Eres muy ambicioso(a). Tienes mucho talento para las cosas mecánicas. Te gusta reparar relojes, televisores, bicicletas y otras cosas.

No eres muy generoso(a). ¡Tienes que mejorar° las relaciones con los amigos!

cuadrada: *square*

mejorar: *improve*

¿Tienes la cara redonda?°

Eres muy realista. Tienes mucho sentido° común, pero los sentimientos° no tienen gran valor° para ti.

Eres muy serio(a) y trabajas mucho. Eres un estudiante muy bueno, y también eres deportista.° Te gusta nadar. Te gusta jugar° al tenis, al volibol, al básquetbol. Te gusta organizar fiestas. Eres activo(a) en todos los aspectos de la vida. Te gusta criticar, pero no te gusta ser criticado(a). ¡No eres muy tolerante!

¡Tienes que ser más generoso(a) y paciente con tus amigos!

redonda: *round*

sentido: *sense,*
sentimientos: *feelings*
valor: *value*

deportista: *active in sports*
jugar: *to play*

¿Tienes la cara triangular?

Eres una persona muy intelectual. Te gusta mucho intercambiar° ideas. Siempre tienes ganas de expresar tu opinión y de escuchar la opinión de otras personas. Te gusta hablar de música, arte, política y especialmente de los problemas importantes de la vida. Tienes también una gran sensibilidad° y una gran imaginación. Pero eres un poco supersticioso(a), ¿verdad? Y cambias° de opinión muchas veces.°

¡Tienes que ser más disciplinado(a) y más estable en tus ideas y tus sentimientos!

intercambiar: *to exchange*

sensibilidad: *sensitivity*

cambias: *you change*
veces: *times*

Enriching your vocabulary: cognate patterns

Many Spanish adjectives ending in **-oso** correspond to English adjectives ending in *-ous*.

ambici**oso**	ambiti**ous**
curi**oso**	curi**ous**
gener**oso**	gener**ous**
superstici**oso**	superstiti**ous**

Ejercicio

Give the English equivalents of the following Spanish adjectives. Then complete the sentences below with the appropriate Spanish forms of the adjectives.

delicioso   famoso   religioso   vigoroso

1. Julio Iglesias es un cantante *(singer)* ___.
2. En general, los atletas son personas ___.
3. La Nochebuena *(Christmas Eve)* es una fiesta ___.
4. ¡Qué hamburguesa tan ___!

Unidad 3

Comunicando

¿Y ustedes?

Complete the following sentences with an expression that best reflects your personal situation or preferences. Then compare your answers with those of your classmates. You may want to establish a class survey.

1 Tengo 20 dólares. Con el dinero, compro°. . .
- un disco
- un reloj
- un libro
- un regalo para un(a) amigo(a)

2 Trabajé° durante las vacaciones y gané° 200 dólares. Con el dinero, compro . . .
- una bicicleta
- una cámara
- una grabadora
- muchas cassettes

Estoy solo(a) en una isla desierta. Lo que más necesito es . . .

3 Estoy solo(a) en una isla desierta.° Lo que° más° necesito es . . .
- un reloj
- un televisor
- un "walkman"
- fotos de mi° novio(a)

4 En español, soy un(a) alumno(a) . . .
- malo(a)
- bastante bueno(a)
- muy bueno(a)
- excelente

5 La cualidad más importante de un amigo es ser . . .
- guapo
- divertido
- inteligente
- simpático

6 La cualidad más importante de una amiga es ser . . .
- bonita
- divertida
- inteligente
- simpática

---

compro *I am buying*   **Trabajé** *I worked*   **gané** *I earned*   **Estoy solo(a) en una isla desierta.** *I'm alone on a desert island.*   **Lo que** *What*   **más** *most*   **mi** *my*

139

7 La cualidad más importante de un(a) profesor(a) es ser . . .

- inteligente
- interesante
- simpático(a)
- justo(a)°

8 Creo que° el libro de español es . . .

- interesante
- aburrido
- divertido
- difícil

Conversaciones

This activity consists of several conversations between two speakers, A and B. Put these conversations together by matching each of A's questions or comments with an appropriate response from the box. You may act out each conversation with a classmate.

1 **At school during recess**

A: ¿Quién es la chica delgada?
B: —
A: ¿Cómo se llama?
B: —
A: ¿Es mexicana?
B: —

> Carmen Rivera.
>
> Es una alumna nueva.
>
> No. Es norteamericana como tú y yo.

2 **At home**

A: ¿Quién es la chica en la foto?
B: —
A: ¿Cuántos años tiene?
B: —
A: Es una amiga, ¿verdad?
B: —
A: ¡Qué suerte!°
¡Es muy bonita!

> Se llama Clara Ortiz.
>
> Sí, es mi° novia.
>
> Quince años.

justo(a) *fair*   **Creo que** *I believe that*   **mi** *my*   **¡Qué suerte!** *How lucky!*

3 **At the cafeteria during lunch**

A: ¿Cuántas chicas hay en la clase de baile?°

B: —

A: ¿Y cuántos chicos?

B: —

A: ¿Baila bien?

B: —

A: ¡Qué lástima!

> No, baila muy mal.
>
> Solamente° uno.
>
> Veinte y una.

4 **At a party**

A: ¿Tiene novio Luisa?

B: —

A: ¿Es puertorriqueño?

B: —

A: ¿Es muy guapo?

B: —

A: ¡Qué bueno!

> No, pero habla muy bien el español.
>
> Sí, ¡y muy simpático!
>
> ¡Claro! Se llama Rafael.

5 **In town on Saturday**

A: Hola, Carlos. ¿Qué tal?

B: —

A: ¿Vienes a la fiesta con nosotros?

B: —

A: ¿Y por qué no?

B: —

A: ¡Ay! ¡Qué lástima!

> No puedo.
>
> Regular.
>
> Tengo que estudiar.

6 **Going through customs**

A: ¿Qué hay en el bolso?

B: —

A: ¿Es inglesa?

B: —

A: Y la grabadora, ¿de dónde viene?

B: —

A: Bueno. Puede pasar.°

> Una cámara.
>
> De los Estados Unidos también.
>
> No, es norteamericana.

clase de baile *dance class* **Solamente** *Only* **Puede pasar.** *You can go ahead.*

Situaciones

Imagine you are in the following situations. Choose a partner. Your partner will play the role of the other person in the situation and answer your questions.

1 **You are organizing a party.**

Ask your partner . . .

- if he/she has a record player

- if he/she has a tape recorder

- if he/she has good records

2 **You meet a Spanish-speaking friend on the school bus.**

Ask your partner . . .

- if he/she has a pen

- how many notebooks he/she has

- what there is in his/her **(tu)** bag

3 **You are at a dance organized by the Spanish Club.**

Ask your partner . . .

- if he/she comes to the club **(al club)** often **(a menudo)**

- if he/she likes the music **(la música)**

- if he/she feels like dancing

4 **You are flying to Spain as an exchange student. On the plane you talk to a young person seated next to you.**

Ask your partner . . .

- if he/she is Spanish

- what country he/she is from

- how old he/she is

5 **While in Spain, you meet many new friends. Today you are talking to a Spanish student.**

Ask your partner . . .

- if he/she studies English or French

- if he/she is a good student

- if he/she has to study a lot

6 **You plan to visit an English class in a Spanish school. Before going, you ask your Spanish friend for some more details.**

Ask your partner . . .

- how many boys there are in the class

- how many girls there are in the class

- if the students have to study a lot

Intercambios

1 | Do a survey to find out what kinds of things young Americans own. On a separate piece of paper, draw a chart similar to the one below. First indicate whether you yourself have the following objects. Then ask 6 classmates whether they own these objects. Is there anyone in your group who owns exactly the same objects that you do?

		mis amigos:					
	yo	1	2	3	4	5	6

2 On a separate piece of paper, draw a chart similar to the one below. If you wish, add two more names to the list. Check one (and only one) main characteristic for each person. Then discuss your list with a classmate to see if you both have the same opinions about these people.

MODELO — **En tu opinión, ¿cómo es Tom Cruise?**
— **Es muy simpático.**
— **Estoy de acuerdo° contigo.**
   (No estoy de acuerdo contigo.
   En mi opinión, Tom Cruise es antipático.)

	simpático	antipático	guapo	feo	inteligente	interesante	divertido
Tom Cruise							
Oprah Winfrey							
Eddie Murphy							
Paula Abdul							
el presidente							
Bart Simpson							
Drácula							

144 Estoy de acuerdo / I agree

La vida práctica

1 Bicycles on sale

The advertisement below announces a bicycle sale.

- How long will the sale last?

- Which of the models offered do you prefer? Why?

- What are the name of the shops where you can buy the bicycles?

- How much money would you save by buying the bicycle during the sale?

2 Buying a motorcycle

Look at the following ad.

Tu primera moto

Una moto joven, fuerte y divertida, como tú. Wallaroo, tu primera moto que nunca olvidarás.

145.000 Ptas.   155.000 Ptas.

WALLAROO

- What is the particular name of the models of motorcycles shown in the ad?

- How much do these motorcycles cost in *pesetas*?

- According to the ad, what are the characteristics of these motorcycles?

3 Eating out tonight

Imagine that you want to eat out tonight. Look at the restaurant guide below. The restaurants are grouped by type of national cuisine.

GUÍA
DE **RESTAURANTES**
AGRUPADOS POR NACIONALIDAD Y TIPO DE COCINA.

COLOMBIANOS

DELICIAS COLOMBIANAS
76-05 Roosevelt Av Jk Hts – – – – – **718 426-3900**
LOS ARRIERO RESTRNT

ESPECIALIDADES COLOMBIANAS
AMBIENTE ÍNTIMO Y ACOGEDOR

Almuerzos Y Cenas Servicio Diario

Abierto 11 AM - 9 PM

| 76-02 Roosvlt Ave Jackson Heights | **718 898-3359** |

CHINOS

YUEN-LOY
508 Frnkln Av Bklyn – – – – – – – – **718 783-0508**

ESPAÑOLES

ANTILLA'S RESTAURANT
MAGNÍFICA COCINA ESPAÑOLA
PESCADO Y CARNE DE RES
PARA LLEVAR   ENTREGA GRATIS
SALAS AMPLIAS
PARA REUNIONES BAJO
RESERVACIÓN CATERING

| 101-01 37 Ave Corona | **718 429-5158** |

EL CASTILLO DE JAGUA
113 Rivngtn Manh – – – – – – – – – **212 982-6412**
MONSERRATE RESTRNT INC

COCINA INTERNACIONAL ESPAÑOLA
ENTRETENIMIENTO EN VIVO
BAR COMPLETO
TARJETAS DE CRÉDITO MÁS IMPORTANTES
ABIERTO 3 PM A 1 AM
NOS ESPECIALIZAMOS EN PLATOS
DE MARISCOS POLLO Y CARNE

| 38-19 69 St. Woodside | **718 478-0081** |

VICKIES KITCHEN
29 E 104 Manh – – – – – – – – – – **212 860-4188**

ITALIANOS

ALEX & HENRY'S RESTRNT
862 Cortlndt Av Bronx – – – – – – – **212 585-3290**
BELLA VISTA TWO
354 E Gun Hill Rd Bronx – – – – – – **212 653-0314**

MEXICANOS

RESTAURANTE SALVADOREÑO
16-11 Central Av Fr Rkwy – – – – – **718 327-4067**

- What different national cuisines can you identify?

- Which ones are from Spanish-speaking countries?

- Where would you go if you liked Chinese cooking?

- If you were eating out with your family, which restaurant would you choose?

Vamos a escribir

1 You have just gotten a new pen pal, Jorge, who lives in Mexico. In your first letter to him, you describe yourself, giving the following information:

- *your name*
- *your nationality*
- *your age*
- *what you look like: blond or dark? tall or short?*
- *two personality traits*
- *sign your card*

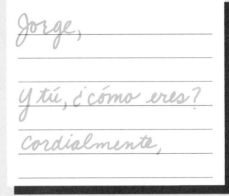

Jorge,

y tú, ¿cómo eres?

Cordialmente,

2 Now write a short paragraph about a person of your choice (a friend, a teacher, a person whom you admire, etc.). You may include the same information as in Activity 1.

3 Write something different about each of the following people.

- Mi mejor° amigo _____
- Mi mejor amiga _____
- Mi mamá _____
- Mi tío° _____
- El(la) profesor(a) de español _____
- Los alumnos de la clase _____

4 Make a list of 5 things you would like to get for your birthday. Rank them in order of preference. Compare your list with your classmates!

PARA MI CUMPLEAÑOS

1. _____
2. _____
3. _____
4. _____
5. _____

mejor *best*   **tío** *uncle*

147

5 You are moving to a different city. Prepare a note for the movers, stating how many of each of the following objects there are in your home. In some cases there may be none.

MODELO

Hay dos motos.
(No hay motos.)

6 Your pen pal Rafael is very interested in cars. Write him a note describing your family car (or a car of your choice).

- *What make is it?*
- *Is it an American car?*
- *It is big or small?*
- *Is it old or new?*
- *Is it expensive or inexpensive?*

El coche de mi familia es un...

7 Your friend Teresa Morales has invited you to a party on Sunday. Unfortunately, you can't go. Write her a note explaining why.

- *I feel like listening to records and dancing, but I can't.*
- *I have to study.*
- *There is an exam (un examen) on Monday.*

- *your signature*

Teresa,

Tu amigo (a),

Active Vocabulary

PEOPLE

(el) alumno
(el) amigo
(el) chico
(el) estudiante
(el) hombre
(el) maestro

(el) muchacho
(el) novio
(el) profesor
(el) señor

(la) gente
(la) alumna
(la) amiga
(la) chica
(la) estudiante
(la) mujer

(la) maestra
(la) muchacha
(la) novia
(la) profesora
(la) señora

COUNTRIES AND NATIONALITIES

(el) país

Cuba	cubano/cubana	Inglaterra	inglés/inglesa
España	español/española	México	mexicano/mexicana
(los) Estados Unidos	norteamericano/norteamericana	Puerto Rico	puertorriqueño/puertorriqueña
Francia	francés/francesa		

OBJECTS

(el) bolígrafo
(el) bolso
(el) coche
(el) cuaderno
(el) disco

(el) lápiz
(el) libro
(el) objeto
(el) periódico
(el) radio

(el) regalo
(el) reloj
(el) televisor
(el) tocadiscos

(la) bicicleta
(la) cámara
(la) cassette
(la) cinta
(la) cosa

(la) foto
(la) grabadora
(la) moto
(la) revista

DESCRIPTIONS

aburrido
alto
antipático
bajo
barato
bonito

bueno (buen)
caro
delgado
divertido
feo
gordo

guapo
inteligente
interesante
joven
malo (mal)
moreno

mucho(s)
nuevo
otro(s)
pequeño
rubio
serio

simpático
todo(s)
viejo

ACTIVITIES

ser
venir

tener
tener (trece) años

tener ganas de
tener que

USEFUL EXPRESSIONS

mucho(s), mucha(s)
otro(s), otra(s)

todo(s), toda(s)
un (unos)

una (unas)
que (relative pronoun)

bastante
demasiado

COMMUNICATIVE EXPRESSIONS

bueno...
¡bueno!
¿cómo es?

¿cómo se llama(n)?
¿cuánto(s)?
¿cuántos años tienes?
¿de dónde?

entonces
hay
no hay

¿qué hay?
¡oye!
¡mira!

VISTA

El mundo de los estudios

2

LA EDUCACIÓN SECUNDARIA

En la mayoría de los países hispánicos, cuando un joven termina la escuela°
primaria tiene en general tres posibilidades de estudios: el bachillerato
clásico,* la escuela normal y la escuela comercial o técnica.

Mira° el diagrama comparativo:

TIPO DE ESTUDIOS	TIEMPO° DE ESTUDIOS	TÍTULO	ACTIVIDAD FUTURA
Bachillerato clásico	5–6 años	Bachiller	Aprender° y practicar una profesión
Escuela normal	4–5 años	Maestro(a)	Enseñar° en la escuela primaria
Escuela comercial o técnica	2–3 años	Técnico(a) o secretaria(o)	Trabajar como técnico(a) o secretaria(o)

*El bachillerato clásico es un sistema de educación aproximado° al sistema
de educación «high school» de los Estados Unidos.

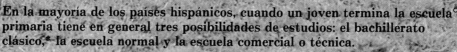

escuela *school*   **Mira** *Look at*   **tiempo** *length of time*   **Aprender** *To learn*   **Enseñar** *To teach*
aproximado *close*

LA VIDA ESCOLAR°

Me llamo Carlos Arturo López y soy de Guatemala. Tengo quince años y soy estudiante del tercer° año de bachillerato en el colegio° San Sebastián. Espero ser un buen médico, como mi papá. En las vacaciones espero visitar los Estados Unidos con unos amigos norteamericanos. En mi colegio hay un programa de intercambio° de estudiantes.

Me llamo Carmen García y soy peruana. Estudio en El Sagrado Corazón. Es un colegio de monjas° y la disciplina es muy importante. Aquí el uniforme es obligatorio.° ¡En mi clase somos veinte chicas idénticas! Aquí, muchos colegios son sólo° para chicas o sólo para chicos. Por eso no hablo con mis amigos en el colegio. Sólo hablo con chicas. ¡Qué aburrido!

Yo soy Lupita Rodríguez, mexicana de Guadalajara. Estudio en una escuela normal. ¡En mi clase somos cincuenta y dos estudiantes! Es muy difícil estudiar así,° pero me gusta más que° trabajar siempre en casa, como mi mamá. Es muy importante estudiar para ser mejor.° Yo espero ser maestra y enseñar a otros chicos como yo, aquí en México.

Me llamo Rolando Santana y soy de Colombia. Tengo diez y siete años y espero ser mecánico. Es mi primer° año de estudios en el SENA (Servicio Nacional de Aprendizaje).° El SENA es una institución pública dedicada a la educación técnica y vocacional. Aquí los estudios no son sólo teoría.° La práctica también es muy importante. Por eso, parte de mis estudios es el trabajo.

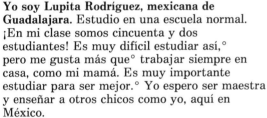

---

la vida escolar *school life*   **tercer** *third*   **colegio** *school*   **intercambio** *exchange*
monjas *nuns*   **obligatorio** *required*   **sólo** *only*   **así** *like that*   **más que** *more than*
mejor *better*   **primer** *first*   **Aprendizaje** *Apprenticeship*   **teoría** *theory*

UN DÍA DE CLASES

El horario° de clases de María Lucía Palomo, alumna del Colegio Santa Teresita

HORARIO

Grado: 4° año   Año Escolar: 1991

María Lucía Palomo   *Colegio Santa Teresita*

No.	Período	Lunes	Martes	Miércoles	Jueves	Viernes
1	8:05-9:00	Castellano*	Castellano	Castellano	Castellano	Castellano
2	9:05-10:00	Matemáticas	Matemáticas	Matemáticas	Matemáticas	Matemáticas
3	10:05-11:00	Ciencias Físico-Químicas	Ciencias Físico-Químicas	Ciencias Físico-Químicas	Ciencias Físico-Químicas	Ciencias Físico-Químicas
4	11:05-12:00	Economía	Arte y Dibujo	Economía	Economía	Arte y Dibujo
5	2:05-3:00	Inglés	Inglés	Inglés	Inglés	Período de estudio
6	3:05-4:00	Educación Física	Psicología	Psicología	Educación Física	Psicología
7	4:05-5:00	Biología	Período de estudio	Biología	Biología	Biología

*Castellano = la lengua española

horario *schedule*

154

MENÚ DE LA SEMANA
Colegio Cristóbal Colón

LUNES
hamburguesa
ensalada de tomate
pastel° de limón y merengue
leche°

MARTES
espaguetis a la italiana con salsa°
vegetales mixtos
melón
leche

MIÉRCOLES
tacos a la mexicana con tomate y lechuga°
ensalada de frutas
torta° de chocolate
leche

JUEVES
pizza
ensalada de vegetales
banana
leche

VIERNES
sopa de vegetales
sándwich de atún°
pera
leche

pastel *pie*   **leche** *milk*   **salsa** *sauce*   **lechuga** *lettuce*   **torta** *cake*   **atún** *tuna*

¿Quién enseña qué?

Cuando estás en clase, siempre escuchas al profesor o a la profesora, ¿verdad?

Aquí tienes varios profesores que enseñan diferentes asignaturas.° ¿Sabes° de qué° asignatura habla cada° profesor?

1. Simón Bolívar libertó° a cinco países de la dominación española: Colombia, Venezuela, Ecuador, Perú y Bolivia.

2. Hoy estudiamos la estructura de una molécula de agua.° En una molécula de agua hay un átomo de oxígeno y dos átomos de hidrógeno. La fórmula química° es H_2O.

3. Para° multiplicar dos fracciones, Uds. tienen que multiplicar los numeradores para obtener° el numerador del producto, y multiplicar los denominadores para obtener el denominador del producto. Por ejemplo: $2/3 \times 2/3 = 4/9$.

4. «The cat is black.» En esta° frase,° «is» es el verbo, «black» es el adjetivo.

5. En algunas° plantas y animales hay solamente° una célula. Pero en otros hay millones de células. En todas las células hay proteínas.

6. Bolivia es un país que está° en el centro de Sudamérica. La capital es La Paz. Tiene muchos recursos° naturales, como el estaño.°

7. El volibol es un excelente deporte° para las chicas y los chicos. Es muy popular. Requiere disciplina y precisión.

8. Hay tres clases de instrumentos: de cuerdas° (el piano, la guitarra); de viento° (el oboe, la flauta); y de percusión (el triángulo, el tambor°).

Asignatura	Número
Geografía	
Inglés	
Música	
Biología	
Matemáticas	
Historia	
Química°	
Educación física	

RESPUESTAS: Geografía 6, Inglés 4, Música 8, Biología 5, Matemáticas 3, Historia 1, Química 2, Educación física 7

 enseña *teaches*   asignaturas *subjects*   Sabes *Do you know*   de qué *about which*   cada *each*
libertó *liberated*   agua *water*   química *chemical*   Para *In order to*   obtener *obtain*   esta *this*
frase *sentence*   algunas *some*   solamente *only*   está *is located*   recursos *resources*
estaño *tin*   deporte *sport*   cuerdas *string*   viento *wind*   tambor *drum*   Química *Chemistry*

MEDIDAS DE LONGITUD

1 kilómetro = 1.000 metros
1 metro = 10 decímetros
1 decímetro = 10 centímetros
1 centímetro = 10 milímetros

MIS LIBROS

Problema 1

El señor Ramírez tiene un terreno° de 200 metros de largo por 100 metros de ancho.° ¿Cuál° es el área del terreno?

a. 200 metros cuadrados°   b. 300 metros cuadrados
c. 20.000 metros cuadrados

Problema 2

María Teresa viaja de San Francisco a Chicago en coche. La distancia entre San Francisco y Chicago es de 4.492 kilómetros. Ella viaja cada° día 6 horas a 90 kilómetros por hora. ¿En cuánto tiempo (aproximado) llega° María Teresa a Chicago?

a. 10 días   b. 8.5 días   c. 7 días

Problema 3

Una rana° salta° 30 centímetros; más tarde° salta 70 centímetros. ¿Cuánto salta en total?

a. 1 metro   b. 90 centímetros   c. 2 metros

MI LIBRO DE MATEMÁTICAS

Problema 4

Tomás pesa° 65 kilogramos; José pesa 70 kilogramos. ¿Cuánto pesan los dos chicos?

a. 125 kilogramos   b. 135 kilogramos   c. 145 kilogramos

RESPUESTAS: 1:c, 2:b, 3:a, 4:b

MI LIBRO DE GEOGRAFÍA

Población de algunos países de Sudamérica

PAÍS	CAPITAL	POBLACIÓN
la Argentina	Buenos Aires	33.000.000
Bolivia	La Paz	7.000.000
Chile	Santiago	13.000.000
Colombia	Bogotá	32.000.000
el Ecuador	Quito	11.000.000
el Paraguay	Asunción	5.000.000
el Perú	Lima	22.000.000
el Uruguay	Montevideo	3.000.000
Venezuela	Caracas	20.000.000

terreno *field*   **ancho** *width*   **Cuál** *What*   **cuadrados** *square*   **cada** *each*   **llega** *arrives*
rana *frog*   **salta** *jumps*   **más tarde** *later*   **pesa** *weighs*

LOS ANIMALES DEL MUNDO HISPÁNICO

quetzal

cocodrilo

papagayo

piraña

chinchilla

perezoso

iguana

llama

armadillo

boa

cóndor

jaguar

flamenco

alpaca

puma

pingüino

Eclipse lunar

Total

Parcial

Rayos solares

MI LIBRO DE CIENCIAS NATURALES

Plutón

Neptuno

Saturno

Tierra

Venus

Mercurio

Sol

Marte

Júpiter

Urano

ALGUNOS ELEMENTOS

Nombre	Símbolo	Protones	Electrones	Neutrones
Oxígeno	O	8	8	8
Silicio	Si	14	14	14
Aluminio	Al	13	13	14
Hierro	Fe	26	26	30
Calcio	Ca	20	20	20
Sodio	Na	11	11	12
Potasio	K	19	19	20
Magnesio	Mg	12	12	12
Hidrógeno	H	1	1	0

MI LIBRO
DE QUÍMICA

Una molécula de
agua: H_2O

Una molécula de
oxígeno: O_2

Una molécula de
bióxido de
carbono: CO_2

¿EN QUÉ TRABAJAS DESPUÉS DE° LA ESCUELA TÉCNICA?

después de *after*

¿QUÉ ESTUDIAS DESPUÉS DEL BACHILLERATO?

¿DESEA ESTUDIAR CIENCIAS DE LA COMUNICACION?

ESTUDIE EN LA UNIVERSIDAD RAFAEL LANDIVAR

INFORMACION EN EL CAMPUS CENTRAL
(VISTA HERMOSA III, ZONA 16)
O EN LOS TELEFONOS: 692151 - 692621 - 692751.

UNIVERSIDAD LEONARDO DA VINCI AVISA

QUE LA MATRICULA ESTA ABIERTA

Para los alumnos de nuevo ingreso y reingreso, las clases del nuevo ciclo se inician el

LUNES 11 DE ABRIL

CARRERAS

LICENCIATURA EN ADMINISTRACION DE EMPRESAS
LICENCIATURA EN RELACIONES PUBLICAS Y PUBLICIDAD
TECNICO UNIVERSITARIO EN COMERCIALIZACION
TECNICO UNIVERSITARIO EN ADMINISTRACION DE EMPRESAS
TECNICO UNIVERSITARIO EN RELACIONES PUBLICAS Y PUBLICIDAD.

Solicite mayor información en:
ADMINISTRACION ACADEMICA
De 8:00 a.m. a 12:00 m. y de 2:30 p.m. a 6:30 p.m.

TELEFONOS: 23-6034 y 23-6421

Actividades culturales

Actividades para cada estudiante

1. Get a Hispanic pen pal and exchange letters. Share your letters with the class.
2. Find out more about the educational system in a particular Hispanic country and prepare a report. (Source: encyclopedia) In your report, point out the major similarities and the major differences between the Hispanic country's system and the U.S. system.

Actividades para la clase

1. Choose several employment ads from Hispanic newspapers and prepare a bulletin board exhibit. Note under each ad what type of school one would attend in order to qualify for the job.
2. Prepare a class calendar that shows Hispanic holidays, birthdays of Hispanic historical figures, and important Hispanic historical events.

Unidad 4

Y ahora . . . ¡México!

163

Lección 1 — Un día de clases

Carlos, Anita, Felipe y otros amigos estudian en el Colegio Americano de Puebla, México. Es un colegio bilingüe.

En la clase

Carlos mira un libro.
Anita mira una revista norteamericana.
Felipe mira a Anita . . . y a otras chicas
    que estudian.

En el laboratorio de lenguas

Ramón escucha una cinta.
Manuel escucha a la profesora de inglés.
¿Y Luisa?
¿A quién escucha?
¿A Manuel? ¿A la profesora de inglés?
¡No! Ella escucha al nuevo estudiante
    norteamericano.

A quién: *To whom*

En la cafetería

Juanita habla con Inés y Gloria.
¿De qué hablan ellas?
¿De la clase de matemáticas?
¿Del examen de inglés?
¿Del fin de semana?
¿De las próximas vacaciones?
¿De los chicos?
¡No! Ellas hablan de un asunto más
    importante . . .
Hablan del nuevo profesor de español.
Es muy estricto, pero interesante . . . y
    muy guapo también.

próximas: *next*

asunto: *topic*, más:
    more

CONVERSACIÓN

Now Carlos is asking you about things you do.

1. En casa, ¿escuchas discos?
   Sí, escucho discos.
   (No, no escucho discos.)
2. En casa, ¿miras la televisión?
3. Con la clase, ¿visitas museos?

4. En clase, ¿escuchas **a** los profesores?
5. En la cafetería, ¿miras **a** los chicos?
   ¿**a** las chicas?
6. Para una fiesta, ¿invitas **a** los chicos de la clase?

OBSERVACIÓN

Reread questions 1-3.
- Do the questions concern *people* or *things?*

Reread questions 4-6.
- Do the questions concern *people* or *things?*
- What word comes right after the verb and before the noun?

NOTAS CULTURALES

Las escuelas

Un colegio is not a college, but a high school. Depending on the country and the type of institution, secondary schools have different names: *el colegio, el instituto, el liceo,* etc.

In Mexico, as in most Hispanic countries, there are many private high schools, most of which are Catholic. In these private schools students generally wear uniforms: boys are expected to wear ties, while girls often wear white blouses and dark skirts. Typically these schools are not coeducational.

Puebla

Puebla, the fifth largest city in Mexico, is situated in the Sierra Madre foothills between Mexico City and the port of Veracruz. On May 5, 1862, the Mexican Army defeated the French in a battle at Puebla. Today, *el cinco de mayo* is a national holiday, and it is also celebrated by many Mexican Americans in the United States. Cities like Austin and Los Angeles host large *cinco de mayo* celebrations that include music, lectures, poetry and dancing.

Estructuras

A. La _a_ personal

Compare the sentences on the left with those on the right.

Pedro visita un monumento.	María visita **a** un amigo.
Ricardo mira los coches.	Luisa mira **a** los chicos.
Isabel escucha un disco.	Juan escucha **a** un guitarrista.

After most verbs, nouns designating persons are preceded by the personal **a**.

Note the use of the interrogative forms ¿**a quién?** and ¿**a quiénes?**

—¿**A quién** invitas a la fiesta?   _**Whom** are you inviting to the party?_
—Invito a Pedro.

—¿**A quiénes** miras?   _**Whom** are you looking at?_
—Miro a las chicas.

Ser and **tener** are two verbs that do not take the personal **a.**

Nosotros somos estudiantes.
Manuel tiene amigos en México.

VOCABULARIO PRÁCTICO   Verbos en -ar

buscar

to look for

comprar

to buy

esperar

to wait for

invitar

to invite

enseñar

to teach

enseñar

to point out, to show

llegar

to arrive

llevar

to take, to carry (something)

ACTIVIDAD 1   Unos turistas en México

Elena and Luis are visiting Mexico. Elena points out various people and things to Luis. Play the role of Elena.

los monumentos   Mira los monumentos.
las muchachas   Mira a las muchachas.

1. los cafés
2. las mujeres
3. los chicos
4. los turistas norteamericanos

5. las bicicletas
6. los hombres
7. los estudiantes
8. los coches

ACTIVIDAD 2   La llegada a Puebla *(Arrival in Puebla)*

Upon their arrival in Puebla, each of the following people has something to do. Report on these activities, using the personal **a** when necessary.

Alberto: buscar (una amiga)   Alberto busca a una amiga.

1. Miguel: buscar (un amigo)
2. Maura: buscar (un restaurante)
3. Felipe: esperar (un amigo)
4. Antonio: esperar (una amiga)

5. Manuel: esperar (un taxi)
6. José: comprar (un mapa)
7. Silvia: tomar (un autobús)
8. Luisa: sacar (fotos)

llevar	**tomar**	**tomar**	**sacar** fotos
to take (someone)	to take (a taxi)	to have (something to eat or drink)	to take pictures

NOTAS: 1. In English, many verbs are used with prepositions: *to look **for**, to point **out**, to wait **for**, to look **at**, to listen **to**.* In Spanish, the corresponding verbs usually consist of one word: **buscar, enseñar, esperar, mirar, escuchar.**

2. Spanish has many verbs which mean *to take:*

Llevar means *to take* in the sense of to take along or carry.

Llevo a un amigo a la fiesta.   *I am taking a friend (along) to the party.*

Tomar means *to take* in the sense of taking a taxi.

Tomo el autobús a las cinco.   *I am taking the bus at five.*

Sacar is used in the expression **sacar fotos,** *to take pictures.*

Saco fotos en la fiesta.   *I am taking pictures at the party.*

ACTIVIDAD 3 De viaje *(On a trip)*

Say whether or not you like to do the following things when you are traveling.

⋙ sacar fotos   Cuando viajo, (no) me gusta sacar fotos.

1. tomar taxis
2. tomar el autobús
3. llevar maletas *(suitcases)*
4. llevar una cámara

5. comprar postales *(postcards)*
6. comprar recuerdos *(souvenirs)*
7. esperar un autobús
8. esperar un taxi

B. Contracciones: *al* y *del*

Note the contraction of the definite article **el** with the prepositions **a** *(at, to)* and **de** *(of, from, about).*

	a + el = **al**	de + el = **del**
el restaurante	Juan llega **al** restaurante.	Isabel viene **del** restaurante.
el muchacho	Maribel escucha **al** muchacho.	Felipe habla **del** muchacho.
el profesor	Invitamos **al** profesor.	Busco el libro **del** profesor.

The definite article **el** contracts with **a** to form **al,** and with **de** to form **del.**

⋙ **Los, la** and **las** do not contract with **a** or **de.**
Invito **a la** chica mexicana, **a los** amigos de Pedro y **a las** amigas de Eva.
Busco las fotos **de la** muchacha, **de los** chicos y **de las** chicas.

ACTIVIDAD 4 Citas

These persons have appointments at various places. Say that they are arriving at these places.

⋙ Pedro: el restaurante   Pedro llega al restaurante.

1. Isabel: el club
2. el Sr. Vargas: el hotel
3. nosotros: el museo
4. tú: el aeropuerto *(airport)*

5. Consuelo y Victoria: el café
6. Roberto: el colegio
7. Uds.: el laboratorio
8. Ud.: el hospital

ACTIVIDAD 5 Invitaciones

Manuela invites many people to her birthday party. Say whom.

⋙ el amigo de Andrés   Invita al amigo de Andrés.

1. la amiga de Roberto
2. el profesor de piano
3. el novio de Carmen
4. la novia de Felipe

5. los chicos de la clase
6. las chicas de la clase
7. el director de la escuela
8. la profesora de español

ACTIVIDAD 6   Las fotos de Carmen

Carmen has a new camera and is taking pictures of everyone and everything. Say what the subject of each picture is, according to the model.

⟩⟩   el museo   Carmen saca una foto del museo.

1. el hotel «San Miguel»
2. el restaurante «El Patio»
3. el colegio
4. los chicos de la clase
5. la profesora de francés
6. el Sr. Estrada
7. el amigo de Carlota
8. la amiga de Luis
9. la Sra. Ortiz
10. las chicas francesas
11. la bicicleta de Rolando
12. el coche de Paco

Pronunciación   El sonido de la consonante *d*

a) *d* inicial

Model word: d̲isco

Practice words: d̲ía d̲ónd̲e d̲e d̲inero D̲iana D̲aniel

Practice sentence: ¿D̲ónd̲e está el d̲inero?

At the beginning of a word, and after **l** and **n**, the letter **d** represents a sound similar to the English **d** sound of "day." The difference is that in pronouncing the Spanish **d**, your tongue should touch the back of your upper front teeth.

Para la comunicación

Expresión para la conversación

When you don't quite understand something that was said, you may use the following expression to ask the other person to repeat the phrase:

¿Cómo?   *What?*   —El señor López llega el cuatro de julio
a las diez menos cuarto . . .
—¿**Cómo?**

Mini-diálogos

Create new dialogs, replacing the underlined words with the words in the illustrations.

el cine

María

Alejandro: ¿A quién invitas al cine?

Esteban: Invito a María.

Alejandro: ¿Cómo?

Esteban: Invito a María.

Alejandro: ¿A María? ¿Quién es María?

Esteban: Es una amiga.

b) *d* medial

Model word: to<u>d</u>o

Practice words: ra<u>d</u>io   graba<u>d</u>ora   na<u>d</u>ar   sába<u>d</u>o

Practice sentences: A<u>d</u>ela y Alfre<u>d</u>o son de los Esta<u>d</u>os Uni<u>d</u>os.

Eduar<u>d</u>o es un estu<u>d</u>iante muy <u>d</u>iverti<u>d</u>o.

Between vowels and after consonants other than **l** and **n**, the sound of the letter **d** is close to the **th** of the English word "that."

el teatro — Luisa

el club — Paco

el restaurante — Pablo

el café — Juan

el concierto — Silvia

la fiesta — Mónica

Tú tienes la palabra

With a classmate, prepare a short dialog in which you talk about someone you are inviting out. Use the conversation between Alejandro and Esteban as a model.

Lección 2   Un fin de semana

Estamos en Cuernavaca, México . . .
Rebeca y sus amigos estudian mucho en la escuela. Pero hoy no.
Es sábado y no están en clase.
¿Adónde van los chicos?

sus: *her*
están: *they are*
Adónde van: *Where are they going to*

Rebeca va a la piscina.
Va a nadar.

la piscina: *swimming pool*
Va a nadar: *She's going to swim*

Cristóbal va al centro.
Va a comprar discos.

al centro: *downtown*

Federico y Mariana van a una fiesta.
Van a escuchar música mexicana.
También van a bailar.

Y ¿dónde está Alberto?
¿Está en la piscina?
¿Está en el centro?
¿Está en la fiesta?
¡No! Está en casa.
Está en casa porque está enfermo.
¡Pobre Alberto! ¡Qué lástima!

en casa: *at home*
enfermo: *sick*
Pobre: *Poor*

CONVERSACIÓN

Now let's talk about you.

A. Ahora . . .
 1. ¿Estás en clase? Sí, estoy en clase.
    (No, no estoy en clase.)
 2. ¿Estás en el laboratorio de lenguas?
 3. ¿Estás en la cafetería?

B. Durante la semana *(During the week)* . . .
 4. ¿Vas a la escuela? Sí, voy . . .
    (No, no voy . . .)
 5. ¿Vas al cine?
 6. ¿Vas al teatro?

C. El próximo fin de semana *(Next weekend)* . . .
 7. ¿Vas a estudiar? Sí, voy a . . .
    (No, no voy a . . .)
 8. ¿Vas a nadar?
 9. ¿Vas a bailar?

OBSERVACIÓN

Reread the questions under A. In them, you are asked where you *are presently located.*
 • Which verb is used?

In the questions under B, you are asked if *you go to* certain places during the week.
 • Which verb do you use to say *I go?*

In the questions under C, you are asked about future plans.
 • Which expression do you use to say *I am going to* do something?
 • Which verb form follows **voy a**?

NOTAS CULTURALES

La música

Hispanic people, especially the young, have a deep love for music. Not only do they enjoy listening to records and cassettes, but they often participate actively—singing along and dancing.

The Mexicans trace their great feeling for music to the Indian cultures that existed centuries before the Spanish conquest. The Indians believed that music was a divine gift from the god Quetzalcóatl, the plumed serpent.

Cuernavaca

Cuernavaca, a former Aztec city, was the winter residence of the conqueror of Mexico, Hernán Cortés, as well as of later Mexican rulers. Located in the foothills south of Mexico City, it is known for its beautiful gardens and fine murals by Diego Rivera, one of the best-known Mexican artists.

Estructuras

A. *Estar*

Estar *(to be, to be located)* is an irregular verb. Note the present tense forms of this verb in the following sentences.

(yo)	**Estoy** en Veracruz.	(nosotros)	**Estamos** en la piscina.
(tú)	**Estás** en México.	(vosotros)	**Estáis** en la fiesta.
(él, ella, Ud.)	**Está** en Cuernavaca.	(ellos, ellas, Uds.)	**Están** en el centro.

Estar and **ser** both mean *to be,* but they are used differently.
  Estar indicates *location:* where someone or something is.
  Ser indicates *origin:* where someone or something is from.

Rafael **está** en México.	*Rafael **is** in Mexico.*
Pero no **es** de México.	*But he **is** not from Mexico.*
Es de Arizona.	*He **is** from Arizona.*

VOCABULARIO PRÁCTICO   Lugares

una escuela
la ciudad
una iglesia
una piscina
un museo
un cine
un hotel
una tienda
un café
una plaza
una calle
un restaurante

ACTIVIDAD 1   Vacaciones

The following people are studying languages and have gone abroad for
their vacations to learn to speak better. Express this according to the model.

Anita: español, en México   Anita estudia español.
                               Está en México.

1. Bob: español, en España
2. Teresa: español, en México
3. Nancy y Jim: italiano, en Italia
4. Uds.: francés, en Francia

5. nosotros: inglés, en el Canadá
6. tú: español, en Panamá
7. Ud.: inglés, en los Estados Unidos
8. los amigos de Raúl: español, en Puerto Rico

ACTIVIDAD 2   ¿Cerca o lejos?

Say whether your school is near or far from the following places.

el centro   La escuela está cerca (lejos) del centro.

1. la playa
2. una piscina pública
3. una iglesia
4. la ciudad
5. un cine

6. el teatro
7. unas tiendas
8. un museo
9. un hotel
10. un restaurante mexicano

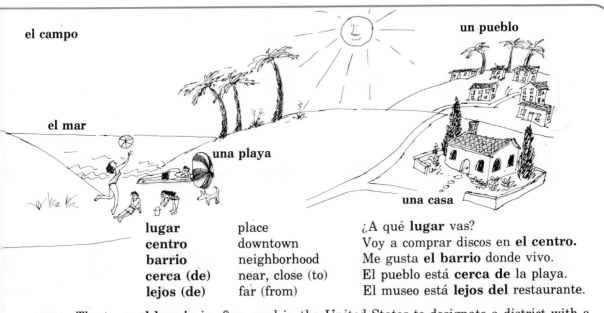

el campo

un pueblo

el mar

una playa

una casa

lugar	place	¿A qué **lugar** vas?
centro	downtown	Voy a comprar discos en **el centro.**
barrio	neighborhood	Me gusta **el barrio** donde vivo.
cerca (de)	near, close (to)	El pueblo está **cerca de** la playa.
lejos (de)	far (from)	El museo está **lejos del** restaurante.

NOTA: The term **el barrio** is often used in the United States to designate a district with a
large Spanish-speaking population, such as in New York, Los Angeles, Chicago
and San Antonio.

B. Ir

Ir *(to go)* is an irregular verb. Note the present tense forms of this verb in the following sentences.

(yo)	**Voy** a Cuernavaca.	(nosotros)	**Vamos** al centro.
(tú)	**Vas** a la piscina.	(vosotros)	**Vais** al campo.
(él, ella, Ud.)	**Va** al cine.	(ellos, ellas, Uds.)	**Van** a la plaza.

ACTIVIDAD 3   **De vuelta a casa** *(Going back home)*

You are among a group of exchange students from Latin America who are going home for Christmas vacation. Say where each is going.

✍ Teresa: a Puerto Rico   Teresa va a Puerto Rico.

1. Elena: a Panamá
2. Lucía: a Costa Rica
3. Luis y Felipe: a Chile
4. yo: a Colombia
5. nosotros: a Nicaragua
6. tú: a Guatemala
7. Ud.: a Venezuela
8. Uds.: a la República Dominicana

ACTIVIDAD 4   **Diálogo: Los fines de semana**

Ask your classmates whether they go to the following places a lot on the weekends.

✍ el teatro   Estudiante 1: ¿Vas mucho al teatro?
Estudiante 2: Sí, voy mucho al teatro.
(No, no voy mucho al teatro.)

1. el cine
2. la playa
3. la piscina
4. el campo
5. el centro
6. los restaurantes
7. la casa de un amigo
8. la casa de una amiga
9. el mar

ACTIVIDAD 5   **La ciudad natal** *(The hometown)*

The following Mexican people live in the United States. When they are in Mexico, they go to their hometowns. Express this according to the model.

✍ Pedro: Monterrey   Cuando está en México, Pedro va a Monterrey.

1. Marisela: Veracruz
2. yo: Puebla
3. el Sr. Hurtado: Guadalajara
4. Ud.: Cuernavaca
5. Pablo y César: Chihuahua
6. tú: San Luis Potosí
7. Eva y Sofía: Oaxaca
8. nosotros: Mérida

Expresiones de lugar

¿dónde?	where	¿**Dónde** estás?	*Where are you?*
¿adónde?	where (to)	¿**Adónde** vas?	*Where are you going?*
¿de dónde?	where (from)	¿**De dónde** vienes?	*Where are you coming **from**?*
en	in, at	Estamos **en** México.	*We are **in** Mexico.*
a	in, to	Vamos **a** Acapulco.	*We are going **to** Acapulco.*
de	from, of, about	Venimos **de** Puebla.	*We are coming **from** Puebla.*
en casa	at home	María está **en casa.**	*Maria is **at home**.*
en casa de	at . . .'s house	Estoy **en casa de** María.	*I am **at** Maria's **(house)**.*
a casa	home	Voy **a casa.**	*I am going **home**.*
a la casa de	to . . .'s house	Van **a la casa de** Olga.	*They are going **to** Olga's **(house)**.*
allí	there	Olga está **allí** ahora.	*Olga is **there** now.*

ACTIVIDAD 6 ¿Y tú?

Luis talks about himself to Teresa and would like some information about
her. Play the role of Luis, using ¿**dónde?**, ¿**adónde?**, and ¿**de dónde?**, as
appropriate.

⟩⟩ Soy de Puerto Rico.   Luis: Soy de Puerto Rico. ¿Y tú? ¿De dónde eres?

1. Trabajo en un hospital.
2. Vengo de un pueblo pequeño.
3. El sábado, voy al campo.
4. El verano próximo *(next)*, voy a España.
5. Estudio inglés en una escuela bilingüe.
6. Por la tarde *(In the afternoon)*, voy a casa.
7. El domingo, voy a la casa de un amigo.

C. El futuro próximo con *ir*

Mañana **voy a visitar** un museo.   *Tomorrow I **am going to visit** a museum.*
Carlos **va a viajar** en junio.   *Carlos **is going to travel** in June.*

To express an action which is going to happen in the near future you may use the construction:

$$\text{ir a} + \text{infinitive}$$

The construction **ir a** + infinitive corresponds to the English construction *to be going to* + infinitive.

ACTIVIDAD 7   Diálogo: Planes para las vacaciones

Ask your friends whether they are going to do any of these things during the summer vacation.

trabajar   Estudiante 1: ¿Vas a trabajar?
Estudiante 2: Sí, voy a trabajar.
(No, no voy a trabajar.)

1. viajar
2. visitar España
3. hablar español
4. sacar fotos
5. estudiar matemáticas
6. ir al campo
7. ir al mar
8. trabajar en un restaurante
9. trabajar en una tienda
10. ganar dinero
11. visitar México
12. comprar una bicicleta

Pronunciación   El sonido de las consonantes *s, c, z*

Model words: ca_s_a   pla_z_a   _c_inta
Practice words: televi_s_or   _s_erio   die_z_   tre_c_e   Jo_s_é   Ro_s_a
Practice sentences: Do_c_e y tre_s_ _s_on quin_c_e.
José y Lui_s_a _s_on simpáticos_._
Ro_s_ita López e_s_ de _Z_arago_z_a.
El die_z_ de marzo, voy a vi_s_itar el mu_s_eo.

In Spanish, the letter **s** usually represents the sound /s/ in the English "sing."
The letter **z** also represents the sound /s/ (and never /z/).
The letter **c** before **e** and **i** also represents the /s/ sound.

Para la comunicación

Expresiones para la conversación

When inviting others to do something with you, you may use the following constructions:

Vamos a + place	**¡Vamos a** la playa!	*Let's go to the beach.*
Vamos a + infinitive	**¡Vamos a** nadar!	*Let's swim.*
¡Vamos!		*Let's go!*

Mini-diálogos

Create new dialogs, replacing the underlined words with the words in the illustrations.

PLAYA

nadar

Enrique: ¡Vamos a la playa!

Jaime: ¡Qué buena idea!

Enrique: ¡Vamos a nadar!

Jaime: ¡Vamos!

PISCINA

mirar a las chicas

TEATRO

escuchar un concierto

CAFÉ

tomar un chocolate

CAMPO

sacar fotos

Tú tienes la palabra

With a classmate, prepare a short dialog about something you plan to do. Use the conversation between Enrique and Jaime as a model.

Lección 3 Correspondencia

Laura y Lucía son mexicanas. Lucía es de Guadalajara. Laura es de Chicago. Las dos chicas son primas. Intercambian correspondencia con mucha frecuencia.

primas: *cousins*
Intercambian: *They exchange*

Querida: *Dear*
Sabes: *Do you know*

30 de diciembre

Querida Laura:

¿Sabes dónde estoy? Hoy estoy en Puerto Vallarta con una amiga. Se llama Felicia. Es de Guadalajara también. Es una chica muy simpática.

Estamos en la playa. Felicia está nadando ahora. Yo no. No estoy nadando. Estoy tomando el sol. Hace muy buen tiempo, por supuesto. ¡Estoy muy contenta aquí en la playa!

Abrazos de tu prima,
Lucía

Srta. Laura Rosales
1107 North Avenue
Chicago, Illinois
60622
U.S.A.

está nadando: *is swimming*

tomando el sol: *sunbathing*

Abrazos: *Hugs*
tu: *your*

6 de enero

Querida Lucía:

¡Qué suerte tienes! Cuando tú estás en la playa, yo estoy en clase. Tú, muy contenta, tomando el sol, y yo aquí, estudiando. ¡No es justo! Ahora estoy estudiando para un examen de francés. Estoy muy nerviosa porque el profesor es muy estricto.

¿Dices que en Puerto Vallarta hace muy buen tiempo? Aquí en Chicago hace muy mal tiempo.

Un abrazo de tu triste prima,
Laura

Srta. Lucía Álvarez
Hotel Colonial
Calle México No. 100
Puerto Vallarta, México

¡Qué suerte tienes!: *How lucky you are!*

justo: *fair*

Dices: *Do you say*

triste: *sad*

CONVERSACIÓN

Let's talk about you.
1. **¿Eres** moreno(a)? Sí, soy . . .
    (No, no soy . . .)
2. **¿Eres** alto(a)?
3. **¿Eres** inteligente?

4. **¿Estás** contento(a) ahora? Sí, estoy . . .
    (No, no estoy . . .)
5. **¿Estás** enfermo(a) *(sick)* ahora?
6. **¿Estás** nervioso(a) ahora?

7. **¿Estás hablando** español? Sí, estoy
    hablando . . . (No, no estoy hablando. . .)
8. **¿Estás mirando** la televisión?
9. **¿Estás estudiando** matemáticas?

OBSERVACIÓN

Questions 1-3 ask about your general
characteristics: what type of person *you are.*
• Which verb is used: **ser** or **estar?**

Questions 4-6 ask how *you are feeling now.*
• Which verb is used: **ser** or **estar?**

Questions 7-9 ask about what *you are doing*
right now. The verbs in these questions are
made up of two words.
• Is the first word a form of **ser** or a form of
  estar?
• In what four letters does the second word
  end?

NOTAS CULTURALES

Las relaciones mexicano-norteamericanas

Mexico is the only Spanish-speaking country which shares a common border with the United States. In the course of this century, many Mexicans have immigrated to the United States. For the most part, they have settled in southern California, Texas and the Southwest, but many have moved further north as far as Chicago.

A large proportion of the Mexican Americans have kept their culture, their traditions and their language. They have also maintained very close ties to Mexico where they may still have friends and relatives.

Guadalajara y Puerto Vallarta

Guadalajara, the second-largest city in Mexico, is located in a rich agricultural and mining area in the western part of the country. The university and many public buildings are decorated with the work of José Clemente Orozco, a famous Mexican artist who was born in that region.

Puerto Vallarta is a seaport about two hundred miles west of Guadalajara. Its Pacific Ocean beaches make it a popular winter resort area.

Estructuras

A. *Ser* y *estar*

Although **ser** and **estar** both correspond to the English verb *to be,* their meanings and uses are quite different. They cannot be substituted for each other.

Ser is used to tell *who* the subject is or *what* the subject is really like. It can be used with nouns, adjectives, and expressions indicating:

1) origin:	Luisa **es** de Manzanillo.
	Pablo **es** mexicano.
2) profession:	Carlos **es** mecánico.
	La Srta. Ortiz **es** profesora.
3) basic characteristics:	José **es** inteligente.
	Lucía **es** una chica muy bonita.

Estar is used to tell *where* the subject is and *how* the subject feels. It is used to indicate:

1) location:	Luisa no **está** aquí.
	Guadalajara **está** en México.
2) feelings which may change:	
(physical)	¿Cómo **está** Ud? **Estoy** bien.
(emotional)	**Estamos** contentos hoy.

ACTIVIDAD 1 La convención internacional de la juventud
(The International Youth Convention)

The following teenagers are attending this year's convention in Puebla, Mexico. Say where they are and where they come from.

∑⊃ Felipe: Panamá   Felipe está en Puebla. Él es de Panamá.

1. June: Nueva York
2. Albert: Montreal
3. Antonio: Sevilla
4. Lidia y Telma: Buenos Aires
5. yo: Londres
6. tú: Berlín
7. nosotros: San Antonio
8. Uds.: Rio de Janeiro

ACTIVIDAD 2 La gripe *(The flu)*

Several students are not in class today. They are sick. Explain this according to the model.

∑⊃ Teresa   Teresa no está en clase. Está enferma.

1. Pablo
2. yo
3. Luisa y Carmen
4. Uds.
5. nosotros
6. ellas
7. Conchita
8. Isabel y Manuel
9. tú

VOCABULARIO PRÁCTICO Otros adjetivos

alegre

contento

cansado

enfermo

FÍSICA
INGLÉS

triste

ACTIVIDAD 3 ¿Alegre o triste?

Say whether you are happy or sad in the following situations.

◎ Cuando voy a una fiesta . . .   Cuando voy a una fiesta, estoy alegre (triste).

1. Cuando estoy con mis amigos . . .
2. Cuando estoy de vacaciones . . .
3. Cuando estoy en la clase de español . . .
4. Cuando estoy enfermo(a) . . .
5. Cuando hay un examen . . .

6. Cuando el profesor está enfermo . . .
7. Cuando mis amigos están enfermos . . .
8. Cuando saco una buena nota (When I get a good grade) . . .
9. Cuando saco una mala nota . . .
10. Cuando escucho música latina . . .

ACTIVIDAD 4 Diálogo: ¿Cómo estás?

Ask your classmates how they feel right now.

◎ alegre   Estudiante 1: ¿Estás alegre ahora?
            Estudiante 2: Sí, estoy alegre.
                         (No, no estoy alegre.)

1. triste
2. enfermo(a)
3. cansado(a)
4. contento(a)

5. nervioso(a)
6. muy alegre
7. de buen humor (in a good mood)
8. de mal humor

B. *Estar* + el participio presente

To emphasize that an action is in progress, you may use the *present progressive* form. Note the forms of the verb in the sentences below:

Ahora Pedro **está sacando** fotos.   *Pedro **is taking** pictures now.*
Isabel y Carlos **están visitando** un museo.   *Isabel and Carlos **are visiting** a museum.*

The present progressive is formed as follows:

> **present tense of estar** + present participle

⟫ The present participle of **–ar** verbs is formed by replacing the ending **–ar** with **–ando.**

tom**ar**	tom**ando**	mir**ar**	mir**ando**
visit**ar**	visit**ando**	estudi**ar**	estudi**ando**
escuch**ar**	escuch**ando**	habl**ar**	habl**ando**

⟫ In the present progressive construction, **estar** changes to agree with the subject. The present participle does not change.

⟫ The Spanish construction **estar** + present participle corresponds to the English construction *to be doing (something) right now,* but is much less frequently used.

ACTIVIDAD 5   En Guadalajara

The following tourists are not in their hotel. Say whom or what they are visiting.

⟫ Paquita: el museo   Paquita no está en el hotel.
                       Está visitando el museo.

1. Guillermo: la catedral
2. Alicia: el teatro
3. nosotros: la universidad
4. yo: las tiendas

5. Carmen: el Hospicio Cabañas
6. Uds.: a un artista
7. Ud.: a unos amigos
8. tú: a Lucía

ACTIVIDAD 6   Diversiones *(Leisure activities)*

The following people are engaging in their favorite activities. Say what each one is doing.

⟫ Pablo: sacar fotos   Pablo está sacando fotos.

1. Laura: nadar
2. yo: tocar la guitarra
3. Inés: escuchar discos
4. nosotros: mirar la televisión
5. Ud.: hablar con amigos

6. Rafael y Luisa: bailar
7. Uds.: visitar un museo
8. Pedro: comprar unos libros
9. tú: tocar el piano
10. Ricardo y Ana: cantar

ACTIVIDAD 7 Preguntas personales

1. ¿Está trabajando tu padre *(your father)* ahora? ¿Está mirando la televisión? ¿Está tomando café?
2. ¿Está trabajando tu mamá ahora? ¿Está mirando la televisión? ¿Está visitando a unas amigas?
3. ¿Estás estudiando ahora? ¿Estás escuchando al (a la) profesor(a)? ¿Estás tomando notas?
4. ¿Está hablando español el (la) profesor(a) ahora? ¿Está hablando con los alumnos?
5. ¿Están estudiando los estudiantes ahora? ¿Están escuchando la radio? ¿Están organizando una fiesta?

Pronunciación La acentuación de las sílabas

In Spanish, as in English, some syllables are stressed more than others.
Here are three simple rules to let you know which syllable to stress:

a) If a word ends in a vowel, or in the letters **n** or **s,** the stress falls on the *next to last* syllable.

Practice words: <u>cam</u>po <u>ci</u>ne <u>pue</u>blo <u>ca</u>sa <u>ca</u>lle
<u>pla</u>ya <u>ha</u>blan <u>bu</u>scan <u>com</u>pras <u>le</u>jos a<u>le</u>gre
can<u>sa</u>do en<u>fer</u>mo restau<u>ran</u>te

Para la comunicación

Expresiones para la conversación

To express amazement or doubt, you may use the expressions:

¡No me digas!	*You don't say!*	—¡Pedro está viajando en África! —**¡No me digas!**
¿Cierto?	*Really? Are you sure?*	—¡El examen es para hoy! —**¿Cierto?**

Mini-diálogos

Create new dialogs, replacing the underlined words with the words in the illustrations. Make the necessary changes.

Felipe — Puerto Rico

nadar en el mar

Yolanda: ¿Dónde <u>está</u> <u>Felipe</u>?

Rodolfo: No <u>está</u> aquí. <u>Está</u> en <u>Puerto Rico</u>.

Yolanda: ¿Cierto? ¿En <u>Puerto Rico</u>? ¡No me digas!

Rodolfo: ¡Sí! ¡<u>Está</u> <u>nadando</u> <u>en</u> <u>el</u> <u>mar</u>!

b) If a word ends in a consonant (except **n** or **s**), the stress falls on the *last* syllable.

Practice words: hot<u>el</u>   ciud<u>ad</u>   invit<u>ar</u>   enseñ<u>ar</u>   profes<u>or</u>
televis<u>or</u>   muj<u>er</u>   ust<u>ed</u>   verd<u>ad</u>

c) If a word contains an accent mark, the syllable with the accented vowel is stressed.

Practice words: caf<u>é</u>   televis<u>ión</u>   autob<u>ús</u>   perd<u>ón</u>
mec<u>á</u>nica   m<u>ú</u>sica   simp<u>á</u>tica   antip<u>á</u>ticos   M<u>é</u>xico

Clara   México

visitar a unos amigos

Carlos y Luis   Chile

visitar a un amigo

Elena y Susana   España

visitar museos

Pedro   Guatemala

sacar fotos

Tú tienes la palabra

With a classmate, prepare a short dialog about someone who is away on a trip. Use the conversation between Yolanda and Rodolfo as a model.

¿Eres un(a) buen(a) turista?

Te gusta viajar, ¿verdad?
Un día, tal vez, vas a visitar México . . . o Guatemala, Bolivia,
España u otros países hispánicos. ¿Qué tipo de turista eres? ¿Eres
un(a) turista bien preparado(a)?

preparado: *prepared*

Bueno. Vamos a ver. Aquí hay cinco preguntas. Tienes que contestar
cada pregunta con una de las tres respuestas posibles: A, B o C.

Vamos a ver: *Let's see*
contestar cada
pregunta: *answer
each question,*
respuestas: *answers*

1. Cuando viajas, ¿llevas tu cámara?
    A. Sí, la llevo siempre.
    B. Sí, generalmente la llevo.
    C. No, no la llevo.

2. Cuando visitas una ciudad, ¿compras el mapa de la ciudad?
    A. Sí, lo compro siempre.
    B. Sí, lo compro si es muy barato.
    C. No, no lo compro.

3. Cuando visitas una ciudad, ¿visitas los monumentos principales?
    A. Sí, los visito siempre.
    B. Sí, los visito, pero sólo si tengo bastante tiempo.
    C. No, no los visito.

sólo: *only*,   tiempo:
time

4. Cuando visitas un museo o un lugar histórico, ¿escuchas las
   explicaciones del guía?
    A. Sí, las escucho siempre.
    B. Sí, las escucho, pero sólo si el guía es simpático.
    C. No, no las escucho.

guía: *guide*

5. Si un amigo tiene un libro sobre un país que deseas visitar, ¿vas a
   mirarlo?
    A. Sí, voy a mirarlo.
    B. Sí, voy a mirarlo si tengo tiempo.
    C. No, no voy a mirarlo.

sobre: *about*

Ahora analiza tus respuestas. Cada respuesta A representa dos puntos, cada respuesta B, un punto, y cada respuesta C, cero puntos. Suma los puntos. ¿Cuántos tienes?

Suma: *Add*

7-10 puntos: Eres un(a) turista bien preparado(a). Pero eres muy serio(a). No tienes que ser tan serio(a) cuando viajas.

tan: *so*

3-6 puntos: Eres un(a) turista muy bueno(a). Te gusta viajar.

0-2 puntos: Eres una persona que no aprecia los viajes. ¡No tienes que gastar dinero en viajes! ¿Para qué? ¡Quédate en casa y mira la televisión!

gastar: *spend,* ¿Para qué? *What for?*
Quédate: *Stay*

CONVERSACIÓN

What do you take along when you go on a trip?

Cuando viajas . . .

1.	¿llevas **el radio?**	Sí, **lo** llevo.	No, no **lo** llevo.
2.	¿llevas **la cámara?**	Sí, **la** llevo.	No, no **la** llevo.
3.	¿llevas **los discos?**	Sí, **los** llevo.	No, no **los** llevo.
4.	¿llevas **las cintas?**	Sí, **las** llevo.	No, no **las** llevo.

OBSERVACIÓN

In the above questions, the nouns in heavy print are *directly* acted upon by the verb. These nouns are the *direct objects* of the verb. In the answers, the nouns are replaced by *direct object pronouns.*

- Which direct object pronoun replaces a masculine singular noun? a feminine singular noun? a masculine plural noun?
- a feminine plural noun?
- Do these direct object pronouns come *before* or *after* the verb?

NOTA CULTURAL

El turismo en México

Mexico has an endless variety of natural and cultural attractions to offer the millions of American tourists who cross its borders every year. It also has a long history which dates back many centuries before the arrival of the Spaniards in 1519.

Mexican history is inscribed in many monuments, such as the pyramids of San Juan Teotihuacán. These are probably the most spectacular ruins in Mexico, located about thirty-five miles north of Mexico City. There you can admire the Pyramids of the Sun and the Moon, and the temple of the god Quetzalcóatl. On the Yucatán peninsula you can visit the Mayan temples at Chichén Itzá and Uxmal.

Estructuras

A. Los pronombres *lo, la, los, las*

Note the form and the position of the pronouns in heavy print.

¿El museo?	**Lo** visito mañana.
¿La playa?	No **la** visito.
¿Los amigos de Luis?	**Los** invitamos a la fiesta.
¿Las amigas de Luis?	No **las** invitamos.

In Spanish, the *direct object pronoun* usually comes right *before* the verb.

The pronouns **lo, la, los** and **las** may refer to *people or things*.

¿Buscas **el museo?**	Sí, **lo** busco.	*Yes, I am looking for **it**.*
¿Buscas a **Miguel?**	Sí, **lo** busco.	*Yes, I am looking for **him**.*

ACTIVIDAD 1   La maleta *(The suitcase)*

Roberto is packing his suitcase for a trip. His mother asks whether he is taking certain things. Play both roles according to the model.

la cámara   la mamá: ¿Llevas la cámara?
                     Roberto: Sí, la llevo.

1. el radio
2. el mapa
3. la raqueta de tenis
4. la grabadora

5. los discos
6. los libros
7. las fotos
8. el reloj

ACTIVIDAD 2   Invitaciones

María Mercedes is drawing up a guest list for a party. Juan Carlos asks her whom she is inviting. Play both roles.

Miguel: sí   Juan Carlos: ¿Invitas a Miguel?
                     María Mercedes: Sí, lo invito.

Raquel: no   Juan Carlos: ¿Invitas a Raquel?
                     María Mercedes: No, no la invito.

1. Elena: sí
2. Carmen: no
3. el profesor de francés: sí
4. la profesora de español: sí
5. Jaime y Felipe: sí
6. Isabel y Teresa: no
7. Carlos y Antonio: no
8. Ángela, Estela y Roberto: sí

ACTIVIDAD 3   El viaje a la ciudad de México

A group of tourists is visting Mexico City. A tourist asks the guide whether they will visit certain places. Play both roles according to the model.

> la catedral: sí
> la universidad: no

un(a) turista: ¿Visitamos la catedral?
el guía (guide): Sí, la visitamos.

un(a) turista: ¿Visitamos la universidad?
el guía: No, no la visitamos.

1. el Palacio Nacional: sí
2. el Paseo de la Reforma: sí
3. las ruinas aztecas: no
4. la plaza Garibaldi: sí

5. el Museo Nacional de Antropología: sí
6. los murales de Orozco: no
7. el mercado de la Merced: no
8. el parque Chapultepec: sí

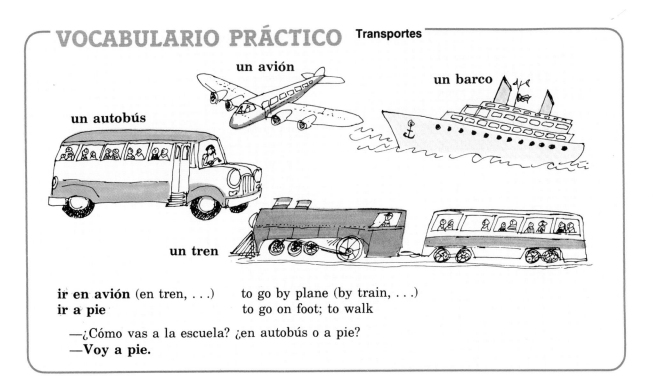

VOCABULARIO PRÁCTICO   Transportes

un avión

un barco

un autobús

un tren

ir en avión (en tren, . . .)   to go by plane (by train, . . .)
ir a pie   to go on foot; to walk

—¿Cómo vas a la escuela? ¿en autobús o a pie?
—**Voy a pie.**

ACTIVIDAD 4   Preguntas personales

1. ¿Cómo vas a la escuela? ¿en auto? ¿en autobús? ¿en bicicleta? ¿a pie?
2. ¿Cómo vas a la casa de tu mejor amigo?
3. ¿Cómo vas a la casa de tu mejor amiga?
4. Cuando vas a España, ¿tomas el avión? ¿el barco? ¿el tren?
5. Cuando vas a México, ¿tomas el avión? ¿el autobús? ¿el tren?

B. Los pronombres con el infinitivo

Compare the position of the direct object pronouns in the answers to the questions below:

¿Vas a visitar a Carmen?	Sí, voy a visitar**la.**
	(Sí, **la** voy a visitar.)
¿Desean ellas invitar a Mario?	Sí, desean invitar**lo.**
	(Sí, **lo** desean invitar.)
¿Tienes que comprar los periódicos?	Sí, tengo que comprar**los.**
	(Sí, **los** tengo que comprar.)

In infinitive constructions, the direct object pronoun may come
—after the infinitive, and attached to it, or
—before the first verb.

∞ The above pattern is also used with the present progressive:

¿Estás escuchando al profesor?   Sí, estoy escuchándo**lo.**
(Sí, **lo** estoy escuchando.)

ACTIVIDAD 5   En la tienda

Juan is going to buy all the things the salesperson suggests. Play the two roles according to the model.

∞ el cuaderno   el (la) vendedor(a): ¿Desea Ud. el cuaderno?
Juan: Sí, voy a comprarlo.

1. el bolígrafo
2. el mapa
3. los libros
4. los discos
5. la cámara
6. las cintas
7. la revista
8. el lápiz
9. el reloj

ACTIVIDAD 6   Mañana

Luisa asks Roberto if he is doing certain things today. He answers that he is going to do them tomorrow. Play both roles according to the model.

∞ estudiar la lección   Luisa: ¿Vas a estudiar la lección?
Roberto: Hoy no. Voy a estudiarla mañana.

1. invitar a David
2. visitar a Manuela
3. buscar el tocadiscos
4. comprar la bicicleta
5. escuchar el disco nuevo
6. escuchar las cintas de inglés
7. sacar fotos
8. tocar la guitarra

ACTIVIDAD 7   Preguntas personales

1. ¿Te gusta mirar la televisión? ¿escuchar discos?
2. ¿Te gusta visitar a los amigos? ¿a las amigas?
3. ¿Te gusta visitar los museos? ¿las tiendas?
4. ¿Te gusta tomar el avión? ¿el barco?
5. ¿Te gusta escuchar al (a la) profesor(a)? ¿estudiar las lecciones del libro de español?

VOCABULARIO PRÁCTICO   Palabras frecuentes

si	if	Miro la televisión **si** hace mal tiempo.
casi	almost	**Casi** todos van a estar aquí.
más	more, most	¡Necesito ganar **más** dinero!
cada	each, every	**Cada** verano nadamos en el mar.
sólo	only	Alfredo tiene **sólo** quince años.
solo(a)	alone, single	¿Quién es la muchacha que está **sola**?
todos(as)	all, everybody	¿Vienen **todos** conmigo?
mismo(a)	same	¿Compras el **mismo** periódico todos los días?

ACTIVIDAD 8   Más preguntas personales

1. ¿Viajas cada verano si tienes dinero? ¿adónde?
2. ¿Viajas solo(a) o con tu familia? ¿Te gusta más viajar solo(a)?
3. ¿Compras regalos para tus amigos en tu viaje? ¿Compras el mismo regalo para todos?
4. Cuando organizas una fiesta, ¿invitas a todos tus amigos?
5. ¿Vas al cine sólo los sábados? ¿Vas siempre con los mismos amigos?
6. ¿Vas casi siempre al mismo cine? ¿a la misma heladería *(ice cream parlor)*?

Pronunciación   Los acentos

Accent marks in Spanish have three functions.

a) The accent mark indicates that a syllable is stressed as an exception to the regular pattern.

Practice words: jo̱ven   jó̱venes;   francé̱s   francȩsa;   inglé̱s   inglȩses;
expresió̱n   expreṣiones

b) When a strong vowel (**a, e, o**) is found before or after a weak vowel (**i, u**), an accent mark over the **i** or the **u** indicates that the two vowels are pronounced separately.

Practice words: dí̱a   Marí̱a   Raú̱l   frí̱o   paí̱s

c) The accent mark is used to distinguish between words which have the same pronunciation but different meanings.

Practice words: el *(the)*   él *(he)*;   cuando *(when)*   ¿cuándo? *(when?)*;
que *(that; who, which)*   ¿qué? *(what?)*

Para la comunicación

Expresión para la conversación

To express uncertainty, you can say:

Creo que . . .   *I think that* . . .   —¿Compras el disco o el libro?
                                               —**Creo que** . . . voy a comprar el libro.

Mini-diálogos

Create new dialogs, replacing the underlined words with the expressions
suggested in the illustrations, and making the necessary changes.

a) Ramón: ¿Tienes el libro?

   Isabel: Creo que no lo tengo.

   Ramón: Entonces, tienes que buscarlo.

   Isabel: ¿Por qué? No lo necesito.

b) Ramón: ¡Mira el libro! ¡Qué bueno!

   Isabel: ¿Lo compras?

   Ramón: Creo que no voy a comprarlo.

Tú tienes la palabra

With a classmate, prepare a short dialog about some common object. Use
one of the conversations between Ramón and Isabel as a model.

¡Vamos a leer! Otros países . . . otras lenguas

Hablas inglés, ¿verdad?
Pero ¿hablas como los ingleses?
¡Claro que no! Hablas como los norteamericanos.

Los norteamericanos, los canadienses, los ingleses, los irlandeses, los australianos, los habitantes de Sudáfrica, todos hablan inglés . . . con un acento diferente.

Es lo mismo° para los hispanos. Todos hablan español, pero de una manera un poco diferente. Un mexicano no habla exactamente como un puertorriqueño, ni° como un argentino, ni como un panameño, ni como un español. . . . Pronuncia con un acento mexicano y de vez en cuando° usa una palabra o una expresión típicamente° mexicana.

Afortunadamente,° las diferencias no son muy importantes. Aquí están algunas° diferencias.

lo mismo: *the same*

ni: *nor*

de vez en cuando:
  from time to time
típicamente: *typically*
Afortunadamente:
  Fortunately
algunas: *some*

generalmente:	el auto
en España:	el coche
en Puerto Rico:	el carro
en México:	el coche o el carro

generalmente:	el autobús
en Puerto Rico y en Cuba:	la guagua
en México:	el camión
en la Argentina:	el ómnibus
en Colombia:	el bus

generalmente:	la estación de servicio
en México y en España:	la gasolinera

generalmente:	la finca
en la Argentina:	la chacra

195

Juego:° ¿De qué país son?

Juego: *Game*

Unos chicos van a hablar de los planes del fin de semana. Los chicos son de países diferentes. Puedes adivinar° la nacionalidad de cada uno. No es muy difícil. Cada chico usa una palabra° especial que revela su° origen. ¡Escucha!

Puedes adivinar: *You can guess*
palabra: *word*, su: *his*

Carlos

El sábado, voy a ir a la playa con mis amigos. Voy a nadar y a jugar° al volibol. ¿Y el domingo? Voy a ir al campo con la familia. Vamos a visitar al tío° Esteban. Tiene una chacra donde pasamos todos los domingos. ¡Qué aburrido!

jugar: *play*

tío: *uncle*

Carlos es de ■ España
■ Puerto Rico
■ la Argentina

Isabel

Yo también, voy a ir a la playa. Pero no voy a nadar. Me gusta más tomar el sol, hablar con mis amigas . . . y mirar a los chicos. ¿Y después? Voy a tomar la guagua e ir de compras para comprar discos.

Isabel es de ■ México
■ la Argentina
■ Puerto Rico

Ramón

No voy a pasar el fin de semana en la playa ni en el campo. ¡No! Yo tengo que trabajar para ganar un poco de dinero. Trabajo como mecánico en una gasolinera. Reparo los carros y las motos.

Ramón es de ■ México
■ España
■ Chile

Enrique

Voy a ir al cine, pero, ¿con quién? Con Manuel o con Francisco. Manuel es un chico simpático pero no tiene máquina. Francisco no es muy simpático pero tiene carro. ¡Qué problema!

Enrique es de ■ la Argentina
■ España
■ Puerto Rico

Mónica

Voy a pasar el sábado con mis amigas en las tiendas. ¿Cómo vamos a ir al centro? ¡En ómnibus, por supuesto!

Mónica es de ■ España
■ la Argentina
■ Puerto Rico

Enriching your vocabulary: recognizing _-ar_ verbs

Many Spanish verbs ending in **-ar** closely resemble English verbs. Some have the same stem:

usar	_to use_
visitar	_to visit_

Others have a slightly different stem:

reparar	_to repair_
revelar	_to reveal_
pronunciar	_to pronounce_

Ejercicio

Determine which of the following Spanish verbs have the same stems as their English cognates and which have slightly different stems.

aceptar	comparar	comunicar
observar	practicar	preparar

Unidad 4

Comunicando

¿Y ustedes?

Complete the following sentences with an expression that best reflects your personal situation or preferences. Then compare your answers with those of your classmates. You may want to establish a class survey.

Cuando viajo, prefiero ir . . .

1 Voy a la escuela . . .
- a pie
- en bicicleta
- en autobús
- en coche

2 Con mis amigos, prefiero ir . . .
- al cine
- al museo
- al restaurante
- a las tiendas
- ¿?

3 Con mi dinero, prefiero comprar . . .
- discos y cassettes
- libros
- ropa°
- ¿?

4 Cuando viajo, prefiero ir . . .
- en tren
- en autobús
- en avión
- en barco

5 Prefiero cenar° . . .
- en casa
- en casa de un(a) amigo(a)
- en el restaurante
- ¿?

6 Prefiero nadar . . .
- en el mar
- en una piscina
- en un río°
- en un lago°
- ¿?

198   **ropa** *clothes*   **cenar** *to have dinner*   **río** *river*   **lago** *lake*

7 Cuando estoy de vacaciones, lo que más me gusta° es . . .

- sacar fotos
- comprar regalos
- visitar museos
- visitar parques de atracciones°
- ¿?

8 Generalmente, a las nueve de la noche . . .

- estoy estudiando
- estoy hablando por teléfono con mis amigos
- estoy mirando la televisión
- estoy escuchando música
- ¿?

Conversaciones

This activity consists of several conversations between two speakers, A and B. Put these conversations together by matching each of A's questions or comments with an appropriate response from the box. You may act out each conversation with a classmate.

1 **Looking at photographs**

A: ¿Quién es la chica en la foto?
B: —
A: ¿De dónde es?
B: —
A: ¿Y ahora dónde está?
B: —

> De Puerto Rico.
>
> En Nueva York.
>
> María, una alumna de la clase de inglés.

2 **In a café**

A: ¿A quién estás esperando?
B: —
A: ¿Dónde está ahora?
B: —
A: ¿A qué hora es tu cita?
B: —

> A las dos y media.
>
> A Enrique.
>
> Está comprando cassettes en una tienda de la calle Cervantes.

---

lo que más me gusta *what I like best*   **parques de atracciones** *amusement parks*

3 **Saturday afternoon**

A: ¿Adónde vas, Maritza?

B: —

A: ¿Vas a tomar el autobús?

B: —

A: ¿Puedo ir contigo?

B: —

> Claro, ¡vamos!
>
> Voy al cine.
>
> No, voy a pie.

4 **In Acapulco, Mexico**

A: Hola, Isabel. ¿Vienes a la playa con nosotros?

B: —

A: ¿No tienes ganas de nadar?

B: —

A: ¿Dónde trabajas?

B: —

A: Entonces, adiós.

B: —

> En un hotel. Soy recepcionista.
>
> Sí, pero tengo que trabajar.
>
> Hasta luego.
>
> Lo siento,° pero hoy no puedo.

5 **At home**

A: ¿Qué buscas?

B: —

A: ¿Por qué la necesitas?

B: —

A: ¿A quiénes vas a invitar?

B: —

> A todos mis amigos del colegio.
>
> Voy a organizar una fiesta el próximo° sábado.
>
> Mi grabadora.

6 **Conversation in the street**

A: ¡Perdón, señor! ¿Dónde está el Museo de Bellas Artes?

B: —

A: ¿Está cerca de aquí?

B: —

A: ¿Y dónde está la parada?°

B: —

A: Muchas gracias, señor.

B: —

> No hay de qué.
>
> No, Ud. tiene que tomar el autobús.
>
> En la avenida Bolívar, señorita.
>
> Allí, enfrente° del Hotel Miramar.

Lo siento *I'm sorry*   **próximo** *next*   **parada** *bus stop*   **enfrente** *in front*

Situaciones

Imagine you are in the following situations. Choose a partner. Your partner will play the role of the other person in the situation and answer your questions.

1 **You are new in the city. You are talking to one of your new neighbors.**

Ask your partner . . .

- if there is a good restaurant nearby
- if there are many cafés in the neighborhood
- if there are many shops downtown

2 **It is Saturday morning. A friend is calling you to ask if you want to go shopping.**

Ask your partner . . .

- if he/she is going downtown
- if he/she is going to take the bus
- what he/she is going to buy

3 **You have just moved into town and will be attending a new school. You call a fellow student for information.**

Ask your partner . . .

- on **(en)** which street the school is located
- at what time he/she arrives at school
- how he/she goes to school
- what things he/she takes along

4 **You are going to travel abroad. As you are picking up your ticket at the travel agency, you meet a friend.**

Ask your partner . . .

- where he/she is going this summer **(este verano)**
- how he/she is going to travel
- whom he/she is going to visit
- if he/she is going to take a camera

5 **You are travelling around Europe on a Eurailpass. Right now you are in Barcelona waiting for a train to Madrid. You meet a Spanish student.**

Ask your partner . . .

- if he/she is also waiting for the train
- at what time the train is arriving
- if he/she takes the train often **(a menudo)**

Intercambios

1 Do a survey to find out how American students go to school. Interview 5 or 6 classmates and record their answers on an information sheet similar to the one below. Then summarize your findings.

MODELO — Felipe, ¿cómo vas a la escuela?
— Voy en bicicleta.

nombre	Modos de transporte				otros modos
Felipe		✓			
Verónica					

_____ alumnos van a la escuela a pie.

_____ alumnos van a la escuela en bicicleta.

2 You want to find out where American teenagers go on weekends. Interview a classmate, asking whether he/she goes to the following places, and, if so, how many times per month. Record your results in a chart similar to the one below. If you have time, you may want to interview several classmates.

MODELO — ¿Vas al cine?
— Sí, voy al cine.
— ¿Cuántas veces al mes?
— Voy al cine tres veces al mes.
— ¿Y vas al museo?
— No, no voy al museo.

¿cuántas veces al mes?				
	0	una vez	dos veces	más de dos veces
cine				x
museo	x			
restaurante				
campo				

La vida práctica

1 | Visiting Latin America

The following ad describes various Latin American countries served by a U.S. airline.

- Locate each country on a map of Latin America (pp. x-xi).

- Select one of these countries and list 2 places which you would like to see and what you would like to do there. (Sources: travel brochures, encyclopedia)

- Can you guess the meaning of the motto *Las alas de América*?

2 | Traveling by air

This is a boarding pass issued by the Spanish national airline.

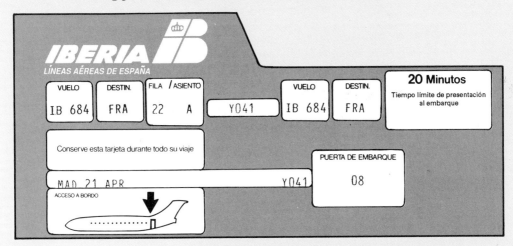

- What is the name of the airline?

- What is the number of the flight?

- What is the passenger's seat number?

- How many minutes before departure must the passenger be at the gate?

3 Traveling by train

This is a train schedule for the Mexican railroad system.

CUANDO VIAJE NO
LO PIENSE MÁS,
HÁGALO
POR:

FERROCARRILES NACIONALES DE MÉXICO

LLEGADAS Y SALIDAS DE TRENES DE PASAJEROS
GRAN ESTACIÓN CENTRAL DE BUENA VISTA

TREN No.	SALE A	NdeM	LLEGA DE	TREN No.
29	6:55	URUAPÁN	20:55	30
109	7:04	PUEBLA (Vía Cuautla)	19:10	110
13	7:10	TORREÓN	22:23	14
101	7:18	VERACRUZ (Vía Jalapa)	19:48	102
61	7:28	BERISTAIN	17:30	62
51	7:34	VERACRUZ (Vía Córdoba)	19:15	52
1	8:00	NUEVO LAREDO	20:04	2
251	8:15	PUEBLA (Vía San Lorenzo)	16:20	252
271	10:13	PACHUCA	15:30	272
113	17:32	OAXACA	8:50	114
71	18:00	MONTERREY	9:00	72
11	18:05	GUADALAJARA	8:34	12
7	19:50	CIUDAD JUÁREZ	6:55	8
49	20:10	MÉRIDA	9:15	50
5	20:30	GUADALAJARA	8:47	6
3	21:15	MONTERREY	6:23	4
27	21:29	URUAPÁN	7:55	28
53	21:32	VERACRUZ (Vía Córdoba)	7:38	54

**EL COSTO DEL PASAJE NO INCLUYE CAMA, CAMARÍN O ALCOBA.
PARA INFORMES DE ESTOS SERVICIOS LLAME A LOS
TELS.: 547-65-93, 547-10-84 y 547-10-97.**

Imagine that you want to go to Oaxaca.

- At what time does your train leave?

- What is the train number?

Imagine you are meeting a friend who is coming from Ciudad Juárez.

- At what time does your friend's train arrive?

- What is the train number?

Vamos a escribir

1 Your Mexican pen pal is going to visit you this summer. Write her a note describing the various places in your neighborhood.

> Querida Carmen,
>
> En mi barrio hay muchas casas bonitas. Hay un buen restaurante italiano.
>
> no hay...

2 Select one of the following time periods:

- esta noche°
- mañana
- el próximo° fin de semana
- durante° las vacaciones

Then list 3 things you are going to do and 2 things that you are not going to do.

voy a ...
- trabajar
- ~~~
- ~~~

no voy a ...
- viajar
- ~~~
- ~~~

esta noche *tonight*   **próximo** *next*   **durante** *during*

3 Your cousin Olga will be dropping by while you are out shopping with Rafael. Write her a note explaining where you are. Include the following information:

- *I am not home.*
- *I am downtown with Rafael.*
- *We are going to buy cassettes.*
- *After that (después), we are going to take the bus.*
- *We are going to get back (volver) at five.*

Querida Olga,

No estoy...

4 Your uncle Rubén who lives in Puerto Rico has invited you to spend spring vacation at his home in Rincón. You are writing a letter to your friend María telling her the good news. Tell her that:

- *you are very happy*
- *you are going to Puerto Rico in April*
- *you are going to visit your uncle (mi tío)*
- *you are going to swim every day (todos los días)*
- *Ask her if she is going to travel too.*
- *Sign your letter.*

Querida María,

Estoy muy contento(a).

Cordialmente,

Active Vocabulary

PLACES

(el) barrio	(el) lugar	(la) calle	(la) piscina
(el) café	(el) mar	(la) casa	(la) playa
(el) campo	(el) museo	(la) ciudad	(la) plaza
(el) centro	(el) pueblo	(la) escuela	(la) tienda
(el) cine	(el) restaurante	(la) iglesia	
(el) hotel			

TRANSPORTATION

(el) autobús	(el) barco
(el) avión	(el) tren

DESCRIPTIONS (with *estar*)

alegre	contento	triste
cansado	enfermo	

ACTIVITIES

buscar	esperar	llegar	tomar	ir
comprar	hablar (de)	llevar	estar	ir a pie (en avión, etc.)
enseñar	invitar	sacar (fotos)		

USEFUL EXPRESSIONS

¿a quién(es)?	casi	cada
¿adónde?	más	mismo
allí	si	solo
cerca (de)	al	
lejos (de)	del	

COMMUNICATIVE EXPRESSIONS

a casa	creo que…	¡vamos!
a casa de	¿cierto?	¡vamos a (*place*)!
en casa	¿cómo?	¡vamos a + *inf*.!
en casa de	¡no me digas!	

Unidad 5

Mi familia y yo

Lección 1 · Olivia Ortiz, puertorriqueña de Nueva York

¡Hola amigos!

Me llamo Olivia Ortiz.

Soy de Puerto Rico, pero ahora no vivo en Puerto Rico. Vivo con mi familia en Nueva York. Tengo una hermana, Claudia, dos hermanos, José y Rubén . . . y un perro, Atila. Todos vivimos en un apartamento muy pequeño, pero bastante confortable. ¿Me gusta vivir en Nueva York?

Depende: hay días buenos y hay días malos.

vivo: *I live*

hermana: *sister,*
  hermanos: *brothers*
perro: *dog*
vivir: *to live*

Depende: *That depends*

Lo que no me gusta:

- Asistir a la clase de francés. . .
  El profesor se llama Sr. Moreau. Es francés y es muy simpático . . . pero no comprendo cuando él habla francés . . . ¡o inglés!
- Comer en la cafetería de la escuela. . .
  Cada día como en la cafetería, y cada día comemos las mismas cosas: papas o espaguetis. ¡Qué horror!
- Leer el periódico. . .
  . . . cuando el periódico habla de accidentes o de crímenes. ¡Me disgusta la violencia! ¡Qué terrible!
- Vivir en Nueva York en el invierno. . .
  Me gusta vivir en Nueva York, pero en el invierno, ¡no! Hace frío, y llueve. Y cuando no llueve, nieva.

¿Por qué no vivimos en Puerto Rico en el invierno y en Nueva York en el verano?

Lo que: *What*

Asistir a: *To attend*

se llama: *is called*

comprendo: *I understand*
Comer: *To eat*

papas: *potatoes*

Leer: *To read*

Me disgusta: *I really dislike*

210

Lo que me gusta:

- Asistir a los conciertos. . .
  Soy aficionada a la música clásica. Los sábados, asisto a menudo a los conciertos con Anita, mi mejor amiga.
- Comer en los restaurantes puertorriqueños. . .
  Hay un restaurante puertorriqueño muy bueno en el barrio donde vivimos. Los domingos, siempre comemos allí.
- Leer. . .
  Leo mucho: poesía, literatura inglesa, literatura española, dramas, novelas . . . ¡y por supuesto todas las mañanas leo el horóscopo!
- Vivir en Puerto Rico. . .
  Me gusta nadar y tomar el sol. En Puerto Rico, es posible ir a la playa todos los días. Es magnífico, ¿no?

aficionada a: *fond of*
Los sábados: *On Saturdays*, a menudo: *often*
mi mejor: *my best*

todas las mañanas: *every morning*
tomar el sol: *sunbathe*
todos los días: *every day*

CONVERSACIÓN

Vamos a hablar de las personas en la vida *(life)* de Olivia.

1. ¿Cómo se llama la hermana *(sister)* **de** Olivia?
2. ¿Cómo se llaman los hermanos *(brothers)* **de** Olivia?
3. ¿Cómo se llama el profesor de francés **de** Olivia?
4. ¿Cómo se llama la mejor amiga **de** Olivia?

OBSERVACIÓN

Reread the first question.
- How do you say *Olivia's sister* in Spanish?
- Which word comes first, **Olivia** or **hermana?**
- Which word links these two words?

NOTA CULTURAL

Nueva York y los hispanohablantes°

¿Sabes° que la población° hispanohablante de Nueva York es una de las más grandes° del mundo°?

Entre° los grupos que hablan español, los puertorriqueños son la mayoría.° Tal vez un millón de puertorriqueños—¡o tal vez más!—viven en Nueva York. Muchos de los puertorriqueños que viven allá° tienen parientes° en Puerto Rico y mantienen contacto con ellos. Por eso muchos jóvenes visitan Puerto Rico, la «Isla Encantada»,° durante° las vacaciones.

También hay otras personas que hablan español en Nueva York, como los cubanos, los panameños, los dominicanos, los venezolanos . . .

Si visitas Nueva York, ¡vas a tener la oportunidad de oír°—y hasta° de hablar—español!

hispanohablantes *Spanish speakers* **Sabes** *Do you know*
población *population* **más grandes** *largest* **mundo** *world*
Entre *Among* **mayoría** *majority* **allá** *there* **parientes**
relatives **Isla Encantada** *Enchanted Isle* **durante**
during **oír** *to hear* **hasta** *even*

Estructuras

A. Verbos regulares que terminan en –er y en –ir

Many of the verbs you have been using have infinitives ending in **–ar.**
There are also verbs with infinitives ending in **–er** and **–ir.** Many (but not
all) **–er** and **–ir** verbs are conjugated like **aprender** *(to learn)* or like **vivir**
(to live). Such verbs are called *regular –er and –ir verbs.*

INFINITIVE	**aprend**er	**viv**ir
PRESENT TENSE		
(yo)	Aprend**o** español.	Viv**o** en Buenos Aires.
(tú)	Aprend**es** español también.	Viv**es** en Lima.
(él, ella, Ud.)	Aprend**e** inglés.	Viv**e** en Nueva York.
(nosotros)	Aprend**emos** portugués.	Viv**imos** en Lisboa.
(vosotros)	Aprend**éis** francés.	Viv**ís** en París.
(ellos, ellas, Uds.)	Aprend**en** italiano.	Viv**en** en Roma.

The endings of **–er** and **–ir** verbs are the same, except in the
nosotros and **vosotros** forms:

–er verb		**-emos** **-éis**	
	-o -es -e		**-en**
–ir verb		**-imos** **-ís**	

The present participle of most regular **–er** and **–ir** verbs is formed by
replacing **–er** and **–ir** with **-iendo.**

aprend**er** *(to learn)*   ¿Qué estás aprend**iendo** hoy en clase?
escrib**ir** *(to write)*   ¿A quién está escrib**iendo** ahora Luisa?

VOCABULARIO PRÁCTICO   Verbos que terminan en *-er* y en *-ir*

verbos en –er

aprender	to learn	**¿Aprendes** francés o español?
beber	to drink	¿Qué **bebe** Carlos? ¿Una Coca-Cola?
comer	to eat	**Comemos** mucho.
comprender	to understand	**¿Comprenden** Uds. cuando el profesor habla español?
creer	to believe, to think	**Creo** que Amalia es de la Argentina.
leer	to read	¿Qué **leen** Uds.?
vender	to sell	**Vendo** mi tocadiscos porque necesito dinero.

TODOS LEEN LOS
CLASIFICADOS
DIARIO LAS AMERICAS

ACTIVIDAD 1   Los hábitos *(Habits)*

Guillermo and his friends always eat at the same place or with the same people. Each one also has the habit of drinking the same thing. Express this according to the model.

 Guillermo: en la cafetería / Coca-Cola   Guillermo siempre come en la cafetería. Siempre bebe Coca-Cola.

1. María: en un restaurante / café
2. nosotros: en casa / chocolate
3. tú: en la casa de Arturo / Pepsi-Cola
4. Juanito: en McDonald's / Coca-Cola

5. Uds.: en la cafetería / café
6. el Sr. García: en la oficina / té *(tea)*
7. Paco y Delia: conmigo / Pepsi-Cola
8. yo: con mis amigos / limonada

ACTIVIDAD 2   Correspondencia

For Christmas, the following people write many letters (**cartas**). Express this according to the model.

 Amparo   Amparo escribe muchas cartas para Navidad.

1. Alicia
2. nosotros
3. tú
4. mis amigos
5. ellas
6. Uds.
7. yo
8. mi mamá

ACTIVIDAD 3   Diálogo

Ask your classmates whether they do any of these things.

 aprender francés   Estudiante 1: ¿Aprendes francés?
Estudiante 2: ¡Claro! Aprendo francés.
(¡No! No aprendo francés.)

1. aprender español
2. aprender italiano
3. beber café
4. leer revistas en español
5. comer en la cafetería

6. escribir cartas en español
7. vivir en una gran ciudad
8. vivir cerca del mar
9. creer en el horóscopo
10. comprender portugués

verbos en –ir

asistir a	to attend, to go to	No **asistimos a** la universidad.
escribir	to write	**¿Escribes** poesía?
vivir	to live	¿Dónde **vive** Miguel? ¿En Sevilla o en Toledo?

VOCABULARIO PRÁCTICO La lectura (Reading)

un cuento story

una carta letter

una novela novel

una tarjeta
card, postcard

ACTIVIDAD 4 Preguntas personales

1. ¿Te gusta leer? ¿Lees mucho? ¿Lees novelas? ¿Lees novelas policíacas *(detective)?* ¿Lees cuentos de ciencia-ficción?
2. ¿Lees el periódico? ¿Lees la página de los deportes *(sports)?* ¿las noticias *(news)?* ¿el horóscopo? ¿las historietas cómicas *(comics)?*
3. ¿Qué revista lee tu papá? ¿tu mamá?
4. ¿Comes a menudo *(often)* con tus amigos?
5. ¿Comen Uds. a menudo en la cafetería? ¿Comen Uds. a veces *(sometimes)* en un restaurante mexicano? ¿en un restaurante chino?
6. ¿Te gusta escribir? ¿Escribes cartas a veces? ¿Escribes composiciones para la clase de español? ¿para otras clases?
7. ¿Vives en una ciudad o en un pueblo? ¿en una casa o en un apartamento? ¿Vives cerca de la escuela o lejos de la escuela?
8. ¿Escribes muchas tarjetas de Navidad?

VOCABULARIO PRÁCTICO Expresiones de tiempo (Expressions of time)

ahora	now	**Ahora** estoy en clase.
después	later	**Después** voy a visitar a un amigo.
antes	before	**Antes** voy a llamarlo por teléfono.
a veces	sometimes	En el verano, voy a la playa **a veces.**
a menudo	often	No miro la televisión **a menudo.**
siempre	always	**Siempre** hablamos español en clase.
de vez en cuando	once in a while	Voy al cine **de vez en cuando.**

ACTIVIDAD 5 El momento perfecto

Speak about yourself, completing each sentence with an expression of time.

1. ____ estoy en clase.
2. ____ estoy hablando español.
3. ____ voy a comer en la cafetería.
4. ____ hablamos español en clase.
5. Voy al restaurante ____.
6. Leo el periódico ____.
7. Asisto a los conciertos ____.
8. Bebo Coca-Cola ____.

B. *Ver*

Note the present tense forms of the verb **ver** *(to see)* below.

(yo)	**Veo** la calle.	(nosotros)	**Vemos** el mar.
(tú)	**Ves** la iglesia.	(vosotros)	**Veis** el pueblo.
(él, ella, Ud.)	**Ve** la plaza.	(ellos, ellas, Uds.)	**Ven** el museo.

The present tense of **ver** is like that of the regular **–er** verbs, with the exception of the **yo** form: **veo.**

Note the use of **ver** with the expressions **¡A ver!**, **¡Vamos a ver!** *(Let's see!).*

REFRÁN

Ver para creer.

ACTIVIDAD 6   Turistas en San Juan

The following people are visiting Old San Juan, founded in 1521. Say what each one sees.

Josefina: la Plaza Colón   Josefina ve la Plaza Colón.

1. yo: El Morro
2. nosotros: El Morro también
3. Alberto: la iglesia de San José
4. tú: la Fortaleza
5. Jaime y Beatriz: la Casa Blanca
6. Ud.: la Catedral de San Juan Bautista

C. El uso de *de* para indicar posesión

Note the use of **de** in these questions.

¿Dónde está la casa **de Olivia?**	*Where is **Olivia's** house?*
¿Quién es la hermana **de Paco?**	*Who is **Paco's** sister?*
¿Es el coche **del profesor?**	*Is that the **teacher's** car?*

To indicate possession or relationship, Spanish speakers use the construction:

noun + **de** + noun

To remember the word order, think of **de** as meaning *of* or *which belongs to.*

Lección uno
215

Note also the use of **de** in the expressions **¿De quién?** and **¿De quiénes?**

¿De quién es?	*Whose is it?*
¿De quién es la guitarra?	*Whose guitar is it?*
Es la guitarra **de Carlos.**	*It's **Carlos'** guitar.*
¿De quiénes son las bicicletas?	*Whose bicycles are those?*
Son las bicicletas **de las chicas.**	*They're **the girls'** bicycles.*

ACTIVIDAD 7   ¿De quién es?

Roberto has the bad habit of borrowing things all the time. Identify the owners of the various objects Roberto has.

el radio: Carlos   Tiene el radio de Carlos.

1. el reloj: Inés
2. el tocadiscos: Ramón
3. la guitarra: Luis
4. los discos: la profesora
5. la grabadora: Pepe
6. la cámara: el novio de Sara
7. las cintas: los amigos de Luis
8. los libros: las amigas de Pilar
9. el coche: el señor Gómez

Pronunciación   El sonido de la consonante *b*

a) *b* inicial

Model word: bueno
Practice words: busco bolso barco bonito barato bolígrafo
Practice sentences: Las bananas son buenas, pero no son baratas.
Beatriz y Alberto están en Bilbao.

At the beginning of a word, and after **l** and **n,** the letter **b** is pronounced like the **b** of the English word "boy."

b) *b* medial

Model word: escribe
Practice words: autobús trabajar cubano grabadora Esteban
Practice sentences: Isabel trabaja y escribe.
Roberto busca una grabadora muy barata.
Esteban le escribe a su abuelo.

Between vowels and after consonants other than **l** and **n,** the letter **b** represents the sound / ƀ /. You have already practiced this sound in words like **primavera** and **noviembre.**

Note that the two pronunciations of **b** are the same as the two pronunciations of **v:** bien, viene; escribe, vive. For the / ƀ / sound the lips do not come together.

Para la comunicación

Expresiones para la conversación

To wish someone good luck you can say:
¡Buena suerte!   *Good luck!*

To comment on someone's good fortune, you can say:
¡Qué suerte!   *What luck! How lucky!*

You can also use the expression **tener suerte** (to be lucky):
¡Qué suerte tienes!   *How lucky you are!*

Mini-diálogos

Create new dialogs by replacing the underlined expressions with the words
in the pictures. Make any other needed changes.

Alicia

estudiante   (Madrid)

Martín: ¿Qué lees?

Rosa: Leo una carta de <u>Alicia</u>.

Martín: ¿No viv<u>e</u> aquí?

Rosa: No. <u>Es</u> <u>estudiante</u> en <u>Madrid</u>.

Martín: ¡Qué suerte tien<u>e</u>!

la Srta. Baudillo	el Sr. López	Juan y Carlos	Ana y Carmen

arquitecta (Bogotá)	profesor (México)	fotógrafos (Lima)	periodistas (Santiago)

Tú tienes la palabra

With a classmate, prepare a short dialog in which you talk about someone
who lives in another city. Use the conversation between Martín and Rosa
as a model.

Lección 2 Las fotos de Amalia

¡Hola!
Me llamo Amalia Santana.
Tengo diez y seis años.
Soy de España.
Tengo una familia muy simpática.
Aquí tengo fotos de mi familia.

Mi padre
Mi padre trabaja para una compañía
de textiles.
Es vendedor viajero.
Tiene que hacer muchos viajes.
En la foto está preparando el café.
Es un esposo muy moderno: él hace
muchas cosas cuando está en casa.

padre: father

vendedor viajero:
traveling sales-
person
hacer viajes: to take
trips
esposo: husband,
hace cosas: does
things

Mi mamá
Mi mamá es una persona muy activa.
Trabaja en un salón de belleza.
También trabaja mucho en casa.
¡Las mujeres hispánicas tienen mucho
que hacer!

belleza: beauty

mucho que hacer: a
lot to do

Mis hermanos
Tengo dos hermanos.
Mi hermano mayor se llama Juan Carlos
y tiene veinte y tres años.
Trabaja en una agencia de viajes.
Mi hermano menor se llama Miguel y
tiene catorce años. Hace muchas cosas:
toca la guitarra, saca fotos, va al cine,
organiza fiestas . . . pero no hace sus
tareas.
¡Mi hermano no es un alumno serio!

hermanos: brothers
mayor: older

menor: younger

no hace sus tareas:
doesn't do his
homework

Mis abuelos
Mis abuelos viven con nosotros.
Son muy simpáticos.

abuelos: grandparents

Mi perro
Se llama Pluto.
Claro, no es una persona . . .
pero es mi perro . . . ¡y mi mejor amigo!

perro: dog

CONVERSACIÓN

Ahora, vamos a hablar de tu familia.

1. ¿Es simpática **tu** familia?
   Sí, **mi** familia . . . (No, **mi** familia . . .)
2. ¿Trabaja mucho **tu** padre?
3. ¿Trabaja mucho **tu** madre?
4. ¿Habla español **tu** mejor amigo?
5. ¿Habla español **tu** mejor amiga?
6. ¿Hablan español **tus** padres *(parents)?*
   Sí, **mis** padres . . . (No, **mis** padres . . .)
7. ¿Son simpáticos **tus** amigos?
8. ¿Son generosos **tus** padres?
9. ¿Son estrictos **tus** profesores?
10. ¿Son muy viejos **tus** abuelos *(grandparents)?*

OBSERVACIÓN

Another way of indicating *relationship* (and *possession*) is to use possessive adjectives. In the questions and answers to the left, the words in heavy print are *possessive adjectives*. The questions concern your friends and your family.

- Which Spanish possessive adjective corresponds to *your* before a singular noun (questions 1-5)? before a plural noun (questions 6-10)?

- In the answers, which Spanish possessive adjective corresponds to *my* before a singular noun? before a plural noun?

NOTA CULTURAL

La familia hispánica

Cuando un joven hispánico habla de su familia, no habla solamente° de sus padres° y de sus hermanos.° Habla también de sus abuelos,° de sus tíos,° de sus primos° y de otros parientes° . . . Incluye° a todas las personas emparentadas° por la sangre° o por el matrimonio. Todos son parientes. Todos son miembros de la misma familia.

En muchas familias, los abuelos viven con sus hijos° y sus nietos° en la misma casa, o si no, en otra casa que está cerca. Las familias hispanas casi siempre son muy grandes . . . ¡y también muy unidas!°

solamente *only* **sus padres** *his parents* **hermanos** *brothers and sisters* **abuelos** *grandparents* **tíos** *aunts and uncles* **primos** *cousins* **parientes** *relatives* **Incluye** *He includes* **emparentadas** *related* **sangre** *blood* **hijos** *children* **nietos** *grandchildren* **unidas** *united*

Estructuras

A. Los adjetivos posesivos: *mi* y *tu*

The *possessive adjectives* **mi** *(my)* and **tu** *(your)* correspond to the subject pronouns **yo** and **tú** and have the following forms:

	BEFORE A SINGULAR NOUN		BEFORE A PLURAL NOUN	
(yo)	**mi**	**mi** mamá	**mis**	**mis** hermanos
(tú)	**tu**	**tu** padre	**tus**	**tus** hermanas

The form to use depends on whether the noun that follows is singular or plural.

> Vivo con **mi** padre, **mi** madre y **mis** hermanos.
> ¿Dónde están **tus** amigas y **tu** amigo?

ACTIVIDAD 1   La maleta de Luisa

Luisa is packing for a trip. Roberto asks her where some of her belongings are. Luisa answers that they are already in the suitcase. Play both roles according to the model.

el bolso   Roberto: ¿Dónde está tu bolso?
            Luisa: ¿Mi bolso? Está en la maleta.

1. los discos
2. el libro de español
3. el diccionario
4. las revistas
5. la cámara
6. los periódicos
7. las fotos
8. el pasaporte

OAXACA en un gran paquete

4 días 3 noches por sólo $165.⁰⁰*

En el más exclusivo y moderno hotel

Visite Oaxaca en plan grande! Viva entre grandes jardines y dominando el valle de la Ciudad Esmeralda en el Hotel Victoria, con todos los servicios de un hotel de lujo. Descubra su increíble arqueología, artes populares, folclor, sus deliciosos platillos.. practique su deporte favorito. Reserve sus vacaciones hoy mismo

Además, le obsequiamos:
Coctail de Bienvenida
Olla típica de mezcal
Cancha de tenis sin cargo

Asesoría en tours

Consulte a su agente de viajes o directamente a:

HOTEL VICTORIA
...el placer de vivir
AP. POSTAL 248 OAXACA, OAX. TEL. 6-26-33. TELEX-018-824
OFICINA EN MEXICO: GALILEO No. 20-2° PISO. TEL 260-06-55

VOCABULARIO PRÁCTICO   La familia

el hermano	brother	**la hermana**	sister
el hijo	son	**la hija**	daughter
el padre }	father	**la madre** }	mother
el papá }		**la mamá** }	
el esposo	husband	**la esposa**	wife
los padres	parents		
el abuelo	grandfather	**la abuela**	grandmother
el primo	cousin	**la prima**	cousin
el tío	uncle	**la tía**	aunt
los parientes	relatives		

mayor	older	Tengo una hermana **mayor** ...
menor	younger	y tres hermanas **menores**.

ACTIVIDAD 2   Preguntas personales

1. ¿Es grande tu familia? ¿Es pequeña?
2. ¿Cuántos hermanos tienes? ¿Son mayores o menores? ¿Cómo se llaman?
3. ¿Cuántas hermanas tienes? ¿Son mayores o menores? ¿Cómo se llaman?
4. ¿Tienes muchas fotos de tu familia?
5. ¿Tienes primos? ¿Son simpáticos? ¿Los visitas a menudo?
6. ¿Tienes abuelos? ¿Los visitas? ¿Cuándo?
7. ¿Tienes parientes en otros países? ¿Dónde?

ACTIVIDAD 3   Diálogo: Los nombres, por favor

Ask your classmates the names of the persons below.

el padre   Estudiante 1: ¿Cómo se llama tu padre?
             Estudiante 2: Mi padre se llama ...

1. la madre
2. el mejor amigo (best friend)
3. la mejor amiga
4. los hermanos
5. las hermanas
6. los primos
7. las primas
8. el (la) profesor(a) de inglés
9. el (la) dentista
10. el (la) doctor(a)

B. Sustantivo + *de* + sustantivo

Compare the word order in the Spanish expressions in heavy print and their English equivalents.

Estamos en clase.	Es una **clase de español.**
	*It's a **Spanish class.***
Mi mamá es profesora.	Es **profesora de música.**
	*She is a **music teacher.***
Mi papá trabaja en una agencia.	Es una **agencia de viajes.**
	*It is a **travel agency.***
Voy a un partido.	Es un **partido de béisbol.**
	*It's a **baseball game.***

Expressions like **profesora de música** consist of two nouns: **profesora** and **música**. The main noun (**profesora**) comes *first*. The noun that describes the type of **profesora** (**música**) plays the role of an adjective: it comes *second* and is preceded by **de**.

ACTIVIDAD 4   Preferencias

People in the left column like music. Say what type of records they listen to. People in the right column like sports. Say what type of games (**partidos**) they go to.

Fernando: jazz
    Fernando escucha un disco de jazz.

Inés: fútbol
    Inés va a un partido de fútbol.

1. Amalia: música clásica
2. Roberto: rock
3. Antonio: Beethoven
4. Ana: música popular
5. Mario: música latina

6. Silvia: básquetbol
7. Ricardo: tenis
8. Laura: béisbol
9. Dolores: volibol
10. Miguel: hockey

ACTIVIDAD 5   Preguntas personales

1. ¿Tienes una raqueta de tenis? ¿una raqueta de ping pong? ¿un libro de español?
2. ¿Tienes discos de música clásica? ¿de música popular? ¿de jazz? ¿de rock?
3. ¿Te gusta ir a los partidos de fútbol? ¿a los partidos de béisbol?
4. ¿Qué programas escuchas en la radio? ¿Escuchas programas de música clásica? ¿de música popular?

C. Hacer

Note the present tense forms of **hacer** *(to do, to make)* in the following
sentences.

(yo)	**Hago** mucho en clase.	(nosotros)	**Hacemos** mucho en casa.
(tú)	**Haces** poco.	(vosotros)	**Hacéis** planes.
(él, ella, Ud.)	**Hace** la tarea.	(ellos, ellas, Uds.)	**Hacen** un viaje.

꙳ **Hacer** has regular **–er** endings. The **yo** form is irregular: **hago.**
꙳ The present participle is regular: ¿Qué estás **haciendo?**
꙳ **Hacer** is used in many expressions:

hacer las tareas,	*to do homework,*
la tarea	*the assignment*
hacer un viaje	*to go on a trip*
hacer la maleta	*to pack a suitcase*

La práctica hace al maestro.

ACTIVIDAD 6 Viajeros *(Travelers)*

These people have decided to spend the summer abroad. Say where each
one is going.

꙳ Natalia: México   Natalia hace un viaje a México.

1. Pablo: Francia
2. Rebeca: Portugal
3. Paulina: Bolivia
4. nosotros: la Argentina

5. tú: Colombia
6. Ud.: Costa Rica
7. Uds.: Puerto Rico
8. mis amigos: Guatemala

ACTIVIDAD 7 Preguntas personales

1. ¿Haces muchos viajes?
2. ¿Vas a hacer un viaje a España el verano próximo *(next)*?
3. ¿Haces siempre las tareas?
4. ¿Haces muchos errores en tus tareas?
5. ¿Haces muchos planes?

VOCABULARIO PRÁCTICO   Los animales domésticos

un gato

un papagayo

un mono

un perro

un pájaro

un pez

ACTIVIDAD 8   Diálogo: ¿Tienes animales?

Ask your classmates whether they have any of the following pets. If so,
ask their names.

un gato   Estudiante 1: ¿Tienes un gato?
             Estudiante 2: Sí, tengo un gato.
             Estudiante 1: ¿Cómo se llama tu gato?
             Estudiante 2: Mi gato se llama ____.

1. un perro   4. un papagayo   7. un pez de color (goldfish)
2. un pájaro   5. un hámster   8. un mono
3. un canario   6. un pez   9. un armadillo

Pronunciación   El sonido «erre»

Model word: perro
Practice words: guitarra terrible horrible horror aburrido
                radio restaurante reloj Ramón Raúl Rita
Practice sentences: Roberto repara la guitarra.

                    Erre con erre cigarro,
                    Erre con erre barril,
                    Rápido corren los carros,
                    Por la línea del ferrocarril.

The trilled "erre" sound is written **rr** in the middle of a word and **r** at the
beginning of a word. The Spanish "erre" sound is produced by tapping or
"trilling" the tongue two or more times against the gum ridge behind your
teeth. Say the English nonsense word "petter-o" as quickly as you can: you
will be very close to producing the Spanish word **"perro."**

Para la comunicación

Expresión para la conversación

To apologize, you can say:
¡Perdón! *Excuse me! Pardon me!*

Mini-diálogos

Create new conversations, replacing the underlined words with words
suggested by the pictures.

a) Julia: ¿Dónde está mi libro?

Rodrigo: ¿Tu libro? Está en tu bolso.

Julia: ¡Claro!

b) Rodrigo: ¿Dónde está mi libro?

Julia: ¿Tu libro?

Rodrigo: ¡Sí! ¡Mi libro!

Julia: ¡Perdón! Está en mi bolso.

Tú tienes la palabra

With a classmate, prepare a short dialog in which you talk about some
object you are looking for. Use one of the conversations between Julia and
Rodrigo as a model.

Lección 3 — El edificio de apartamentos

Mira el edificio de apartamentos.
Está en la Castellana, un barrio elegante
de Caracas.
Tiene siete pisos.

edificio: building

pisos: floors

En el primer piso vive la familia Vargas.

primer: first

En el segundo piso, vive la familia
Martínez: el señor Martínez, su señora y
sus dos hijos.

segundo: second

En el tercer piso, vive la Srta. López. La
Srta. López no está casada pero tiene una
familia muy grande. En su apartamento
viven su perro, sus tres gatos, sus dos
papagayos y su mono, Coco. Mi padre dice
que la Srta. López está un poco loca. Yo
digo que es una señorita muy original.

tercer: third
casada: married

dice: says
loca: crazy
digo: say

En el cuarto piso, vive la familia Miranda.
El señor Miranda y su esposa no tienen
niños.

cuarto: fourth

En el quinto piso, vive mi amigo Pedro
Gómez con su hermana Patricia, sus
padres y su abuela.

quinto: fifth

En el sexto piso, vive un muchacho
extraordinario, muy inteligente y muy
simpático. Este muchacho alegre y
simpático soy yo, José Antonio del Río.
Nuestro apartamento no es grandísimo.
No es muy moderno. Pero es confortable
. . . ¡y es nuestro apartamento!

sexto: sixth

CONVERSACIÓN

Vamos a hablar de tu mejor amigo.

1. ¿Cómo se llama **su** padre?
   Su padre se llama . . .
2. ¿Cómo se llama **su** madre?
3. ¿Cómo se llaman **sus** hermanos?
4. ¿Cómo se llaman **sus** hermanas?

Ahora, vamos a hablar de tu mejor amiga.

5. ¿Cómo se llama **su** padre?
   Su padre se llama . . .
6. ¿Cómo se llama **su** madre?
7. ¿Cómo se llaman **sus** hermanos?
8. ¿Cómo se llaman **sus** hermanas?

OBSERVACIÓN

These questions ask about your friends' families. Reread the questions about your best male friend.

- What is the Spanish word that means *his* when the noun that follows is singular (questions 1, 2)? when the noun is plural (questions 3, 4)?

Now reread the questions about your best female friend.

- What is the Spanish word that means *her* when the noun that follows is singular (questions 5, 6)? when the noun is plural (questions 7, 8)?

NOTAS CULTURALES

Viviendo° en apartamentos

No hay muchas casas individuales en las ciudades hispánicas. La mayoría° de la gente vive en apartamentos. En España los edificios de apartamentos generalmente no son muy altos. Pero en Latinoamérica los edificios modernos tienen diez, veinte o treinta pisos . . . como en los Estados Unidos.

En los países hispánicos, los pisos no están numerados° como en los países norteamericanos. El primer piso hispánico corresponde al segundo piso norteamericano. En español, el primer piso norteamericano se llama la *planta baja*.

Viviendo *Living* **mayoría** *majority* **numerados** *numbered*

Caracas

Caracas es la capital de Venezuela. Tiene una población de cinco millones de habitantes, y por eso es una de las ciudades más grandes° de Latinoamérica. Es una ciudad muy moderna, pero tiene barrios viejos muy pintorescos.° Es también una ciudad importante en la historia: la independencia de Venezuela fue proclamada° allí en 1811 (mil ochocientos once).

más grandes *biggest* **pintorescos** *picturesque* **fue proclamada** *was proclaimed*

Estructuras

A. *Decir*

Decir *(to say, to tell)* is an irregular verb. Note the present tense forms of this verb in the following sentences.

(yo)	**Digo** que soy simpático.	(nosotros)	**Decimos** que él es guapo.
(tú)	**Dices** que estudias mucho.	(vosotros)	**Decís** que Ana estudia.
(él)		(ellos)	
(ella)	**Dice** la verdad *(truth)*.	(ellas)	**Dicen** la verdad.
(Ud.)		(Uds.)	

- The present participle of **decir** is irregular: **diciendo.**
- **Decir** is often followed by the construction: **que** + clause.

  Dicen **que** hablas español muy bien. *They say **(that)** you speak Spanish very well.*
  Jaime dice **que** estás loco. *Jaime says **(that)** you are crazy.*

- Note also the construction: **Dice que sí (no).** *He says yes (no).*

ACTIVIDAD 1   ¿Son las chicas más inteligentes que los chicos?

Are girls more intelligent than boys? Everyone has a different opinion on that topic. Express these opinions using **decir que.**

- Carmen: sí   Carmen dice que sí.

1. Ricardo: no
2. Teresa: es la verdad *(truth)*
3. Irene y Pilar: es obvio
4. Paco y Roberto: es una idea tonta
5. nosotros: no es la verdad
6. tú: es imposible
7. Ud.: no es posible
8. ellos: es una observación justa

ACTIVIDAD 2   Preguntas personales

1. ¿Dices siempre la verdad *(truth)*?
2. ¿Dices mentiras *(lies)* a veces?
3. ¿Dicen tus amigos que eres simpático(a)?
4. ¿Dice el (la) profesor(a) que hablas bien el español?

VOCABULARIO PRÁCTICO   Adjetivos

adjetivos numerales ordinales

primero	first	**cuarto**	fourth	**séptimo**	seventh	**décimo**	tenth
segundo	second	**quinto**	fifth	**octavo**	eighth		
tercero	third	**sexto**	sixth	**noveno**	ninth		

otros adjetivos

próximo	next	¿Cuándo llega el **próximo** autobús?
último	last	Diciembre es el **último** mes del año.

NOTAS: 1. Ordinal numbers are used to rank persons or objects and to put them in a given order. They are adjectives and agree in gender and number with the nouns they describe.

Vivo en la **tercera** casa.   *I live in the **third** house.*

Enero y febrero son los   *January and February are the*
   primeros meses del año.   ***first** months of the year.*

2. Before a masculine singular noun, the final **-o** of **primero** and **tercero** is dropped.

Marzo es el **tercer** mes del año.   *March is the **third** month of the year.*

ACTIVIDAD 3   La carrera de bicicletas *(The bicycle race)*

Several friends are having a bicycle race. Give their order of arrival at the finishing line.

📖 Elena: 7   Elena es la séptima.

1. Raúl: 10
2. Luisa: 5
3. Dolores: 2
4. Federico: 9
5. Alfredo: 1

6. Anita: 3
7. Susana: 6
8. Pablo: 4
9. Claudia: 7
10. Ricardo: 8

B. El adjetivo posesivo: *su*

Like **mi** and **tu,** the possessive adjective **su** has two forms.

	BEFORE A SINGULAR NOUN	BEFORE A PLURAL NOUN	
(él, ella, Ud.) } (ellos, ellas, Uds.) }	**su**	**sus**	Pedro vive con **su** hermana y **sus** padres. Mis amigos están con **su** tío y **sus** primos.

∑> The form to use depends on whether the noun that follows is singular or plural.

∑> Since **su** and **sus** may refer to all third person subjects and subject pronouns, they have several different English meanings.

la casa de Carlos	**su** casa	*his* house
la casa de María	**su** casa	*her* house
la casa de Ana y Paco	**su** casa	*their* house
la casa de Ud.	**su** casa	*your* house
los discos de Carlos	**sus** discos	*his* records
los discos de María	**sus** discos	*her* records
los discos de Ana y Paco	**sus** discos	*their* records
los discos de Uds.	**sus** discos	*your* records

∑> Because **su** and **sus** have several meanings, you may substitute the following construction for clarification:

$$\text{noun} + \textbf{de} + \begin{cases} \textbf{él} & \textbf{ellos} \\ \textbf{ella} & \text{or} \quad \textbf{ellas} \\ \textbf{Ud.} & \textbf{Uds.} \end{cases}$$

¿Vamos en el coche de Carlos?	Sí, vamos en **su** coche. Sí, vamos en **el coche de él.**
¿Vamos en el coche de las chicas?	Sí, vamos en **su** coche. Sí, vamos en **el coche de ellas.**

REFRÁN

Mi casa es su casa.

ACTIVIDAD 4   Una venta en el garaje de Luisa *(Luisa's garage sale)*

Luisa is selling several things that belong to her friends. Paco wants to know what things she is selling. Play both roles according to the model.

⟐   la bicicleta: Ricardo   Paco: ¿Vendes la bicicleta de Ricardo?
                              Luisa: Sí, vendo su bicicleta.

1. la bicicleta: Isabel
2. los discos: Enrique
3. los discos: Silvia
4. el tocadiscos: Rafael

5. el coche: Pedro y Felipe
6. el piano: Elena y Carmen
7. la guitarra: Federico
8. los libros: Ana y Eduardo

ACTIVIDAD 5   En el restaurante

The following people are eating with friends or family. Express this according to the model.

⟐   Arturo: los amigos   Arturo come con sus amigos.

1. Ricardo: el padre
2. Elena: la madre
3. Eduardo: los primos
4. Benjamín: las primas

5. el Sr. Gómez: la esposa
6. la Srta. Martínez: la mejor amiga
7. el Sr. Ortega y su esposa: los hijos
8. la Sra. Díaz: el esposo y las hijas

C. El adjetivo posesivo: *nuestro*

The possessive adjective **nuestro** *(our)* has four forms:

		SINGULAR	PLURAL	
(nosotros)	masculine	**nuestro**	**nuestros**	**Nuestro** profesor y **nuestros** amigos están aquí.
	feminine	**nuestra**	**nuestras**	**Nuestra** profesora y **nuestras** amigas están aquí.

⟐   The form to use depends not only on the *number* (singular or plural) of the noun that follows, but also on its *gender* (masculine or feminine).

ACTIVIDAD 6   Bienvenida

Carmen and Federico are at the airport welcoming June, an exchange student from San Francisco. On the way home they point out various things. Play the role of Carmen and Federico according to the model.

⟐   el coche   Aquí está nuestro coche.

1. el barrio
2. la escuela
3. el restaurante favorito
4. las tiendas favoritas

5. la casa
6. el perro
7. los amigos
8. las amigas

La casa

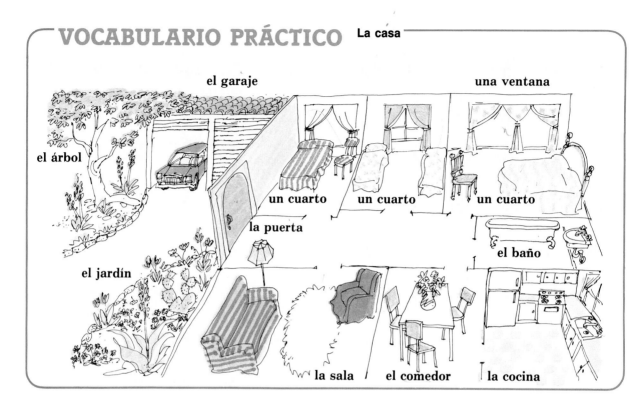

el garaje · una ventana · el árbol · un cuarto · un cuarto · un cuarto · la puerta · el baño · el jardín · la sala · el comedor · la cocina

ACTIVIDAD 7   Preguntas personales

1. ¿Vives en una casa o en un apartamento?
2. Si vives en un apartamento, ¿en qué piso está?
3. ¿Cuántos pisos tiene tu casa (tu apartamento)?
4. ¿Cuántos cuartos tiene tu casa (tu apartamento)?
5. ¿Cuántos baños tiene tu casa (tu apartamento)?
6. ¿Cuántas ventanas tiene tu cuarto?
7. ¿Hay un jardín? ¿Hay árboles? ¿Cuántos?
8. ¿Hay un garaje?

Pronunciación   El sonido de la consonante *g* antes de *a, o, u*

a) *g* inicial

Model word: gato

Practice words: garaje gordo guapo grande ganas Guillermo

Practice sentences: Guillermo es guapo.

El domingo, Gabriela va al cine con el grupo.

At the beginning of a word, and after **l** and **n**, the letter **g** (before **a, o,** or **u**)
is pronounced like the **g** of the English word "go."

b) *g* medial

Model word: ami*g*o

Practice words: ha*g*o di*g*o lle*g*o me *g*usta conmi*g*o

Practice sentences: Me *g*usta *g*anar dinero.

Mis ami*g*os lle*g*an al cine conmi*g*o.

Between vowels and after consonants other than **l** and **n**, the letter **g**
(before **a, o,** or **u**) represents the sound /**g**/ which is similar to the **g** of the
English "sugar" when spoken quickly.

Para la comunicación

Expresiones para la conversación

To express surprise or astonishment, you can say:

¡Caramba!	*Wow! Hey! What!*
¡Dios mío!	*Gosh!*

Mini-diálogos

Create new dialogs, replacing the underlined words with the expressions
suggested in the pictures.

Miguel

Vicente: ¿Qué busca <u>Miguel</u>?

Teresa: Creo que está buscando <u>sus libros</u>. <u>Los</u>
tienes, ¿verdad?

Vicente: ¡Caramba! ¡Yo no <u>los</u> tengo!

Jaime

Linda

Aurelio

Maribel

Tú tienes la palabra

With a classmate, prepare a short dialog about some missing object. Use
the conversation between Teresa and Vicente as a model.

Lección 4 ¿Eres servicial?

Eres una persona simpática, ¿verdad? Pero . . . ¿eres servicial también? Una persona servicial es una persona que ayuda a otros. Es generosa y amable con todos. ¿Eres este tipo de persona? ¿Qué haces tú en los siguientes casos?

servicial: helpful
ayuda: helps
amable: kind,
este: this
siguientes: following,
casos: cases

1. Tu padre está trabajando en el jardín. ¿Lo ayudas?
   - ▪ Sí, lo ayudo.
   - ▪ No, no lo ayudo.

2. Tu mamá está preparando una gran comida para una reunión familiar. ¿La ayudas?
   - ▪ Sí, la ayudo.
   - ▪ No, no la ayudo.

comida: meal
familiar: family

3. Tus hermanitas están haciendo una tarea muy difícil. ¿Las ayudas?
   - ▪ Sí, las ayudo.
   - ▪ No, no las ayudo.

4. Unos amigos están en casa enfermos. ¿Los vas a visitar?
   - ▪ Sí, los voy a visitar.
   - ▪ No, no los voy a visitar.

5. Tu abuelo está enfermo en el hospital. ¿Le mandas una tarjeta?
   - ▪ Sí, le mando una tarjeta.
   - ▪ No, no le mando una tarjeta.

mandas: send

6. En el autobús no hay asiento para una señora mayor. ¿Le das tu asiento?
   - ▪ Sí, le doy mi asiento.
   - ▪ No, no le doy mi asiento.

asiento: seat,
das: you give

7. Tus compañeros de clase están organizando una fiesta. No tienen tocadiscos. ¿Les prestas tu tocadiscos?
   - ▪ Sí, les presto mi tocadiscos.
   - ▪ No, no les presto mi tocadiscos.

prestas: you loan

8. Unas amigas tienen problemas con sus padres. ¿Les das buenos consejos?
   - ▪ Sí, les doy buenos consejos.
   - ▪ No, no les doy buenos consejos.

consejos: advice

INTERPRETACIÓN

Cada respuesta afirmativa vale un punto y cada respuesta negativa vale cero. Suma todos tus puntos. ¿Cuántos tienes?

7-8 puntos:	Eres realmente excepcional. ¡Eres un(a) santo(a)!
5-6 puntos:	Eres muy servicial y muy generoso(a). Probablemente tienes muchos amigos.
3-4 puntos:	En general eres generoso(a). A veces eres un poco egoísta. ¡Eres como la mayoría de la gente!
1-2 puntos:	La generosidad no es tu cualidad principal. ¡Tienes que ser más servicial con la familia y los amigos!
0 puntos:	¿Eres realmente tan indiferente y egoísta?

respuesta: *answer*,
vale: *is worth*,
punto: *point*
Suma: *Add*
realmente: *really*

mayoría: *majority*
cualidad: *quality*

tan: *so*

CONVERSACIÓN

Vamos a hablar de tu mejor amigo . . .

1. ¿**Lo** invitas a tu casa?
   Sí, lo . . . (No, no lo . . .)
2. ¿**Le** hablas de tus problemas personales?
   Sí, le . . . (No, no le . . .)

Vamos a hablar de tu mejor amiga . . .

3. ¿**La** invitas a tu casa?
   Sí, la . . . (No, no la . . .)
4. ¿**Le** hablas de tus problemas personales?
   Sí, le . . . (No, no le . . .)

Ahora vamos a hablar de tus primos . . .

5. ¿**Los** visitas a menudo?
   Sí, los . . . (No, no los . . .)
6. ¿**Les** escribes a menudo?
   Sí, les . . . (No, no les . . .)

Finalmente, vamos a hablar de tus primas . . .

7. ¿**Las** visitas a menudo?
   Sí, las . . . (No, no las . . .)
8. ¿**Les** escribes a menudo?
   Sí, les . . . (No, no les . . .)

OBSERVACIÓN

When you say *I invite Jane* or *I visit Jane,* Jane is the *direct* object of the verb. On the other hand, when you say *I speak to Jane* (about my problems) or *I write* (letters) *to Jane,* Jane is the *indirect* object of the verb.

Reread questions 1, 3, 5 and 7. The pronouns in heavy print replace *direct objects.*
- What is the masculine singular form of the direct object pronoun? the feminine singular form? the masculine plural form? the feminine plural form?

Now reread questions 2, 4, 6 and 8. The pronouns in heavy print replace *indirect objects.*
- What is the masculine singular form of the indirect object pronoun? Is it the same as the feminine singular form?
- What is the plural form of the indirect object pronoun?

NOTA CULTURAL

La familia unida

En los países hispánicos, las reuniones familiares° son muy frecuentes. A veces toda la familia se reúne° en la casa de un pariente los fines de semana. También se reúne para celebrar los días de fiesta y las fechas importantes, como el Día de la Madre y la Navidad. Hay una gran comida familiar° para celebrar estas° ocasiones felices.°

En la familia hispánica las diversiones incluyen° a todos. A menudo hijos y padres van juntos° al cine, al teatro, al museo, al campo, a la playa. Cuando hacen un viaje, lo hacen juntos. Así,° ¡la familia hispánica permanece° muy unida!°

familiares *family* **se reúne** *gets together* **comida familiar** *family meal* **estas** *these* **felices** *happy* **incluyen** *include* **juntos** *together* **Así** *Thus* **permanece** *stays* **unida** *united*

Estructuras

A. Repaso: los adjetivos posesivos

The chart below contains all the forms of the possessive adjectives:

	SINGULAR	PLURAL	
(yo)	**mi**	**mis**	¿Dónde están **mis** discos y **mi** cámara?
(tú)	**tu**	**tus**	**Tu** amiga es muy simpática.
(él) (ella) (Ud.)	**su**	**sus**	Miguel llega con **sus** amigos.
(nosotros)	**nuestro, nuestra**	**nuestros, nuestras**	**Nuestra** abuela vive con nosotros.
(vosotros)	**vuestro, vuestra**	**vuestros, vuestras**	¿Dónde están **vuestros** amigos?
(ellos) (ellas) (Uds.)	**su**	**sus**	Mis primos no tienen **sus** discos.

El mundo del
deporte es
nuestro mundo. adidas

ACTIVIDAD 1   ¡Hasta luego!

The following persons are taking a trip to South America, and various people are seeing them off. Say with whom each one is arriving at the airport.

Marina: el novio, las amigas   Marina llega al aeropuerto con su novio y sus amigas.

1. Roberto: los amigos
2. Anita: el padre
3. Rita: los hermanos
4. el Sr. Gómez: la esposa
5. la Sra. Argías: el esposo
6. Miguel y Felipe: el primo
7. Teresa y María: las primas
8. tú: el padre, la madre, las hermanas
9. nosotros: el tío, las primas
10. yo: los amigos, la abuela
11. los hermanos de Carmen: los amigos
12. la hija del Sr. Vargas: el novio, el padre

B. Repaso: los pronombres *lo, la, los, las*

Review the direct object pronouns in the chart below:

	SINGULAR			PLURAL	
masculine	**lo**	¿Miguel? No **lo** invito.	**los**	¿Mis amigos?	Sí, **los** invito.
feminine	**la**	¿María? No **la** busco.	**las**	¿Mis cintas?	Sí, **las** busco.

When the verb is followed by an infinitive, the direct object pronoun
is usually attached to that infinitive. (It may come before the
first verb.)

¿Vas a invitar a María?	Sí, voy a invitar**la**.
	(Sí, **la** voy a invitar.)
¿Tienes que hacer las tareas?	Sí, tengo que hacer**las**.
	(Sí, **las** tengo que hacer.)

VOCABULARIO PRÁCTICO Verbos que usan objetos directos

ayudar	to help	¿**Ayudas** a tus amigos? Sí, los **ayudo**.
buscar	to look for	¿**Buscas** a Pepe? No, no lo **busco**.
esperar	to wait for	¿**Esperas** a Juana? Sí, la **espero**.
llamar	to call	¿**Llamas** por teléfono a tus primas?
(por teléfono)	(on the phone)	Sí, las **llamo**.
necesitar	to need	¿**Necesitas** tu cámara? Sí, la **necesito**.

ACTIVIDAD 2   Un viaje

Imagine you are going on a trip to South America. Here are some items.
Which ones do you need to take along?

¿tu tocadiscos?   Sí, lo necesito.
                   (No, no lo necesito.)

1. ¿tu cámara?   3. ¿tu bolso?   5. ¿tus discos?   7. ¿tus libros de español?
2. ¿tu grabadora?   4. ¿tu bicicleta?   6. ¿tus cintas?   8. ¿tu bolígrafo y tu lápiz?

ACTIVIDAD 3   El teléfono

Ask your classmates whether they often call the following people.

tu mejor amigo   Estudiante 1: ¿Llamas por teléfono a tu mejor amigo a menudo?
                  Estudiante 2: Sí, lo llamo a menudo.
                      (No, no lo llamo a menudo.)

1. tu profesor   3. tus amigos   5. tus abuelos   7. tu papá
2. tus primos   4. tu mamá   6. tu doctor   8. tus tíos

ACTIVIDAD 4 El cumpleaños de Carolina

Enrique wants to know whom Carolina is going to invite to her birthday party. She answers him. Play both roles according to the model.

☂ tus primos   Enrique: ¿Vas a invitar a tus primos?
                    Carolina: Sí, voy a invitarlos. Siempre los invito.

1. María
2. Roberto
3. tus abuelos

4. Paco y Marina
5. el profesor de matemáticas
6. las primas de Eduardo

ACTIVIDAD 5 Una buena razón (A good reason)

Federico asks Claudia if she does the following things, but Claudia doesn't like to do anything. Play both roles according to the model.

☂ visitar el museo   Federico: ¿Visitas el museo?
                    Claudia: No, no lo visito.
                    Federico: ¿Por qué no?
                    Claudia: Porque no me gusta visitarlo.

1. hacer las tareas
2. llevar a tu hermana menor al cine
3. leer la revista
4. escuchar las cintas de inglés

5. organizar una fiesta
6. preparar el café
7. ayudar a tu mamá
8. llamar a tus primos

C. Dar

Note the present tense forms of the verb **dar** (to give) in the following sentences.

(yo)	**Doy** muchas fiestas en mi casa.	(nosotros)	**Damos** muchos consejos (advice).
(tú)	¿**Das** muchas fiestas?	(vosotros)	¿**Dais** buenos consejos?
(él) (ella) (Ud.)	¿**Da** Paco fiestas en su casa?	(ellos) (ellas) (Uds.)	**Dan** malos consejos.

☂ **Dar** has regular –ar endings except in the **yo** form: **doy.**

☂ The present participle is regular: ¿Qué están **dando** Uds.?

ACTIVIDAD 6 Consejos (Advice)

Say what type of advice the following people give.

☂ Pedro: buenos   Pedro da buenos consejos.

1. yo: magníficos
2. Esteban: tontos
3. nosotros: buenos
4. Ud.: malos

5. tú: excelentes
6. mis padres: útiles (useful)
7. Uds.: serios
8. la profesora: importantes

D. Los pronombres *le, les*

Note the form and the position of the pronouns in heavy print.

Tengo un amigo en Chile.	**Le** escribo a veces.	*I sometimes write **(to) him.***
Tengo una amiga aquí.	No **le** escribo.	*I don't write **(to) her.***
Tengo dos hermanos.	**Les** presto mis discos.	*I lend **them** my records.*
		*(I lend my records **to them.**)*
Tengo dos primas.	No **les** presto mi radio.	*I don't lend **them** my radio.*
		*(I don't lend my radio **to them.**)*

The pronouns **le** and **les** may refer to either males or females.

The position of the *indirect object pronouns* is the same as that of the direct object pronouns.

Usually the indirect object pronoun comes directly *before* the verb.

When used with an infinitive, the indirect object pronoun usually comes *after* the infinitive and is attached to it. (It may come *before* the first verb.)

¿A Manuel? ¡Claro! Ahora voy a escribir**le.**
(¿A Manuel? ¡Claro! Ahora **le** voy a escribir.)

Le and **les** are used even when the indirect object noun is expressed.

Le presto mi guitarra **a María.** *I am lending my guitar **to María.***
Les escribo **a mis primos.** *I am writing **to my cousins.***

VOCABULARIO PRÁCTICO Verbos que usan objetos indirectos

comprar (algo) a (alguien)
to buy (something) for (someone)

Le **compramos** una cinta a José.

mandar (algo) a (alguien)
to send (something) to (someone)

Les **mando** una carta a mis padres.

prestar (algo) a (alguien)
to lend (something) to (someone)

Le **presto** mi radio a Juanita.

ACTIVIDAD 7 Diálogo: Los problemas

Everyone has little problems. Ask your classmates whether they talk about them with the following people.

tu mejor amigo   Estudiante 1: ¿Le hablas de tus problemas a tu mejor amigo?
                  Estudiante 2: Sí, le hablo de mis problemas.
                           (No, no le hablo de mis problemas.)

1. tu mejor amiga
2. tu papá
3. tu mamá

4. tus hermanos
5. tus profesores
6. tus primos

7. tu abuela
8. tu familia

ACTIVIDAD 8   Diálogo: La correspondencia

Ask your classmates to whom they write when they are away on summer vacation.

🔊 tu mejor amigo   Estudiante 1: ¿Le escribes a tu mejor amigo?
                         Estudiante 2: Sí, le escribo.
                                      (No, no le escribo.)

1. tus padres   4. tus tíos   7. tu primo(a) favorito(a)
2. tus abuelos   5. tus amigos favoritos   8. tu perro
3. tus hermanos   6. tu profesor(a) de español

ACTIVIDAD 9   Regalos de Navidad

Paco is thinking about what to get the following people for Christmas.
Express his thoughts, according to the model.

🔊 María: una cinta   ¿Qué le doy a María? . . . Voy a darle una cinta.

1. mamá: un bolso   4. sus abuelos: unas fotos
2. papá: un libro   5. su hermana menor: un sombrero
3. Pedro: un libro también   6. sus primas: un disco

ACTIVIDAD 10   Preguntas personales

1. ¿Le prestas tu bicicleta a tu hermano? ¿a tu hermana? ¿a tu papá?
2. ¿Les prestas tus discos a tus hermanos? ¿a tus amigos?
3. ¿Qué le vas a dar a tu papá para su cumpleaños? ¿una cámara?
   ¿un reloj? ¿un radio?
4. ¿Te gusta mandar tarjetas de Navidad?
5. ¿Les mandas tarjetas de Navidad a tus amigos? ¿a tus primos? ¿a tus
   abuelos? ¿a tus profesores?

Pronunciación   El sonido de la consonante *l*

Model word: Fe<u>l</u>ipe
Practice words: <u>l</u>e   <u>l</u>es   <u>l</u>o   <u>l</u>as   <u>l</u>eo   <u>l</u>ápiz   <u>l</u>unes
                  abue<u>l</u>a   sa<u>l</u>a   ma<u>l</u>eta   bai<u>l</u>o   miérco<u>l</u>es
                  árbo<u>l</u>   so<u>l</u>   españo<u>l</u>   hote<u>l</u>   abri<u>l</u>   Isabe<u>l</u>
Practice sentences: E<u>l l</u>unes, Manue<u>l</u> va a<u>l</u> Hote<u>l</u> P<u>l</u>aza.
                     E<u>l</u> a<u>l</u>umno hab<u>l</u>a españo<u>l</u>.
                     <u>L</u>e doy a <u>L</u>uisa <u>l</u>a ma<u>l</u>eta.
                     <u>L</u>eo e<u>l l</u>ibro de Isabe<u>l</u>.

The sound of the Spanish l is similar to the sound of the l in the English word "leaf." In pronouncing the Spanish l, only the tip of the tongue touches the upper gum ridge.

Para la comunicación

Expresiones para la conversación

To express admiration, you can use one of the following adjectives with a noun and **tan**:

estupendo	¡Qué chico **tan estupendo**!
fabuloso	¡Qué chica **tan fabulosa**!
magnífico	¡Qué regalo **tan magnífico**!
fantástico	¡Qué profesor **tan fantástico**!

Mini-diálogos

Create new dialogs by replacing the underlined words with the words suggested by the pictures.

Miguel

Marta: ¿Qué compras?
Tomás: Compro un tocadiscos.
Marta: ¿Para quién?
Tomás: Para Miguel.
Marta: ¿Y por qué le compras un tocadiscos?
Tomás: Porque mañana es su cumpleaños.
Marta: ¡Qué regalo tan fabuloso!

tu primo

tu prima

tus hermanas

tu hermano

Manuela

Tú tienes la palabra

With a classmate, prepare a short dialog about a present you are buying for a friend. Use the conversation between Marta and Tomás as a model.

¡Vamos a leer!

La historia de las cosas que comemos

En 1492 (mil cuatrocientos noventa y dos), cuando Cristóbal Colón llega a América, los españoles descubren° no sólo un continente nuevo. También descubren otros pueblos,° otras civilizaciones y ... otros productos. Al mismo tiempo, los españoles introducen en América cosas que se usan° en España.

Los siguientes productos tal vez no son tus favoritos. Pero los comes a veces, ¿verdad?

Ahora, adivina° su origen. ¿De dónde crees que son originalmente:

 1. la piña? ¿De Hawai? ¿de Florida?

 2. el maní? ¿De Georgia? ¿de África?

 3. la papa? ¿De Irlanda? ¿de Francia?

 4. el tomate? ¿De Italia? ¿de California?

 5. la banana? ¿Del Ecuador? ¿de Panamá?

6. el café? ¿Del Brasil? ¿de Colombia?

Éstas° son las respuestas° correctas:

1. Es cierto que casi todas las piñas que venden los supermercados° son de Hawai, pero los cultivadores° originales de las piñas son los indios de Cuba y Puerto Rico.
2. Es cierto que hay una variedad de maní que viene de Georgia, pero los cultivadores originales del maní son los indios de Bolivia, Perú y Ecuador.
3. Es cierto que las papas son muy populares en Irlanda, pero los cultivadores originales de las papas también son los indios de Bolivia, Perú y Ecuador.
4. Es cierto que los italianos preparan una deliciosa salsa° de tomate, pero los cultivadores originales del tomate son los indios de México.
5. Es cierto que el Ecuador es el mayor° productor° de bananas del mundo,° pero las bananas son de origen africano. Llegaron° a América porque los españoles las introdujeron.°
6. Es cierto que el Brasil es el mayor productor de café del mundo, pero el café también es de origen africano. Y también llegó° a América porque los españoles lo introdujeron.

descubren: *discover*

pueblos: *people*

se usan: *are used*

adivina: *guess*

Éstas: *These,* respuestas: *answers*

supermercados: *supermarkets,* cultivadores: *cultivators*

salsa: *sauce*

mayor: *largest,* productor: *producer,* mundo: *world* Llegaron: *They came,* introdujeron: *introduced*

llegó: *it came*

243

El arte de la lectura

Adjetivos de nacionalidad

Adjectives of nationality are derived from the names of countries. These adjectives, however, do not all have the same endings.

The following list of adjectives of nationality covers all the Spanish-speaking countries. Can you match these adjectives with the corresponding countries?

argentino

boliviano

colombiano

costarricense

cubano

chileno

dominicano

ecuatoriano

español

guatemalteco

hondureño

mexicano

nicaragüense

norteamericano

panameño

paraguayo

peruano

puertorriqueño

salvadoreño

uruguayo

venezolano

Now can you match the following adjectives of nationality with their countries?

alemán

australiano

belga

brasileño

canadiense

chino

egipcio

griego

húngaro

indio

irlandés

israelí

japonés

neozelandés

ruso

senegalés

sueco

turco

Comunicando

¿Y ustedes?

Complete the following sentences with an expression that best reflects your personal situation or preferences. Then compare your answers with those of your classmates. You may want to establish a class survey.

Prefiero comer . . .

1 Prefiero comer . . .
- en casa
- en la cafetería del colegio
- en un restaurante italiano
- en un restaurante mexicano
- ¿?

2 Cuando estoy en un restaurante con mis amigos, prefiero comer . . .
- una hamburguesa
- una pizza
- tacos y burritos
- un sándwich de queso
- ¿?

3 Cuando hace mucho calor, prefiero beber . . .
- limonada
- una gaseosa°
- té helado°
- agua°
- ¿?

4 Prefiero leer . . .
- novelas de aventuras
- novelas románticas
- cuentos de ciencia-ficción
- historietas°
- ¿?

5 Cuando voy al cine, prefiero ver . . .
- una comedia
- una película° de aventuras
- una película romántica
- una película de ciencia-ficción
- ¿?

6 Los fines de semana, prefiero . . .
- asistir a un concierto
- ver a mis amigos
- ver una película
- hacer las tareas
- ¿?

---

gaseosa *soft drink*   **té helado** *iced tea*   **agua** *water*   **historietas** *cartoons*   **película** *film*   **245**

7 Prefiero vivir . . .
- en una ciudad grande
- en una ciudad pequeña
- en el campo
- cerca del mar
- ¿?

8 Cuando tengo problemas de dinero, prefiero hablar con . . .
- mi mamá
- mi papá
- mis abuelos
- mis hermanos
- mis amigos

9 Cuando hago las tareas, prefiero estudiar . . .
- en mi cuarto
- en la cocina
- en la sala
- en el jardín
- ¿?

10 El animal doméstico que más me gustaría° tener es . . .
- un perro
- un papagayo
- un mono
- un pájaro
- ¿?

Conversaciones

This activity consists of several conversations between two speakers, A and B. Put these conversations together by matching each of A's questions or comments with an appropriate response from the box. You may act out each conversation with a classmate.

1 **Looking at a photo album**

A: ¿Quién es la señora en la foto?

B: —

A: ¿Dónde vive ella?

B: —

A: ¿Y qué hace?

B: —

Trabaja para una compañía de electrónica.

Es mi tía Teresa.

En Barcelona.

más me gustaría / *would most like*

2 **At the library**

A: ¿A quién le escribes?

B: —

A: ¿Por qué le escribes?

B: —

A: ¿La ves a menudo?

B: —

> No, solamente° durante el verano.
>
> A mi prima Gloria.
>
> La próxima semana es su fiesta de cumpleaños.

3 **At a café**

A: ¿Qué vas a hacer el próximo verano?

B: —

A: ¿Adónde vas?

B: —

A: ¿Comprendes francés?

B: —

A: ¡Qué suerte tienes!

> A Francia. Tengo un primo que vive en París.
>
> Claro, lo estudio en el colegio.
>
> Voy a hacer un viaje.

4 **During lunch**

A: ¿Cuántas hermanas tienes?

B: —

A: Es tu hermana menor, ¿verdad?

B: —

A: ¿Vive ella con Uds.?

B: —

> Solamente una.
>
> No, es estudiante en la universidad de Salamanca.
>
> No, tiene veinte años.

5 **At home**

A: ¿Dónde está tu papá?

B: —

A: ¿Y qué hace?

B: —

A: ¿Es buen mecánico?

B: —

> Está arreglando° su coche.
>
> Está en el garaje
>
> Él cree que sí, pero . . .

solamente *only*   **arreglando** *fixing*

6 **At a friend's house**

A: ¿Quién vive allí?

B: —

A: ¿Vive sola?

B: —

A: Y su esposo, ¿no vive con ellos?

B: —

A: Comprendo.

> ¡No! Están divorciados.
>
> La doctora Montero.
>
> No, ella tiene dos hijos.

7 **After school**

A: Das una fiesta en tu casa el próximo sábado, ¿verdad?

B: —

A: ¡Por supuesto! ¿Dónde vives?

B: —

A: ¿En qué piso?

B: —

A: ¡Nos vemos el sábado!

> En la calle Murillo, número 34.
>
> En el séptimo.
>
> Sí, ¿quieres° venir con tu hermana?

8 **In the evening**

A: ¿Qué haces, Clara?

B: —

A: Claro, pero ¿a quién?

B: —

A: ¡Pero lo ves todos los días! ¿Qué vas a decirle ahora?

B: —

> ¡Que tengo un hermano muy tonto!
>
> Bueno . . . a mi novio.
>
> ¿No ves que estoy llamando a alguien?°

9 **On the phone**

A: ¡Aló, Esteban! ¿Puedo hablar con tu hermana?

B: —

A: ¿Qué hace?

B: —

A: ¿Qué va a darle?

B: —

A: Bueno, la llamo mañana.

B: —

> Está buscando un regalo para su novio. Es su cumpleaños el próximo lunes.
>
> Muy bien.
>
> La última novela de Isabel Allende.
>
> No está aquí. Está en el centro.

quieres *do you want*   **alguien** *somebody*

Situaciones

Imagine you are in the following situations. Choose a partner. Your partner will play the role of the other person in the situation and answer your questions.

1 **A friend has invited you to a party, but you do not know where he/she lives.**

Ask your partner . . .

- on **(en)** which street he/she lives

- if he/she lives in an apartment or a house

- on which floor (if it is an apartment)

- if there is a garden in front of **(enfrente de)** the house (if it is a house)

2 **You are going to spend two weeks in Argentina in the home of your pen pal Guillermo.**

Ask Guillermo (your partner) . . .

- if he lives in a big house

- how many people **(personas)** live in the house

- if he has a dog or a cat

- if he has to help at home

3 **You notice that your partner is writing something.**

Ask your partner . . .

- if he/she is writing a letter (and if so, to whom)

- if he/she often writes to his/her cousins

- if he/she prefers **(prefieres)** phoning or writing

4 **You are working for the Census Bureau and you are interviewing someone.**

Ask your partner . . .

- how many brothers and sisters he/she has

- if he/she has a younger brother

- if he/she has an older sister

- how many people **(personas)** live in his/her house

5 **Your partner's friend Susana has had an accident and is in the hospital for a few days.**

Ask your partner . . .

- if he/she is going to visit Susana

- if he/she is going to send her a card

- what gift he/she is going to bring her

6 **You are a reporter for the magazine *La Juventud* and want to know more about how American teenagers spend their time.**

Ask your partner . . .

- what magazines he/she reads

- if he/she does homework before or after dinner **(antes o después de la cena)**

- what TV programs **(programas de televisión)** he/she is going to see after dinner.

Intercambios

1 You want to get to know your classmates better. Interview 2 or 3 students that you do not know very well and fill in the information on a chart similar to the one below. You may ask the following questions:

- *¿Cuántos años tienes?*
- *¿Dónde vives?*
- *¿Cuántos hermanos tienes?*
- *¿Qué te gusta hacer?*
- *¿Tienes un animal doméstico?*

nombre	edad°	dirección°	hermanos	pasatiempos°	animal doméstico
Esteban	14	Calle Lincoln	3	sacar fotos	perro

2 With the entire class, establish a list of 8 to 10 things that one can do at home after dinner. Then use this list to interview individual classmates. Check off the activities that they usually do in a chart similar to the one below. Can you find 2 people who do the same things?

MODELO   —Pedro, ¿ayudas a tus padres?
—No, generalmente no los ayudo.
—¿Lees el periódico?
—Sí, lo leo.
— . . .

actividades	mis amigos			
	Pedro			
ayudar a sus padres	—			
leer el periódico	√			
leer una novela				
hacer la tarea				
mirar la televisión				
escuchar discos				
darle de comer al perro				

250

edad age   **dirección** address   **pasatiempos** hobbies

3 You have decided to sell some of your belongings (pictured below). Enter into a conversation with a classmate in which you negotiate the sale of these items. For each item, you should prepare a card similar to the one below. On each card, you should indicate:

- *your asking price*
- *your minimum price (below which you will not sell the item)*
- *who bought the item*
- *what price you got*

precio: $25
precio mínimo: $15
¿a quién? a Isabel
¿por cuánto? $20

MODELO — ¿Vendes tu reloj?
— Sí, lo vendo.
— ¿Por cuánto?
— Lo vendo por veinte y cinco dólares.
— Voy a darte doce dólares.
— Muchas gracias, pero por doce dólares no lo vendo.
— ¿Puedo comprarlo por veinte dólares?
— ¡Bueno! Por veinte dólares, lo vendo. Aquí está.

La vida práctica

1 A Christmas card

Marta y Juan Fernández
Avenida San Antonio, Número 77
México, D. F.

Gabriela y Ricardo Monsevalles
Calle Valseguillo, Número 35
Puebla, Puebla

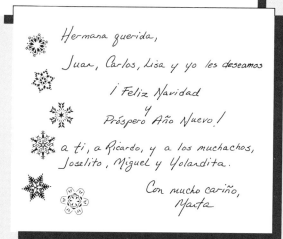

Hermana querida,

Juan, Carlos, Lisa y yo les deseamos

¡ Feliz Navidad
y
Próspero Año Nuevo !

a ti, a Ricardo, y a los muchachos,
Joselito, Miguel y Yolandita.

Con mucho cariño,
Marta

- What is the name of the person who is writing the letter?

- To whom is she writing?

- Why is she writing?

- What is the relationship between Marta Fernández and Gabriela Monsevalles?

- What is the name of Marta's husband?

- What are the names of Marta's children?

- What is the name of Gabriela's husband?

- What are the names of Gabriela's children?

2 A wedding invitation

Alonso Borrero M. y su señora
Eufemia Durán Borrero
invitan a usted al matrimonio de su hija
Nora
con el señor don
Augusto Piedrahita Aristizábal
el próximo 2 de febrero a las 12 m.
en la Iglesia del Perpetuo Socorro
y a la recepción que tendrá lugar en el
Country Club.

Barranquilla, Enero de 1990

- Who is getting married?

- Who are the parents of the bride?

- What day is the wedding?
  At what time?

- Where will the reception take place?

3 **Living in Spain**

Imagine that you and your family are going to spend a year in Spain. You have the opportunity to rent one of the following houses. Read each description and decide which house you would like to rent.

JAVEA (Alicante)

Chalé de 375 metros cuadrados, sobre parcela ajardinada de 4.095 metros cuadrados. Se compone de seis dormitorios y tres baños, amplio salón, terraza, porche, garaje y bodega.
Teléfono (91) 442 17 59.

EL CAMPELLO (Alicante)

Chalé con cuatro dormitorios, dos baños y aseo, estudio con baño, invernadero, garaje, piscina, leñera. Con parcela de 1.200 metros cuadrados con 60 metros al mar.
Teléfono (96) 563 80 80.

NAVALPERAL (Ávila)

Chalé con tres habitaciones, tres cuartos de baño, cocina amueblada, garaje y teléfono. Rodeado de una parcela de 5.000 metros cuadrados.
Teléfonos (91) 256 25 61 y 255 40 41.

- How many bedrooms does it have?

- How many bathrooms?

- How large is the lot (in square meters)?

- What other features does the house have?

- Why did you choose this particular house?

Vamos a escribir

1 Describe 3 relatives or family members who do not live with you. For each person, include the following information:

- *the person's name and age*
- *where he / she lives*
- *if you see him / her often*
- *another interesting detail.*

Mi tío José tiene treinta años. No vive con nosotros. Vive en...

2 You have just gotten a new pen pal, Raúl Ojeda. Write him a short letter introducing yourself. You may want to include the following information:

- Me llamo *(¿cómo?)*
- Vivo *(¿en qué ciudad? ¿en qué tipo de casa?)*
- Asisto *(¿a qué escuela?)*
- Tengo *(¿cuántos hermanos? ¿cuántas hermanas?)*
- Tengo *(¿qué animales domésticos?)*
- Los fines de semana, me gusta *(¿qué?)*

Querido Raúl,

Me llamo...

Cordialmente,

3 You are spending the afternoon with your cousin Jorge. Leave a note for your friend Alicia telling her where she can find you. Include the following information:

- *I am not home.*
- *I am at the home of my cousin Jorge.*
- *He lives at 98 Rivera Street.*
- *He lives on the 5th floor.*

> *Alicia,*
>
> *no estoy...*
>
>
>
> *Tu amigo (a)*

4 Your pen pal Pablo is going to visit you this summer. Write him a note describing your home. You may want to include the following information:

- *where do you live (a house, an apartment)?*
- *how many rooms are there?*
- *how many bathrooms?*
- *is there a garden?*
- *is there a garage?*
- *on which floor is your room?*
- *is it big or small?*
- *in which room do you eat?*
- *in which room do you watch TV?*
- *in which room do you do your homework?*

> *Querido Pablo,*
>
> *Vivimos en una casa bastante grande. Hay...*

Active Vocabulary

FAMILY

(el) abuelo	(el) papá	(la) abuela	(la) mamá
(el) esposo	(el) primo	(la) esposa	(la) prima
(el) hermano (mayor, menor)	(el) tío	(la) hermana (mayor, menor)	(la) tía
(el) hijo (mayor, menor)	(los) padres	(la) hija (mayor, menor)	(la) familia
(el) padre	(los) parientes	(la) madre	

POSSESSION

¿de quién?	mi (mis)	nuestro(s), nuestra(s)
¿de quiénes?	tu (tus)	su (sus)

ANIMALS

(el) gato	(el) pájaro	(el) perro
(el) mono	(el) papagayo	(el) pez

READING

(la) carta	(la) novela
(la) lectura	(la) tarjeta

THE HOUSE

(el) apartamento	(el) baño	(el) cuarto	(el) jardín	(la) cocina	(la) sala
(el) árbol	(el) comedor	(el) garaje	(el) piso	(la) puerta	(la) ventana

ORDINAL NUMBERS

(el) primero	(el) tercero	(el) quinto	(el) séptimo	(el) noveno	(el) próximo
(el) segundo	(el) cuarto	(el) sexto	(el) octavo	(el) décimo	(el) último

ACTIVITIES

ayudar	aprender	creer	asisitir (a)	hacer	dar
mandar	beber	leer	decir	hacer la maleta	
llamar	comer	vender	escribir	hacer la(s) tarea(s)	
	comprender	ver	vivir	hacer un viaje	

EXPRESSIONS OF TIME

a menudo	de vez en cuando	antes	ahora
a veces	siempre	después	

COMMUNICATIVE EXPRESSIONS

¡a ver!	¡caramba!	¡qué...tan estupendo!	¡buena suerte!
¡vamos a ver!	¡dios mío!	¡qué...tan fabuloso!	¡qué suerte!
decir que sí (no)	¡perdón!	¡qué...tan fantástico!	¡qué suerte tienes!
		¡qué...tan magnífico!	

3

DEPORTES DE VERANO

 tenis

 natación

 windsurf

 esquí acuático

 vela

DEPORTES DE INVIERNO

 esquí

 patinaje

 hockey

EL BÉISBOL
es más popular en: México, Puerto Rico, Cuba, Venezuela, La República Dominicana, Nicaragua

Si el fútbol es número uno en Sudamérica y España, el béisbol es rey° en los países del Caribe; el deporte tiene equipos muy populares, especialmente en Venezuela y en la República Dominicana. Hay muchos jugadores° de origen hispánico en las grandes ligas de béisbol en los Estados Unidos.

El mundo° hispánico

mundo *world* deportes *sports* tan . . . como *as . . . as* rey *king* jugadores *players*

EL VOLIBOL
es más popular en: México, Cuba, Colombia, Bolivia

Este deporte y pasatiempo° cada día es más y más popular por todas partes.° Muchos profesores de educación física dicen que es excelente para los jóvenes, especialmente para las chicas. Hay varios grupos profesionales de chicas, pero en muchos barrios y parques, grupos mixtos de muchachos y muchachas lo juegan° simplemente como un pasatiempo.

EL ESQUÍ
es más popular en: Chile, Argentina, España

Cuando la gente en los Estados Unidos habla del esquí, habla de Colorado, de Vermont, de los Alpes y del Japón. Pero en Sudamérica, las montañas de los Andes son fantásticas para este deporte. Los grandes centros de esquí como Las Leñas (Argentina) y Portillo (Chile) atraen° a miles° de esquiadores° cada año. En España, los Pirineos y la Sierra Nevada son regiones muy populares para el esquí.

y los deportes°

En los países hispánicos los deportes son tan populares como° en los Estados Unidos, pero hay una gran variedad de deportes en diferentes países.

EL CICLISMO
es más popular en: Venezuela, México, Uruguay, Colombia, Chile, Costa Rica, Guatemala, Cuba

Éste es un deporte que tiene millones de aficionados en España y en América Latina. En España el evento principal es la «Vuelta». Es una carrera° de ciclismo que dura° dos o tres semanas durante el verano. Los competidores cruzan° ríos° y montañas con buen tiempo o con mal tiempo. La llegada° de los ciclistas es un evento nacional. También hay una «Vuelta» muy famosa en Colombia.

pasatiempo *pastime* **por todas partes** *everywhere* **juegan** *play* **atraen** *attract* **miles** *thousands*
esquiadores *skiers* **carrera** *race* **dura** *lasts* **cruzan** *cross* **ríos** *rivers* **llegada** *arrival*

EL FÚTBOL°
es más popular en: España, México, Chile, Uruguay, Argentina

Es el deporte° número uno en Sudamérica. En muchas ciudades grandes y pequeñas hay equipos° de fútbol y cada equipo tiene muchísimos aficionados.° Los partidos° nacionales tienen gran importancia en cada país, pero el gran evento es la Copa Mundial,° cada cuatro años. En 1990, la Copa Mundial se jugó° en Italia. El equipo argentino, campeón en 1978 y en 1986, perdió contra° el equipo de la República Federal de Alemania° en una emocionante° final.

EL JAI ALAI
es más popular en: España, México, Cuba, Venezuela

Es un juego° de origen vasco° que quiere decir° «fiesta alegre». Es uno de los deportes más peligrosos° y rápidos; la pelota° viaja a velocidades de más de doscientos kilómetros por hora; por eso las canchas° tienen tres paredes° de catorce metros de altura° y son de cemento sólido. Hoy los mejores° jugadores de jai alai vienen a los Estados Unidos a jugar en las canchas de Florida y de Connecticut.

fútbol *soccer* **deporte** *sport* **equipos** *teams* **aficionados** *fans* **partidos** *matches* **Copa Mundial** *World Cup* **se jugó** *was played* **perdió contra** *lost to* **Alemania** *Germany* **emocionante** *exciting* **juego** *game* **vasco** *Basque* **quiere decir** *means* **peligrosos** *dangerous* **pelota** *ball* **canchas** *courts* **paredes** *walls* **altura** *height* **mejores** *best*

LA CORRIDA DE TOROS
es más popular en: España, México, Colombia, Perú

Unos dicen que es un arte y otros dicen que es un deporte. Unos dicen que es un acto de barbarie° y otros que es un acto simbólico en que se oponen° la fuerza° bruta de un animal con la valentía° y la gracia del hombre. Se practica esta actividad en España, México, Colombia y a veces en el Perú y Guatemala.

EL TENIS
es más popular en: Argentina, México, Perú, Chile

El tenis se juega° hoy más que antes en el mundo hispánico. La popularidad de este° deporte es debida° en gran parte al notable éxito° de tenistas hispánicos. Todos conocen a jugadores° como Martín Jaite y Gabriela Sabatini (Argentina), Andrés Gómez (Ecuador) y Emilio Sánchez (España). Hoy estos campeones° se distinguen° en los principales torneos° internacionales, siguiendo las huellas° de tenistas como Pancho González (México) y Pancho Segura (Ecuador), campeones de la generación anterior.°

barbarie *savagery* **se oponen** *are opposed* **fuerza** *force* **valentía** *courage* **se juega** *is played*
este *this* **debida** *due* **éxito** *success* **jugadores** *players* **campeones** *champions*
se distinguen *distinguish themselves* **torneos** *tournaments*
siguiendo las huellas *following in the footsteps* **anterior** *previous*

261

¿QUÉ SABES DEL FÚTBOL?

¿Cuál es el deporte que llena° más estadios en el mundo, que tiene más jugadores profesionales y aficionados y que paga° más dinero a los equipos profesionales?

¡El fútbol! . . . y el fútbol es rey en los países hispánicos. En los Estados Unidos este deporte es cada día más popular. ¿Qué sabes tú del fútbol? Vamos a ver . . .

sí no

- 1. Un equipo de fútbol tiene once jugadores.
- 2. La duración de un partido es de dos partes de cuarenta y cinco minutos cada una.
- 3. Para° ser buen jugador es necesario ser alto.
- 4. El juego consiste en hacer entrar° la pelota en la portería° del equipo contrario.
- 5. Los jugadores toman la pelota con las manos.°
- 6. El fútbol es un deporte de origen hispánico.
- 7. Un gol vale° dos puntos.
- 8. En el fútbol los jugadores usan cascos.°
- 9. En general, un campo de fútbol es más grande que° un campo de fútbol americano.
- 10. En los Estados Unidos hay equipos profesionales de fútbol.

llena *fills* **paga** *pays* **Para** *In order* **hacer entrar** *making enter* **portería** *goal area*
manos *hands* **vale** *is worth* **cascos** *helmets* **más grande que** *bigger than*

262

EL FÚTBOL

EL VOCABULARIO

campo	field
línea	line
puerta, portería	goal

camiseta

pelota, balón

botines

calzoneta

rodilleras

medias

canilleras

campo de fútbol

línea de puerta

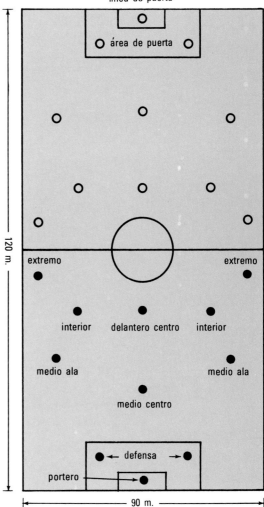

área de puerta

120 m.

90 m.

extremo   extremo

interior   delantero centro   interior

medio ala   medio ala

medio centro

defensa

portero

las posiciones

pies *feet*   **portero** *goalie*   **parar** *stop*   **263**

GOLF
Severiano Ballesteros
España

Severiano Ballesteros, de origen español, es uno de los mejores° jugadores de golf en el mundo. ¿Cómo empezó° su interés en el golf? Cuando era° niño, Seve aprendió° como jugar al golf con palos° y piedrecitas° que encontraba° en la playa de Pedreña, su pueblo natal.°

A los dieciséis años, Seve se hizo° profesional. Ahora Seve ha obtenido° el título de campeón por todo el mundo.° ¡Y todo empezó con los juegos de un niño!

NATACIÓN

Gabriela Gaja
México

Gabriela Gaja es una nadadora° mexicana. A la edad° de quince años, ella participó° en los Juegos Panamericanos de Indianápolis. Desde entonces,° Gaby ha participado° en muchas competencias internacionales y ha ganado° muchas medallas. Ella nada aproximadamente 14 kilómetros todos los días. Su pasatiempo° favorito es coleccionar° billetes y monedas° de diferentes países. Su deseo:° ¡ganar una medalla en los próximos° Juegos Olímpicos!

JUEGOS SOBRE SILLAS DE RUEDAS

Cecilia Vázquez
México

Cecilia es una niña minusválida° que depende de una silla de ruedas.° Su esfuerzo,° dedicación, energía y actitud positiva le traen° la admiración y el respeto de muchísimas personas. A la edad de ocho años, ella participó en los XIV (catorce) Juegos Sobre Sillas de Ruedas en la Ciudad de México. Cecilia fue° la estrella° de los Juegos: ¡ganó° ocho medallas!

mejores *best* **empezó** *did . . . begin* **era** *he was* **aprendió** *learned* **palos** *sticks* **piedrecitas** *small stones* **que encontraba** *that he found* **pueblo natal** *hometown* **se hizo** *became* **ha obtenido** *has obtained* **por todo el mundo** *throughout the world* **nadadora** *swimmer* **edad** *age* **participó** *participated* **Desde entonces** *Since then* **ha participado** *has participated* **ha ganado** *has won* **pasatiempo** *pastime* **coleccionar** *collect* **monedas** *coins* **deseo** *wish* **próximos** *next* **minusválida** *handicapped* **silla de ruedas** *wheelchair* **esfuerzo** *effort* **le traen** *bring her* **fue** *was* **estrella** *star* **ganó** *she won*

FÚTBOL
Diego Maradona
Argentina

En el mundo de fútbol,° Diego Armando Maradona es «El Rey».° En 1986, él fue la superestrella° del Campeonato Mundial de Fútbol en México, en que su equipo, el equipo nacional argentino, ganó la copa.

Diego es de tamaño° pequeño. Sin embargo,° cuando está en el campo° de fútbol, es un jugador° formidable. ¿Por qué? Porque es un jugador sumamente° rápido.° ¡Es el jugador más rápido del mundo! ¡Y también es el más famoso!

TENIS
Gabriela Sabatini
Argentina

A los seis años, Gabriela empezó° a jugar al tenis. A los dieciséis años fue° la participante más joven en los juegos semifinales de Wimbledon. Hoy compite con éxito° contra las mejores jugadoras de tenis. En 1990, Gabriela venció° a Steffi Graf, la número uno del tenis mundial, para convertirse en° campeona del U.S. Open. Gabriela se dedica únicamente° al tenis. Trabaja mucho para mantenerse en forma y le pone mucha atención a su dieta, pero admite que tiene una debilidad:° ¡le encanta el helado!° También le gusta jugar juegos electrónicos y escuchar música moderna.

BÉISBOL
George Bell
República Dominicana

El talentoso beisbolista juega con el equipo Blue Jays de Toronto. En 1987, la Asociación de Escritores de Béisbol en América lo nombró° el Jugador Más Valioso° de la Liga° Americana. Es el primer dominicano en recibir° este premio.° Bell, en solamente° cinco temporadas° con los Blue Jays, bateó° 139 jonrones.° También fue elegido° para jugar en el Juego de las Estrellas° y recibió el premio «Silver Slugger». En la República Dominicana, es más que una estrella de béisbol. ¡Es un héroe nacional!

empezó *began* fue *she was* con éxito *successfully* venció *defeated* convertirse en *become* únicamente *solely* debilidad *weakness* helado *ice cream* fútbol *soccer* El Rey *The King* partido *game, match* tamaño pequeño *small size* sin embargo *nonetheless* deporte *sport* quien más se teme *who is most feared* campo *field* lo nombró *named him* Jugador Más Valioso *Most Valuable Player* Liga *League* en recibir *to receive* premio *award* solamente *only* temporadas *seasons* bateó *hit* jonrones *home runs* elegido *elected* Juego de las Estrellas *All-Star Game*

Los deportes y tu personalidad

Nuestra preferencia por cierto° deporte dice mucho de nuestra personalidad.
Por ejemplo, un deporte de equipo°—el fútbol, el básquetbol, el volibol—atrae°
a personas que prefieren formar parte de un grupo. Un deporte individual—el
correr,° el tenis, el esquí—atrae a personas que prefieren realizar° un objetivo
personal. ¿Qué deportes practicas tú? ¿Cuál es tu deporte favorito? . . .
Primero decide qué tipo de persona eres; después ve° cuál es tu deporte.

SI TÚ ERES . . .	TU DEPORTE ES . . .	PORQUE . . .
• independiente y enérgico(a)	el correr	En las carreras tú compites contigo mismo.°
• inteligente y perseverante	el tenis	Juegas al tenis para ganar, y para ganar necesitas tener buenas tácticas.
• sociable	el ciclismo, la natación,° el esquí	El objetivo de estos deportes no es sólo ganar° sino° también hacer ejercicio con otra gente.
• agresivo(a)	el fútbol	Tienes que pegarle° a la pelota, pero ¡primero tienes que llegar a ella!
• seguro(a) de ti mismo°	el básquetbol	No puedes esperar; tienes que saber° qué hacer con la pelota.
• perfeccionista	el volibol	Éste es un deporte que requiere disciplina y precisión.

cierto *a certain*   **equipo** *team*   **atrae** *appeals*   **correr** *running*   **realizar** *to attain*   **ve** *see*
contigo mismo *with yourself*   **natación** *swimming*   **ganar** *to win*   **sino** *but*   **pegarle** *kick*
seguro de ti mismo *sure of yourself*   **saber** *know*

El radio deportivo°

Tú estás solo en un desierto . . .
Tienes sólo un radio transistor.
Enciendes° el radio y . . . ¡caramba! ¡Una transmisión en español! ¡El radio está completamente loco!° En cada estación sólo habla de deportes. Tu única° posibilidad de pasar el tiempo es adivinar° qué deporte corresponde a las siguientes palabras:

1. Y ahora Gutiérrez toma la pelota, corre° en zig-zag y . . . Goooooooooooooool, Goooooooooooooool de la Argentina . . . Dos del Uruguay, tres de la Argentina . . .

2. Santos lanza° . . . González conecta° una línea que se va . . . se va . . . se va . . . ¡y se fue!° ¡Jonrón para los Piratas!

3. Estamos en el último juego° del torneo° de dobles femeninos. Juanita Torres sirve una pelota° rapidísima . . . ¡Otro incojible!° ¡Cuarenta / quince!

4. Corona se aproxima° al final de las veinte y seis millas. Sólo le restan unas veinte yardas . . . ¡Llega el primero en dos horas ocho minutos y diez segundos! ¡Un nuevo record mundial!

5. El piloto Carlos Perea toma mal la curva: sólo hay humo° en la pista° . . . ¡Accidente en la pista! . . . ¡Una ambulancia, una ambulancia! . . .

6. Carmen Rey está a ocho bajo par, pero tiene un put difícil a quince pies del hoyo° diez y ocho. Prepara el golpe.° La pelota rueda° . . . se acerca° . . . ¡cae° en el hoyo! ¡Rey es la campeona!

RESPUESTAS: 1. fútbol 2. béisbol 3. tenis 4. maratón 5. carrera° de autos 6. golf

Actividades culturales

Actividades para cada estudiante

1. *Make a list of ten baseball players with Hispanic names in the American and the National League. (Sources: newspapers, sports magazines)*
2. *List the Hispanic medal winners in the last four Summer Olympic Games. (Source: almanac)*

Actividades para la clase

1. *Look in newspapers and magazines for articles about Hispanic sports figures, and prepare a display.*
2. *Prepare a display that compares* el fútbol *and* el fútbol americano. *Indicate field size, team size, equipment, and scoring.*

deportivo *of sports*   **Enciendes** *You turn on*   **loco** *crazy*   **única** *only*   **adivinar** *guess*   **corre** *runs*
lanza *pitches*   **conecta** *hits*   **¡y se fue!** *and it's gone!*   **juego** *game*   **torneo** *tournament*
pelota *ball*   **incojible** *ace*   **se aproxima** *nears*   **humo** *smoke*   **pista** *track*   **hoyo** *hole*   **golpe** *shot*
rueda *rolls*   **se acerca** *approaches*   **cae** *falls*   **carrera** *race*

APPENDICES

- Appendix 1   Numbers
- Appendix 2   Verbs

VOCABULARIES

- Spanish-English Vocabulary
- *Comunicando: La vida práctica* Spanish-English Vocabulary
- English-Spanish Vocabulary

INDEX

APPENDIX 1 Numbers

A. Cardinal numbers

0	cero	16	diez y seis (dieciséis)	90	noventa
1	uno (un)	17	diez y siete (diecisiete)	100	cien (ciento)
2	dos	18	diez y ocho (dieciocho)	101	ciento uno(a)
3	tres	19	diez y nueve (diecinueve)	102	ciento dos
4	cuatro	20	veinte	200	doscientos
5	cinco	21	veinte y uno (veintiuno)	201	doscientos uno
6	seis	22	veinte y dos (veintidós)	300	trescientos
7	siete	23	veinte y tres (veintitrés)	400	cuatrocientos
8	ocho	30	treinta	500	quinientos
9	nueve	31	treinta y uno	600	seiscientos
10	diez	40	cuarenta	700	setecientos
11	once	41	cuarenta y uno	800	ochocientos
12	doce	50	cincuenta	900	novecientos
13	trece	60	sesenta	1.000	mil
14	catorce	70	setenta	2.000	dos mil
15	quince	80	ochenta	1.000.000	un millón (de)

NOTE:
1. **Uno** becomes **un** before a masculine noun: **treinta y un** chicos
   una before a feminine noun: **treinta y una** chicas
2. **Cien** is used alone, before nouns, and before **mil**: **cien** dólares, **cien** mil dólares
3. **Ciento** is used before numbers under 100: **ciento** veinte
4. The hundreds from two to nine hundred agree with the nouns they introduce: **doscientas** pesetas

B. Ordinal numbers

1°	primero(a)	4°	cuarto(a)	7°	séptimo(a)	10°	décimo(a)
2°	segundo(a)	5°	quinto(a)	8°	octavo(a)		
3°	tercero(a)	6°	sexto(a)	9°	noveno(a)		

NOTE:
1. **Primero** becomes **primer** before a masculine singular noun: **el primer** libro
2. **Tercero** becomes **tercer** before a masculine singular noun: **el tercer** papel

APPENDIX 2 Verbs

A. Regular verbs

	PRESENT		PRETERITE	
hablar	hablo	hablamos	hablé	hablamos
(to talk, to speak)	hablas	habláis	hablaste	hablasteis
	habla	hablan	habló	hablaron
comer	como	comemos	comí	comimos
(to eat)	comes	coméis	comiste	comisteis
	come	comen	comió	comieron
vivir	vivo	vivimos	viví	vivimos
(to live)	vives	vivís	viviste	vivisteis
	vive	viven	vivió	vivieron

PRESENT PARTICIPLE OF REGULAR VERBS	FAMILIAR COMMAND FORMS OF REGULAR VERBS
hablar: hablando	hablar: habla, no hables
comer: comiendo	comer: come, no comas
vivir: viviendo	vivir: vive, no vivas

B. Stem-changing verbs

The endings of stem-changing verbs are regular.

Present

The stem change affects the **yo, tú, él** and **ellos** forms of the present.

e → ie			verbs conjugated like **pensar:**
pensar	pienso	pensamos	atender *(to take care of, to wait on)*
(to think)	piensas	pensáis	divertirse *(to enjoy oneself, to have fun)*
	piensa	piensan	empezar *(to start, to begin)*
			entender *(to understand)*
			merendar *(to snack)*
			perder *(to lose)*
			preferir *(to prefer)*
			sentarse *(to sit, to sit down)*
			sentir(se) *(to feel)*

o → ue			verbs conjugated like **contar:**
contar	cuento	contamos	acostarse *(to go to bed)*
(to count, to	cuentas	contáis	costar *(to cost)*
tell, to relate)	cuenta	cuentan	dormir *(to sleep)*
			encontrar *(to meet)*
			recordar *(to remember)*
			volver *(to come back)*

u → ue		
jugar	juego	jugamos
(to play)	juegas	jugáis
	juega	juegan

e → i			verbs conjugated like **pedir:**
pedir	pido	pedimos	servir *(to serve)*
(to ask for,	pides	pedís	vestirse *(to dress oneself,*
to request)	pide	piden	*to get dressed)*

Preterite

Verbs in –**ar** and –**er** which have a stem change in the present do not have a stem change in the preterite.

pensar →	pensé, pensaste, pensó, pensamos, pensasteis, pensaron
perder →	perdí, perdiste, perdió, perdimos, perdisteis, perdieron
contar →	conté, contaste, contó, contamos, contasteis, contaron
volver →	volví, volviste, volvió, volvimos, volvisteis, volvieron

Verbs in –**ir** which have a stem change in the present also have a stem change in the **él** and **ellos** forms of the preterite.

e → i
sentir → sentí, sentiste, sintió, sentimos, sentisteis, sintieron
o → u
dormir → dormí, dormiste, durmió, dormimos, dormisteis, durmieron

C. Irregular forms

Certain verbs have one or several irregular forms.

	PRESENT		PRETERITE	
caer	**caigo**	caemos	caí	caímos
(to fall)	caes	caéis	**caíste**	**caísteis**
	cae	caen	**cayó**	**cayeron**
conducir	**conduzco**	conducimos	**conduje**	**condujimos**
(to drive)	conduces	conducís	**condujiste**	**condujisteis**
	conduce	conducen	**condujo**	**condujeron**
like **conducir**: **traducir** *(to translate)*				
conocer	**conozco**	conocemos	conocí	conocimos
(to know)	conoces	conocéis	conociste	conocisteis
	conoce	conocen	conoció	conocieron
like **conocer**: **obedecer** *(to obey)*, **ofrecer**: *(to offer)*				
dar	**doy**	damos	**di**	**dimos**
(to give)	das	dais	**diste**	**disteis**
	da	dan	**dio**	**dieron**
decir	**digo**	decimos	**dije**	**dijimos**
(to say, to tell)	**dices**	decís	**dijiste**	**dijisteis**
	dice	**dicen**	**dijo**	**dijeron**
estar	**estoy**	estamos	**estuve**	**estuvimos**
(to be)	**estás**	estáis	**estuviste**	**estuvisteis**
	está	**están**	**estuvo**	**estuvieron**
hacer	**hago**	hacemos	**hice**	**hicimos**
(to do, to make)	haces	hacéis	**hiciste**	**hicisteis**
	hace	hacen	**hizo**	**hicieron**

ir (to go)	voy	vamos	fui	fuimos
	vas	vais	fuiste	fuisteis
	va	van	fue	fueron

oír (to hear)	oigo	oímos	oí	oímos
	oyes	oís	oíste	oísteis
	oye	oyen	oyó	oyeron

poder (to be able)	puedo	podemos	pude	pudimos
	puedes	podéis	pudiste	pudisteis
	puede	pueden	pudo	pudieron

poner (to place, to put)	pongo	ponemos	puse	pusimos
	pones	ponéis	pusiste	pusisteis
	pone	ponen	puso	pusieron

querer (to want, to like)	quiero	queremos	quise	quisimos
	quieres	queréis	quisiste	quisisteis
	quiere	quieren	quiso	quisieron

saber (to know)	sé	sabemos	supe	supimos
	sabes	sabéis	supiste	supisteis
	sabe	saben	supo	supieron

salir (to leave, to go out)	salgo	salimos	salí	salimos
	sales	salís	saliste	salisteis
	sale	salen	salió	salieron

ser (to be)	soy	somos	fui	fuimos
	eres	sois	fuiste	fuisteis
	es	son	fue	fueron

tener (to have)	tengo	tenemos	tuve	tuvimos
	tienes	tenéis	tuviste	tuvisteis
	tiene	tienen	tuvo	tuvieron

traer (to bring)	traigo	traemos	traje	trajimos
	traes	traéis	trajiste	trajisteis
	trae	traen	trajo	trajeron

venir (to come)	vengo	venimos	vine	vinimos
	vienes	venís	viniste	vinisteis
	viene	vienen	vino	vinieron

ver (to see)	veo	vemos	vi	vimos
	ves	veis	viste	visteis
	ve	ven	vio	vieron

274

SPANISH-ENGLISH VOCABULARY

The Spanish-English Vocabulary lists the words and expressions in BIENVENIDOS. This includes words and expressions in the lessons, in the *¡Vamos a leer!* sections, and in the *Vistas* (except for specialized vocabulary glossed where it occurs). Active vocabulary—that is, the words and expressions that students are expected to know—is followed by the number of the Unit/Lesson in which the item is taught. The number **(2.1)**, for example, refers to Unit 2, Lesson 1. The masculine and feminine forms of nouns referring to persons are listed together if the English word is the same for both (**un compañero, una compañera,** companion). If the English word is different (**un tío,** uncle; **una tía,** aunt), the words are listed separately. Adjectives are listed in the masculine singular form. Irregular feminine or plural forms are given in parentheses. Verbs are listed in the infinitive form. Some irregular or unfamiliar verb forms are listed separately. Verbs with irregular forms are preceded by an asterisk (*). For the conjugation of these verbs, see Appendix 2. Irregular compound verbs are also preceded by an asterisk. For these, refer to their root forms in Appendix 2.

The following abbreviations are used:

adj.	adjective	*obj.*	object
adv.	adverb	*part.*	participle
conj.	conjunction	*pl.*	plural
dir.	direct	*prep.*	preposition
f.	feminine	*pres.*	present
fam.	familiar	*pron.*	pronoun
inf.	infinitive	*rel.*	relative
m.	masculine	*sing.*	singular

a

a *not translated when used before a personal dir. obj.* **(4.1)**
a at **(1.4);** to **(2.1)**
  a casa home **(4.2)**
  a la casa de ... to ...'s (house) **(4.2)**
  a la edad de at the age of
  a la escuela to school
  a la una at one o'clock **(1.4)**
  a las (dos) at (two) o'clock **(1.4)**
  a menudo often **(5.1)**
  a pie on foot **(4.4)**
  ¿a qué hora? at what time? **(1.4)**
  ¿a quién(es)? whom? *(personal dir. obj.)* **(4.1);** to whom? **(5.1)**
  a veces sometimes **(5.1)**
  a ver let's see **(5.1)**
una a *the letter* a
un abrazo hug
abril April **(1.5)**
abrir: en abrir in opening
una abuela grandmother **(5.2)**
un abuelo grandfather **(5.2)**
  los abuelos grandparents
aburrido boring **(3.2)**
un accidente accident
un acento accent, accent mark
la acentuación stress(ing), accentuation
aceptar to accept
una actividad activity
activo active
un acto act
adelantado early, ahead
además in addition, moreover, besides
¡adiós! goodby! so long! **(1.2)**
adivinar to guess
un adjetivo adjective
  los adjetivos numerales ordinales ordinal number adjectives
¿adónde? where? (to where?) **(4.2)**
un aduanero, una aduanera customs officer
un adulto, una adulta adult
un aeropuerto airport
aficionado a fond of
un aficionado, una aficionada fan *(enthusiast)*
afirmativo affirmative
afortunadamente fortunately
África Africa
africano African *(also noun)*
una agencia agency
  una agencia de viajes travel agency

275

agosto August **(1.5)**
agresivo aggressive
¡ah! ah! oh!
ahora now **(2.1)**
al (a + el) to the, at the, the
(*with personal dir. obj.
noun*) **(4.1)**
  al mismo tiempo at the
  same time
ala: el medio ala halfback
(*soccer*)
alegre happy **(4.3)**
alemán (*f.* **alemana**) German
(*also noun*)
el alemán German (*language*)
Alemania Germany
un alfabeto alphabet
algo something
alguien someone, somebody
alguno some, any (*pl.* some,
a few)
una alpaca alpaca (*South
American animal related to
the llama*)
los Alpes the Alps
alto tall **(3.2)**
**altura: (catorce) metros de
altura** (fourteen) meters
high
un alumno, una alumna
student, pupil **(3.1)**
allí there **(4.2)**
amable kind, friendly
  ser amable con to be kind to
una ambición (*pl.* **ambiciones**)
ambition
ambicioso ambitious
el ambiente atmosphere
una ambulancia ambulance
América America (*North or
South America*)
  la América Latina Latin
  America
americano American (*from
North or South America;
also noun*)
un amigo, una amiga
friend **(3.1)**
analizar to analyze
**ancho: (dos) metros de
ancho** (two) meters wide
los Andes Andes (*mountain
system extending for 4000
miles along western coast of
South America*)

un animal animal
  un animal doméstico pet
antes before (*time*) **(5.1)**
antipático unpleasant **(3.2)**
la antropología anthropology
un año year **(1.5)**
  ¿cuántos años tiene ...?
  how old is ...?
  ¿cuántos años tienes?
  how old are you?
  de (diez) años
  (ten)-year-old
  tener (*number*) **años** to be
  (*number*) years old **(3.4)**
  **(un muchacho) de (16) a
  (18) años** (a boy) (16) to
  (18) years old
un apartamento apartment **(5.3)**
  un edificio de apartamentos
  apartment building
  viviendo en apartamentos
  apartment living
apreciar to appreciate
aprender to learn **(5.1)**
el aprendizaje apprenticeship
aproximado approximate,
close
  aproximado a close to
  aproximado *adv.*
  approximately
aquí here **(1.1)**
  aquí tiene (Ud.) here is,
  here are, here you are
un árbol tree **(5.3)**
el área (*f.*) area
  el área de puerta goal
  area (*soccer*)
la Argentina Argentina
argentino Argentinean (*also
noun*)
árido arid, dry
un armadillo armadillo (*South
American animal with an
armorlike covering*)
**un arquitecto, una
arquitecta** architect
el arte art
un artículo article
un artista, una artista artist
  un artista de cine movie
  star
artístico artistic
así so, thus, this way, like
this (that)
  así, así so-so **(1.2)**

así es que thus, so (it is
that)
asiático Asian
un asiento seat
una asignatura subject, course
(*in school*)
asistir a to attend, go
to **(5.1)**
un aspecto aspect, appearance
una aspiración (*pl.* **aspiraciones**)
aspiration, ambition
un asunto topic, subject, matter
**Atlántico: el Océano
Atlántico** Atlantic Ocean
un atleta, una atleta athlete
el atletismo athletics
atraen: se atraen (they)
attract
atrasado late, behind
australiano Australian (*also
noun*)
un auto automobile, car
un autobús (*pl.* **autobuses**)
bus **(4.4)**
una avenida avenue
un avión (*pl.* **aviones**)
airplane **(4.4)**
¡ay! oh, no!
ayudar to help **(5.4)**
azteca Aztec (*of the Aztec
Indians of Mexico*)

b

un bachiller high school
graduate (*college bound*)
un bachillerato (clásico) high
school (*college preparatory*)
diploma
bailar to dance **(2.2)**
bajo short **(3.2)**; low, lower
  la planta baja ground
  floor, first floor (*USA*)
bajo (*prep.*) below **(1.6)**
una banana banana
un banco bank
un banjo banjo
un baño bathroom **(5.3)**
barato inexpensive **(3.3)**
una barba beard
la barbarie savagery
un barco boat, ship **(4.4)**

un **barril** barrel

un **barrio** neighborhood
(**4.2**)

una **base** base (*baseball*)

el **básquetbol** basketball
(*game*)

el básquetbol masculino
(**femenino**) men's
(women's) basketball

bastante rather, quite (+
adj.), enough (+ *noun*)
(**3.2**)

una **be** *the letter* b

beber to drink (**5.1**)

el **béisbol** baseball (*game*)

un partido de
béisbol baseball game

belga (*m. and f.*) Belgian (*also noun*)

la **belleza** beauty

un salón de belleza
beauty salon

una **bicicleta** bicycle (**3.3**)

en bicicleta by (on a)
bicycle

una carrera de
bicicletas bicycle race

bien well, fine (**2.1**)

bien, gracias fine,
thanks (**1.2**)

muy bien, ¿y tú? very
well (fine), and
you? (**1.2**)

¡bienvenido! welcome!

bilingüe bilingual

la **biología** biology

blanco white

una **boa** boa constrictor (*large South American snake*)

una **bola** ball

un **bolígrafo** (ball-point) pen
(**3.3**)

el **bolívar** the bolivar (*monetary unit of Venezuela*)

Bolivia Bolivia

boliviano Bolivian (*also noun*)

un **bolso** bag (**3.3**)

bonito nice-looking (*m. and f.*), pretty (*f.*) (**3.2**)

un **boxeador** boxer

el **boxeo** boxing

el **Brasil** Brazil

brasileño Brazilian (*also noun*)

brillante brilliant, bright

bruto brute

buen good (*used for* **bueno**
before m. sing. noun) (**3.2**)

hace buen tiempo the
weather's nice (**1.6**)

bueno good (**3.2**)

¡buena suerte! good
luck! (**5.1**)

buenas noches good
evening, good night (**1.2**)

buenas tardes good
afternoon (**1.2**)

bueno ... well ... (**3.1**)

¡bueno! all right! (**3.1**);
O.K.! great!

buenos días good
morning (**1.2**)

¡qué bueno! great (**1.6**)

un **burrito** burrito (*Mexican dish*)

un **bus** bus (*Colombia*)

busca look for (*command*)

buscar to look for (**4.1**)

C

un **caballo** horse

las carreras de caballos
horse racing

cabeza: un juego de cabeza
header (*soccer*)

una **cabra** goat

cada each, every (**4.4**)

cada uno, cada una each
one, every one

caer: dejar caer to drop

el **café** coffee

un **café** cafe (**4.2**)

una **cafetería** cafeteria

calor: hace (mucho)
calor it's (very) warm
(hot) (*weather*) (**1.6**)

una **calle** street (**4.2**)

una **cámara** camera (**3.3**)

una **camarera** waitress

un **camarero** waiter

cambiar to change

cambiar de opinión to
change one's mind

un **camión** (*pl.* **camiones**) bus
(*Mexico*)

un **campeón** (*pl.* **campeones**),
una **campeona** champion

un **campeonato** championship

el **campo** country(side) (**4.2**);
field

un campo de fútbol
soccer field

el **Canadá** Canada

canadiense Canadian (*also noun*)

un **canario** canary

una **cancha** court (*sports*)

cansado tired (**4.3**)

cantar to sing (**2.1**)

una **capital** capital

una **cara** face

una **característica** characteristic

¡caramba! wow! hey!
what! (**5.3**); oh, no!

una **carga** charge (*soccer*)

el **Caribe** the Caribbean

caro expensive (**3.3**)

una **carrera** race

las carreras de autos
auto racing

las carreras de caballos
horse racing

una carrera de bicicletas
bicycle race

una carrera de ciclismo
bicycle race

un **carro** car (*Puerto Rico, Mexico*), railroad car

una **carta** letter (**5.1**)

una **casa** house, home (**4.2**)

a casa home (**4.2**)

a la casa de ... to ...'s
(house) (**4.2**)

en casa at home (**4.2**)

en casa de ... at ...'s
(house) (**4.2**)

mi casa es su casa make
yourself at home

una casa individual
private (single-family)
home

casado married

un **casco** helmet

casi almost (**4.4**)

un **caso** case

una **cassette** cassette (**3.3**)

el **castellano** Castilian, Spanish
(*language*)

Castilla Castile

una **catedral** cathedral

una **categoría** category
catorce fourteen (1.3)
una **ce** *the letter* c
celebran: se celebran (they) are held
celebrar to celebrate
el **cemento** cement, concrete
centígrado centigrade
un **centímetro** centimeter (*1/100 of a meter*)
el **centro** downtown (4.2); center (*soccer*)
el **delantero centro** center forward (*soccer*)
el **medio centro** center halfback (*soccer*)
(estar) en el centro (to be) downtown
(ir) al centro (to go) downtown
cerca (de) near, close (to) (4.2)
cero zero (1.3)
el **ciclismo** bicycling, bicycle racing (*sport*)
una **carrera de ciclismo** bicycle race
un **ciclista, una ciclista** cyclist
cien (ciento) a (one) hundred (1.3)
una **ciencia** science
la **ciencia-ficción** science fiction
las **ciencias físico-químicas** physics and chemistry
las **ciencias (naturales)** (natural) science
un **cuento de ciencia-ficción** science-fiction story
ciento *see* **cien**
por ciento percent
cierto certain, sure, true, a certain
¿cierto? really? are you sure? (4.3)
es cierto que it's true that
un **cigarro** cigar
cinco five (1.3)
cincuenta fifty (1.3)
el **cine** movie theater (4.2); movie(s)
un **artista de cine** movie star
una **cinta** cassette (tape) (*recording*) (3.3)

una **cita** date (*appointment*) (1.4)
una **ciudad** city (4.2)
la **ciudad natal** hometown
una **civilización** (*pl.* **civilizaciones**) civilization
la **claridad** clarity
con (mucha) claridad (very) clearly
claro clear
claro *adv.* clearly, of course
¡claro! of course! (2.2)
¡claro que no! of course not! (2.2)
una **clase** class, classroom
en clase in class
en la clase in the classroom
en la clase de (español) in (Spanish) class
un **compañero (una compañera) de clase** classmate
un **día de clases** day in school
una **clase de (español)** (Spanish) class
clásico classical
un **bachillerato clásico** high school (*college preparatory*) diploma
un **cliente, una cliente** customer
el **clima** weather, climate
un **club** club
una **cocina** kitchen (5.3)
un **cocodrilo** crocodile
un **coche** car (3.3)
en coche by (in a) car
una **colección** (*pl.* **colecciones**) collection
un **colegio** secondary school (high school, junior high school, middle school)
Colombia Colombia
colombiano Colombian (*also noun*)
color: un pez de color goldfish
una **comedia** comedy
una **comedia musical** musical comedy
un **comedor** dining room (5.3)
comenzó a (she) began to
comer to eat (5.1)

comercial commercial
una **escuela comercial** business school
cómicas: las historietas cómicas comics, comic strips
una **comida** meal
como like, as (2.1)
como (mecánico) as a (mechanic)
¿cómo? how? (2.3) what? (4.1)
¿cómo es ...? what is ... like? (3.2)
¿cómo está usted? how are you (*formal*)? (1.2)
¿cómo estás? how are you (*fam.*)? (1.2)
¿cómo se llama? what's his (her) name? what is he (she) called? (3.1)
¿cómo se llaman? what are their names? what are they called? (3.1)
¿cómo te llamas? what's your name? (1.1)
¡cómo!: ¡cómo no! of course! (2.2)
un **compañero, una compañera** companion
un **compañero (una compañera) de clase** classmate
una **compañía** company
comparar to compare
comparativo comparative
un **competidor, una competidora** competitor
compiten (they) compete
compites (you) compete
completamente completely
una **composición** (*pl.* **composiciones**) composition
una **compra** purchase (*pl.* purchases, shopping)
ir de compras to go shopping
comprar to buy (4.1)
comprender to understand (5.1)
la **comprensión** understanding, comprehension
común (*pl.* **comunes**) common
comunicar to communicate

con with (2.1)
  con mucho gusto with
    pleasure (1.3)
  conmigo with me (2.4)
  contigo with you
    (fam.) (2.4)
concentra: se concentra
  (they) are concentrated
un concierto concert
un cóndor condor *(very large
  bird of the Andes)*
confortable comfortable
conmigo with me (2.4)
un consejero, una consejera
  counselor
  **un consejero (una
    consejera) vocacional**
    vocational counselor
consejos: los consejos
  advice
consistir en to consist in
una consonante consonant
un consultor, una consultora
  consultant
el contacto contact
  mantener contacto to
    maintain contact, keep in
    touch
el contenido contents
contento happy,
  content (4.3)
contestar to answer
contigo with you
  (fam.) (2.4)
  contigo mismo with
    yourself *(fam.)*
un continente continent
una contracción *(pl.*
  contracciones) contraction
contrario opposite, opposing
una convención *(pl.*
  convenciones) convention
una conversación
  (pl. **conversaciones)**
  conversation
una copa cup *(trophy)*
  la Copa Mundial World
    Cup
un corazón *(pl.* **corazones)** heart
  el Sagrado Corazón
    Sacred Heart
correcto correct, right
correr to run
  correr en zigzag to run
    zigzag

el correr running
la correspondencia
  correspondence *(exchange of
  letters)*, letters, mail
  tener correspondencia to
    correspond *(exchange
    letters)*
corresponder to correspond
una corrida bullfight
  la corrida de toros
    bullfighting
una cosa thing (3.3)
una costa coast
Costa Rica Costa Rica
costarricense Costa Rican
  (also noun)
creer to believe, think (5.1)
  ver para creer seeing is
    believing
  creo que . . . I think
    that . . . (4.4)
un crimen *(pl.* **crímenes)** crime
Cristóbal Colón Christopher
  Columbus
criticado criticized
criticar to criticize
un crucigrama crossword puzzle
una cruz *(pl.* **cruces)** cross
cruzar to cross
una cu *the letter* q
un cuaderno notebook (3.3)
cuadrado square
¿cuál? what?
  **¿cuál es la fecha de hoy
    (mañana)?** what is
    today's (tomorrow's)
    date? (1.5)
  ¿cuál es la temperatura?
    what is the temperature?
    (1.6)
  ¿cuáles? which? (which
    ones?)
una cualidad quality
cuando when (2.3)
  de vez en cuando once in
    a while (5.1)
¿cuándo? when? (2.3)
¿cuánto(s)? how much? *(pl.*
  how many?) (3.3)
  ¿cuánto cuesta . . .? how
    much does . . . cost?
  ¿cuánto es? how much is
    it (that)? (1.3)
  ¿cuántos años tiene . . .?
    how old is . . .?

  ¿cuántos años tienes?
    how old are you?
cuarenta forty (1.3)
cuarto fourth (5.3)
un cuarto quarter (1.4);
  bedroom (5.3)
  **(son las dos) menos
    cuarto** (it's) quarter to
    (two) (1.4)
  **(son las dos) y
    cuarto** (it's) quarter
    after (two) (1.4)
cuatro four (1.3)
cuatrocientos four hundred
Cuba Cuba (3.4)
cubano Cuban *(also
  noun)* (3.4)
cubierto covered
  cubierto de covered with
un cuento story (5.1)
  un cuento de ciencia-ficción
    science-fiction story
un cuerpo body
  el Cuerpo de Paz Peace
    Corps
cuesta: ¿cuánto cuesta . . .?
  how much does . . . cost?
un cultivador, una cultivadora
  cultivator, grower
una cultura culture
cultural cultural
un cumpleaños birthday (1.5)
la curiosidad curiosity
curioso curious
una curva curve
el Cuzco Cuzco *(former imperial
  capital of the Incas, in Peru)*

ch

una chacra farm *(Argentina)*
una che *the letter* ch
una chica girl (3.1)
un chico boy (3.1)
Chile Chile
un chile chili pepper *(red pepper
  used as a very hot
  seasoning)*
chileno Chilean *(also noun)*

una chinchilla chinchilla *(small South American animal valued for its fur)*
chino Chinese *(also noun)*
un chiste joke
el chocolate hot chocolate
un chuteo shot *(at goal, in soccer)*

d

*****dar** to give **(5.4)**
de of, from **(2.1);** about **(4.2);** in, than
  de buen humor in a good mood
  de compras shopping
  de (diez) años (ten)-year-old
  ¿de dónde? from where? (where . . . from?) **(3.4)**
  ¿de dónde eres? where are you from?
  de él (ella, Ud., ellos, etc.) his (her, your *[formal]*, their, etc.)
  de habla española Spanish-speaking
  de la mañana in the morning, a.m. **(1.4)**
  de la noche in the evening, at night, p.m. **(1.4)**
  de la tarde in the afternoon, p.m. **(1.4)**
  de mal humor in a bad mood
  de nada you're welcome **(1.3)**
  de (Olivia) (Olivia)'s
  de paseo walking down the street
  ¿de quién es? whose is it?
  ¿de quién(es)? whose? **(5.1)**
  de repente suddenly
  de una manera (diferente) in a (different) way
  ¿de veras? really? **(1.5)**

¡de veras! really! truly!
  de vez en cuando once in a while **(5.1)**
  de viaje on a trip
  de vuelta going back
  más de *(number)* more than
una de *the letter* d
decide decide *(command)*
decidir to decide
un decímetro decimeter *(1/10 of a meter)*
décimo tenth **(5.3)**
*****decir** to say, to tell **(5.3)**
  decir que sí (no) to say yes (no) **(5.3)**
  quiere decir (it) means
dedicado a devoted to
un defecto fault, defect
el defensa fullback *(soccer)*
definido definite
dejar caer to drop
del (de + el) of the, from the, about the **(4.1)**
delgado thin **(3.2)**
el delantero centro center forward *(soccer)*
delicioso delicious
demasiado too (+ *adj.*) **(3.2)**
un dentista, una dentista dentist
depender to depend
  depende it (that) depends
un deporte sport
  la página de los deportes sports page
  un deporte de equipo team sport
deportista athletic, active in sports
deportivo sports
una descripción *(pl.* **descripciones)** description
descubierto discovered
descubrir to discover
desear to want, wish, desire **(2.3)**
un deseo wish, desire
un desierto desert
después later **(5.1);** then, next
  después de after
determinado determined
detrás de behind

D.F. *abbreviation of* **Distrito Federal,** Federal District *see* **México**
un día day **(1.5)**
  buenos días good morning **(1.2)**
  hoy día today, nowadays
  el Día de la Madre Mother's Day
  el día de mi santo my saint's day
  el día de San Juan Saint John's Day *(June 24)*
  el día del santo saint's day, name day
  ¿qué día es hoy (mañana)? what day is it today (tomorrow)? **(1.5)**
  todos los días every day
  un día one day, someday
  un día de clases day in school
  un día de fiesta holiday
un diagrama chart, diagram
un diálogo dialog
un diario diary
el dibujo drawing *(art)*
un diccionario dictionary
  ¿dices . . .? do you say . . .?
diciembre December **(1.5)**
diez ten **(1.3)**
diez y nueve nineteen **(1.3)**
diez y ocho eighteen **(1.3)**
diez y seis sixteen **(1.3)**
diez y siete seventeen **(1.3)**
una diferencia difference
diferente different
difícil difficult, hard
digas: ¡no me digas! you don't say! **(4.3)**
dinámico dynamic, energetic
el dinero money
¡Dios mío! gosh! **(5.3)**
un diptongo diphthong *(in Spanish, a gliding sound produced when unaccented* **i** *or* **u** *comes next to* **a, e** *or* **o** *and the two vowels are pronounced together rapidly)*
directo direct
un director, una directora principal *(school)*, director
la disciplina discipline
disciplinado disciplined

un **disco** record
(*phonograph*) **(2.1)**
una **discoteca** discotheque
disgusta: me disgusta
I (really) dislike
la **distancia** distance
una **diversión** (*pl.* **diversiones**)
pastime, leisure activity
divertido amusing,
fun **(3.2)**; festive,
entertaining
es muy divertido he's
(she's, it's) a lot of fun
**dobles: un torneo de dobles
femenino** women's doubles
tournament (*tennis*)
doble ve *the letter* w
doce twelve **(1.3)**
un **doctor, una doctora** doctor
**Dolores: Nuestra Señora de
los Dolores** Our Lady of
the Sorrows
**doméstico: un animal
doméstico** pet
la **dominación** domination, rule
dominar to dominate
domingo Sunday **(1.5)**
el domingo on Sunday
los domingos on Sundays
dominicano Dominican (*from
the Dominican Republic;
also noun*)
donde where **(2.3)**; in
which, on which
¿dónde? where? **(2.3)**
¿adónde? where? (to
where?) **(4.2)**
¿de dónde? from where?
(where . . . from?) **(3.4)**
¿de dónde eres? where are
you from?
dos two **(1.3)**
a las (dos) at (two)
o'clock **(1.4)**
son las (dos) it's (two)
o'clock **(1.4)**
doscientos two hundred
Dr., Dra. *abbreviation of*
doctor, doctora
un **drama** play, drama
el **driblar** dribbling (*soccer*)
la **duración** duration
durante during
durar to last

e

e and (*used for* **y** *before
words beginning with* **i** *or* **hi**)
una **e** *the letter* e
la **economía** economics
económico economic
el **Ecuador** Ecuador
ecuatoriano Ecuadorian
la **edad** age
a la edad de at the age of
un **edificio** building
**un edificio de
apartamentos** apartment
building
la **educación** education
una **efe** *the letter* f
egipcio Egyptian (*also noun*)
egoísta selfish
¡eh! hey!
un **ejercicio** exercise
hacer ejercicio to exercise
el (*pl.* **los**) the (*m.*) **(3.1)**
el (dos) de (mayo) the
(second) of (May) **(1.5)**
el sábado (domingo) on
Saturday (Sunday)
él he **(2.2)**; him (*after
prep.*) **(2.4)**
una **ele** *the letter* l
eléctrico electric
elegante elegant
un **elemento** element
El Salvador El Salvador
ella she **(2.2)**; her (*after
prep.*) **(2.4)**
ellas they (*f.*) **(2.2)**; them (*f.;
after prep.*) **(2.4)**
una **elle** *the letter* ll
ellos they (*m.*) **(2.2)**; them
(*m.; after prep.*) **(2.4)**
la **emancipación** emancipation
una **eme** *the letter* m
emparentado related
en in **(2.1)**; at **(4.2)**; on, of
**en avión (barco, tren,
autobús, auto o coche,
bicicleta)** by plane
(boat, train, bus, car,
bicycle) **(4.4)**
en casa at home **(4.2)**
en casa de . . . at . . .'s
(house) **(4.2)**

en clase in class
en general in general,
generally
en la clase in the classroom
en total in all, altogether
encantado enchanted
enciendes (you) turn on (*the
radio*)
una **ene** *the letter* n
un **enemigo, una
enemiga** enemy
enérgico energetic
enero January **(1.5)**
enfermo sick, ill **(4.3)**
enseñar to teach **(4.1)**; to
show, point out **(4.1)**
entonces so, then, therefore
entonces . . . well,
then . . . **(3.4)**
entrar (en) to enter, go into
entre between, among
una **eñe** *the letter* ñ
un **equipo** team
un deporte de equipo
team sport
un equipo de (fútbol)
(soccer) team
una **equis** *the letter* x
una **ere** *the letter* r
eres you are **(3.1)**
¿eres de . . .? are you
from . . .? **(1.1)**
una **erre** *the trilled* r (rr) *sound*
un **error** mistake, error
es (he, she, it) is, (you,
formal) are **(3.1)**
es de . . . he's (she's)
from . . . **(1.1)**
¿es de . . .? is he (she)
from . . .? **(1.1)**
**es el (doce) de
(octubre)** it's the
(twelfth) of (October), it's
(October 12) **(1.5)**
es la una it's one
o'clock **(1.4)**
es (sábado) it's
(Saturday) **(1.5)**
escolar school
un año escolar school
year
escribir to write **(5.1)**
escuchar to listen (to) **(2.1)**
¡escucha! listen!

una escuela school **(4.2)**
 la cafetería de la escuela the school cafeteria
 una escuela comercial business school
 una escuela primaria elementary school
 una escuela secundaria secondary school
 una escuela técnica technical school
una ese *the letter* s
eso that
 por eso therefore, that's why **(2.4)**
el espacio space
los espaguetis spaghetti
España Spain **(3.4)**
español *(f. española)* Spanish *(also noun)* **(3.4)**
el español Spanish *(language)*
 (una clase) de español Spanish (class)
especial special
especializado specialized
especialmente especially
esperar to hope **(2.3)**; to wait for **(4.1)**; to wait
espléndido splendid
una esposa wife **(5.2)**
un esposo husband **(5.2)**
el esquí skiing
esta this *(f.)*
ésta this *(f.)*
está: está nublado it's cloudy **(1.6)**
estable stable, firm
una estación *(pl.* **estaciones)** season **(1.6)**; station
 una estación de servicio service station, gas station
un estadio stadium
un estado state
los Estados Unidos United States **(3.4)**
 *estar** to be, be located **(4.2)**
 estar de vacaciones to be on vacation
 estar *(pres. tense)* + *pres. part.* to be . . .ing
estas these *(f.)*
éstas these *(f.)*
este this *(m.)*
éste this *(m.)*

el este east
esto this
estos these *(m.)*
éstos these *(m.)*
una estrella star
estricto strict
una estructura structure
un estudiante, una estudiante student **(3.1)**
estudiar to study **(2.1)**
un estudio studio, study
 los estudios studies
 un estudio de televisión television (TV) studio
 un período de estudio study period
estupendo stupendous, terrific **(5.4)**
 ¡qué (chico) tan estupendo! what a terrific (boy)! **(5.4)**
un evento event
exactamente exactly
exacto exact, right
un examen *(pl.* **exámenes)** test, exam
 un examen de (inglés) (English) test
excedió (he) surpassed
excelente excellent
excepcional exceptional
excepto except
exclusivamente exclusively
el éxito success
una explicación *(pl.* **explicaciones)** explanation
explicar to explain
expresar to express
una expresión *(pl.* **expresiones)** expression
extraordinario extraordinary
el extremo wing *(soccer)*

f

fabuloso fabulous **(5.4)**
 ¡qué (chica) tan fabulosa! what a fabulous (girl)! **(5.4)**
fácil easy
falso false
una familia family **(5.2)**
familiar family

famoso famous
¡fantástico! great! **(2.1)**
 ¡qué (profesor) tan fantástico! what a fantastic (teacher)! **(5.4)**
un farmacéutico, una farmacéutica pharmacist, druggist
favor: por favor please **(1.3)**
favorito favorite
febrero February **(1.5)**
la fecha date *(on the calendar)* **(1.5)**
 ¿cuál es la fecha de hoy (mañana)? what is today's (tomorrow's) date? **(1.5)**
feliz *(pl.* **felices)** happy
 Feliz Navidad Merry Christmas
femenino feminine, women's
fenomenal terrific, phenomenal
feo ugly, plain **(3.2)**
un ferrocarril railroad
 la línea del ferrocarril railroad tracks
la ficción fiction
 la ciencia-ficción science fiction
una fiesta party, festival
 un día de fiesta holiday
el fin end
 los fines de semana on (the) weekends
 un fin de semana weekend **(1.5)**
un finalista, una finalista finalist *(sports)*
finalmente finally
una finca farm
la física physics
físico physical
un flamenco flamingo *(large South American wading bird)*
Florida: la Pascua Florida Easter
la Florida Florida
una forma form, shape
 formar: formar parte de to be (a) part of
la formalidad formality

una fortaleza fortress
una foto photo, picture **(3.3)**
   sacar fotos to take
     pictures **(4.1)**
un fotógrafo, una
   fotógrafa photographer
francés (f. **francesa**) French
   (also noun) **(3.4)**
el francés French (language)
Francia France
una frase sentence, phrase
la frecuencia frequency
   con (mucha) frecuencia
     (very) frequently, (very)
     often
frecuente frequent
el frío cold
   hace frío it's cold
     (weather) **(1.6)**
fue (it) was
fueron (they) were
la fuerza force
el fútbol soccer
el futuro future
   el futuro próximo near
     future
futuro future

g

una galaxia galaxy
   La guerra de las galaxias
     Star Wars
una galería gallery
una gallina hen
un gallo rooster
   ganador (f. **ganadora**)
     winning
     el país ganador winning
       country
un ganador, una ganadora
   winner
ganar to earn **(2.2)**; to gain,
   to win
   (el) ganar winning
ganó (he) won
ganas: tener ganas de + *inf.*
   to feel like . . . ing **(3.4)**

un garaje garage **(5.3)**
   la venta en el garaje (de
     Luisa) (Luisa's) garage
     sale
una gasolinera gas station
   (Mexico, Spain)
gastar to spend
un gato cat **(5.2)**
una ge the letter g
un gemelo, una gemela twin
general general
   en general in general,
     generally
generalmente generally
la generosidad generosity
generoso generous
la gente people **(3.1)**
la geografía geography
un gobierno government
un gol goal (sports)
el golf golf
   gordo fat, chubby **(3.2)**
una grabadora cassette (tape)
   recorder **(3.3)**
la gracia grace
   gracias thank you, thanks
     (1.3)
    bien, gracias fine, thanks
     (1.2)
    muchas gracias thank
     you **(1.3)**
un grado degree **(1.6)**; grade
   (year in school)
   gran great (used for **grande**
    before sing. noun) **(3.3)**
   grande big, large **(3.3)**;
    great
    (la ciudad) más grande
     biggest (city)
    uno de los grandes one of
     the greats
   grandísimo very big (large)
   gratis free (of charge)
   gregario sociable, gregarious
   griega: i griega the letter y
   griego Greek (also noun)
la gripe flu
un grupo group
una guagua bus (Puerto Rico,
   Cuba)
   guapo handsome (m.),
    good-looking (m. and f.)
    (3.2)
Guatemala Guatemala

guatemalteco Guatemalan
   (also noun)
¡guau! bowwow!
una guerra war
un guía, una guía guide
   (person)
una guitarra guitar
   la música de guitarra
     guitar music
un guitarrista, una guitarrista
   guitarist
gusta: me gusta más
   I prefer
   ¿me gustan las
    matemáticas? do I like
    math?
   (no) me gusta I (don't)
    like **(2.4)**
   (no) te gusta you (don't)
    like
   ¿(no) te gusta? do you
    (don't you) like **(2.4)**
   ¿te gusta más? do you
    prefer?
gusto: con mucho gusto
   with pleasure **(1.3)**

h

Habana: La Habana
   Havana (capital of Cuba)
   la Pequeña Habana
     Little Havana
un habitante, una
   habitante inhabitant
un hábito habit
habla: de habla española
   Spanish-speaking
hablar to speak **(2.1)**
   hablar con to speak with,
    talk to
   hablar de to talk about
    (4.1)
   hablar (español) bien,
    hablar bien el (español)
    to speak (Spanish) well
hablo: yo hablo I speak
***hacer** to do, to make **(5.2)**

hace buen (mal) tiempo the weather's nice (bad) **(1.6)**

hace (calor, mucho calor, frío, sol, viento) it's (warm (hot), very warm (very hot), cold, sunny, windy) *(weather)* **(1.6)**

hacer ejercicio to exercise

hacer entrar to make *(something)* enter

hacer la maleta to pack a suitcase **(5.2)**

hacer la tarea to do the assignment **(5.2)**

hacer las tareas to do (the) homework **(5.2)**

hacer un viaje to go on a trip **(5.2)**

la práctica hace al maestro practice makes perfect

¿qué tiempo hace? what's the weather like? **(1.6)**

tener (mucho) que hacer to have (a lot) to do

una hache *the letter* h

una hamburguesa hamburger

un hámster hamster

hasta until

hasta la vista so long **(1.2)**

hasta luego see you later **(1.2)**

Hawai Hawaii

hay there is, there are **(3.1)**

no hay there is (are) no **(3.3)**

no hay de qué you're welcome **(1.3)**

¿qué hay . . .? What is there . . .? **(3.3)**

una heladería ice cream parlor

la herencia heritage

una hermana sister **(5.2)**

una hermanita little sister

un hermano brother **(5.2)**

los hermanos brother(s) and sister(s)

una hija daughter **(5.2)**

un hijo son **(5.2)**

los hijos children, son(s) and daughter(s)

un hipódromo racetrack *(horses)*

hispánico Hispanic

hispano Hispanic *(also noun)*

los hispanos Hispanic people

Hispanoamérica Spanish America

hispanoamericano Spanish-American *(also noun)*

hispanohablante Spanish-speaking

un hispanohablante, una hispanohablante Spanish speaker

la historia history

histórico historical

historietas: las historietas cómicas comics, comic strips

hizo: (she) did

el hockey hockey

¡hola! hi! hello! **(1.2)**

un hombre man **(3.1)**

Honduras Honduras

hondureño Honduran *(also noun)*

una hora hour, time **(1.4)**

¿a qué hora? at what time? **(1.4)**

por hora per hour

¿qué hora es? what time is it? **(1.4)**

un horario schedule

un horario de clases class schedule

el horóscopo horoscope

horror: ¡qué horror! how horrible! how awful!

un hospicio orphanage

un hospital hospital

un hotel hotel **(4.2)**

hoy today **(1.5)**

hoy día today, nowadays

hoy es el (dos) de (mayo) today is the (second) of (May), today is (May 2) **(1.5)**

hoy no not today

¿qué día es hoy? what day is it today? **(1.5)**

el humo smoke

el humor mood

(estar) de buen (mal) humor (to be) in a good (bad) mood

húngaro Hungarian *(also noun)*

---

i

una i *the letter* i

una i griega *the letter* y

ibérico Iberian

la Península Ibérica the Iberian Peninsula (Spain and Portugal)

una idea idea

ideal ideal

idealista idealistic

idéntico identical

un idioma language

una iglesia church **(4.2)**

una iguana iguana *(large South American lizard)*

la imaginación imagination

imperial imperial

la importancia importance

importante important

importa: no importa it (that) doesn't matter

imposible impossible

lo imposible the impossible

un inca, una inca Inca *(an Indian of the group of peoples that ruled Peru before the Spanish conquest)*

incluye (he, she) includes

incluyen (they) include

indefinido indefinite

la independencia independence

independiente independent

indicar to indicate

indiferente indifferent

indio Indian *(also noun)*

indirecto indirect

individual individual

una casa individual private (single-family) home

la individualidad individuality

individualista individualistic

un infinitivo infinitive

una influencia influence

la información information

la informalidad informality

un ingeniero, una ingeniera engineer

Inglaterra England

inglés (*f.* inglesa) English
(*also noun*) **(3.4)**
el inglés English (*language*)
(una clase) de inglés
English (class)
inicial initial (at the
beginning of a word)
una institución (*pl.* **instituciones**)
institution
un instituto secondary school
(high school, junior high
school, middle school)
intelectual intellectual
inteligente intelligent **(3.2)**
intercambiar to exchange
un intercambio exchange
un programa de
intercambio (de
estudiantes) (student)
exchange program
interesante interesting **(3.2)**
el interior inside (*soccer*)
internacional international
una interpretación (*pl.*
interpretaciones)
interpretation
un intérprete, una intérprete
interpreter
interrogativo interrogative
(*asking a question*)
introdujeron (they)
introduced
el invierno winter **(1.6)**
las Olimpíadas de Invierno
Winter Olympics
una invitación (*pl.* **invitaciones**)
invitation
invitar to invite **(4.1)**
***ir** to go **(4.2)**
ir a + *inf.* to be going
to **(4.2)**; to go to
ir a la escuela to go to
school
ir a pie to go on foot,
walk **(4.4)**
ir al centro to go
downtown
ir de compras to go
shopping
ir en avión (barco, tren,
autobús, auto o coche,
bicicleta) to go by
plane (boat, train, bus,
car, bicycle) **(4.4)**

Irlanda Ireland
irlandés (*f.* **irlandesa**) Irish
(*also noun*)
una isla island
la «Isla Encantada»
Enchanted Isle (=*Puerto*
Rico)
israelí Israeli (*also noun*)
Italia Italy
italiano Italian
el italiano Italian (*language*)

un jaguar jaguar (*large South*
American cat similar to a
leopard)
el jai alai jai alai (*extremely*
fast court game originating
among the Basques of
Spain)
el Japón Japan
el japonés Japanese (*language*)
un jardín (*pl.* **jardines**)
garden **(5.3)**
el jazz jazz
un jefe, una jefa boss
un jinete jockey
una jota *the letter* j
un joven young man **(3.1)**
los jóvenes young people
una joven young woman **(3.1)**
juegan (they) play
juegas (you) play
un juego game, play
los Juegos Olímpicos
Olympic Games
los Juegos Panamericanos
Pan-American Games
un juego de cabeza
header (*soccer*)
jueves Thursday **(1.5)**
un jugador, una
jugadora player
jugar to play
jugar al (tenis) to play
(tennis)
julio July **(1.5)**
junio June **(1.5)**
juntos together
justo fair, just
la juventud youth (*young*
people)

una ka *the letter* k
un kilogramo kilogram (*1000*
grams, or 2.2 pounds)
un kilómetro kilometer (*1000*
meters)

la (*pl.* **las**) the (*f.*) **(3.1)**
la *obj. pron.* her, it (*f.*) **(4.4)**
un laboratorio laboratory
un laboratorio de lenguas
language laboratory
Láctea: la Vía Láctea Milky
Way (*galaxy containing the*
solar system)
un lápiz (*pl.* **lápices**) pencil **(3.3)**
largo: (doscientos) metros de
largo (two hundred)
meters long
las the (*f. pl.*) **(3.3)**
con las manos with his
(their) hands
las *obj. pron.* them (*f.*) **(4.4)**
lástima: ¡qué lástima! too
bad! **(2.1)**
latino Latin American (*also*
noun)
la América Latina Latin
America
Latinoamérica Latin
America
latinoamericano Latin
American (*also noun*)
le to (for) him, to (for) her **(5.4)**
una lección (*pl.* **lecciones**) lesson
la lectura reading **(5.1)**
un ejercicio de lectura
reading exercise
leer to read **(5.1)**
legendario legendary
lejos (de) far (from) **(4.2)**
una lengua language
un laboratorio de
lenguas language
laboratory
les to (for) them **(5.4)**
la libertad liberty, freedom
un libertador, una libertadora
liberator

Libra Libra *(zodiac sign)*
una **librería** bookstore
un **libro** book **(3.3)**
    un libro de (castellano)
      (Spanish) book
un **liceo** secondary school (high
    school, junior high school,
    middle school)
un **líder, una líder** leader
una **liga** league
    las grandes ligas major
      leagues *(baseball)*
ligero: el peso ligero
    lightweight *(boxing)*
una **limonada** lemonade
una **línea** line
    la línea de puerta goal
      line *(soccer)*
    la línea del ferrocarril
      railroad tracks
Lisboa Lisbon *(capital of
    Portugal)*
la **literatura** literature
lo the *etc.*
    lo imposible the impossible
    lo mismo the same (thing)
    lo que what, that which
    lo *obj. pron.* him, it *(m.)* **(4.4)**
loco crazy
Londres London
la **longitud** length
los the *(m. pl.)* **(3.3)**
    los sábados (domingos)
      on Saturdays (Sundays)
    usan los pies they use
      their feet
    los *obj. pron.* them **(4.4)**
luego: hasta luego see you
    later **(1.2)**
un **lugar** place **(4.2)**
lunes Monday **(1.5)**

ll

una **llama** llama *(South American
    animal related to the camel)*
llamar to call **(5.4)**
    llamar por teléfono to
      call on the phone **(5.4)**
    llama: se llama his (her)
      name is, (it) is called
    llaman: se llaman their
      names are

llamas: ¿cómo te llamas?
    what's your name? **(1.1)**
    si te llamas if your name
      is
llamo: me llamo my name
    is **(1.1)**
una **llegada** arrival
llegar to arrive **(4.1)**
    llegar a + *noun or pron.* to
      reach, get to
llegaron (they) came
llegó (it) came
llenar to fill
lleva: se lleva (he) wins
llevar to take *(someone or
    something),* carry
    (something) **(4.1)**
llueve it's raining **(1.6)**

m

una **madre** mother **(5.2)**
    el Día de la Madre
      Mother's Day
un **maestro, una maestra**
    teacher **(3.1)**; master
    **la práctica hace al
      maestro** practice makes
      perfect
magnífico terrific, great,
    magnificent **(5.4)**
    **¡qué (regalo) tan
      magnífico!** what a
      great (gift)! **(5.4)**
el **maíz** corn, maize
mal bad *(used for **malo**
    before m. sing. noun)* **(3.2)**
    hace mal tiempo the
      weather's bad **(1.6)**
mal *adv.* bad **(1.2)**; badly,
    poorly **(2.1)**
    muy mal very bad,
      terrible **(1.2)**
una **maleta** suitcase
    hacer la maleta to pack a
      suitcase **(5.2)**
malo bad **(3.2)**
    ¡qué malo! that's bad! **(1.6)**
la **mamá** mother **(5.2)**
mandar to send **(5.4)**
una **manera** manner, way
    de una manera (diferente)
      in a (different) way

un **maní** *(pl.* **maníes** *or* **manises)**
    peanut
una **mano** hand
    con las manos with his
      (their) hands
    *****mantener** to maintain, keep
    mantener contacto to
      maintain contact, keep in
      touch
mañana tomorrow **(1.5)**
una **mañana** morning
    de la mañana in the
      morning, a.m. **(1.4)**
un **mapa** map
el **mar** sea **(4.2)**
maravilloso marvelous
marcar to score *(sports)*
martes Tuesday **(1.5)**
marzo March **(1.5)**
más more, most **(4.4)**
    **(los deportes) más
      peligrosos y rápidos**
      fastest and most
      dangerous *(sports)*
    más de *(number)* more
      than
    más grande bigger, biggest
    más que more (better)
      than
masculino masculine, men's
un **match** match *(sports)*
las **matemáticas** math
    (una clase) de matemáticas
      math (class)
el **matrimonio** marriage,
    matrimony
máximo maximum
mayo May **(1.5)**
    el cinco de mayo the
      Fifth of May *(Mexican
      national holiday)*
mayor older **(5.2)**; elderly,
    largest
    una hermana mayor
      older sister, big sister
la **mayoría** majority
    la mayoría de the
      majority of, most (of)
me me, to me, (to) myself
    me disgusta I (really) dislike
    me llamo my name is
      (1.1)
    (no) me gusta I (don't)
      like **(2.4)**

la **mecánica**   mechanics
mecánico   mechanical
un **mecánico, una mecánica**
   mechanic
una **medalla**   medal
   la **medalla de oro**   gold
      medal
media: (es la una) y media
   (it's one) thirty, (it's) half
   past (one)   **(1.4)**
medial   medial (in the middle
   of a word, between vowels)
un **médico, una médica**   doctor,
   physician
una **medida**   measure, measurement
medio   half, middle
medio: el medio ala   halfback
   (soccer)
   el **medio centro**   center
      halfback *(soccer)*
   el **peso medio**
      middleweight *(boxing)*
mejor   better, best
mejorar   to improve
un **melón** *(pl.* **melones)**   melon
menor   younger   **(5.2)**
   una **hermana menor**
      younger sister, little sister
menos   minus, to *(telling*
   time)   **(1.4);** less
   menos, no   no less
   (son las dos) menos cinco
      (it's) five to (two)   **(1.4)**
una **mentira**   lie
menudo: a menudo
   often   **(5.1)**
un **mercado**   market, marketplace
un **mes**   month   **(1.5)**
métrico   metric
   el **sistema métrico**
      metric system
un **metro**   meter *(unit of*
   measurement)
mexicano   Mexican *(also*
   noun)   **(3.4)**
   mexicano-americano
      Mexican-American *(also*
      noun)
México   Mexico   **(3.4)**
   la **ciudad de México**
      Mexico City
   México, D.F. = México,
   Distrito Federal
      Mexico, Federal District

mi, mis   my   **(5.2)**
mí   me *(after prep.)*   **(2.4)**
un **miembro**   member
miércoles   Wednesday   **(1.5)**
mil   a (one) thousand
   mil cuatrocientos noventa
   y dos   1492 *(date)*
   mil ochocientos once
      1811 *(date)*
un **milímetro**   millimeter *(1/1000*
   of a meter)
una **milla**   mile
un **millón** *(pl.* **millones)**   million
   un **millón de (personas)**
      a (one) million (people)
un **mini-diálogo**   mini-dialog
mínimo   minimum
un **minuto**   minute
mío: ¡Dios mío!   gosh!   **(5.3)**
mirar   to watch, look (at)
   (2.2); to see *(a movie)*   **(4.4)**
   ¡mira!   look!   **(3.3)**
mismo   same   **(4.4)**
   al mismo tiempo   at the
      same time
   contigo mismo   with
      yourself *(fam.)*
   lo mismo   the same (thing)
mixto   mixed
moderno   modern
un **momento**   moment
la **moneda**   currency, money
una **monja**   nun
un **mono**   monkey   **(5.2)**
una **montaña**   mountain
un **monumento**   monument
moreno   dark-haired,
   brunet(te)   **(3.2)**
Moscú   Moscow
una **moto**   motorcycle   **(3.3)**
una **muchacha**   girl   **(3.1)**
un **muchacho**   boy   **(3.1)**
muchísimos   a great many
mucho   much *(pl.* many), a
   lot of   **(3.3);** very *(with*
   calor, frío, *etc.)*
   muchas gracias   thank
      you   **(1.3)**
mucho   *adv.* a lot   **(2.1)**
una **mujer**   woman   **(3.1)**
mundial   world
   la **Copa Mundial**   World
      Cup
el **mundo**   world

un **mural**   mural
un **museo**   museum   **(4.2)**
la **música**   music
musical   musical
muy   very   **(2.1)**
   muy bien, ¿y tú?   very
      well (fine), and you?   **(1.2)**
   muy mal   very bad,
      terrible   **(1.2)**

n

una **nación** *(pl.* **naciones)**   nation
   las **Naciones Unidas**
      United Nations
nacional   national
la **nacionalidad**   nationality
nada: de nada   you're
   welcome   **(1.3)**
nadar   to swim   **(2.2)**
una **nariz** *(pl.* **narices)**   nose
la **natación**   swimming
natal: la ciudad natal
   hometown
la **naturaleza**   nature
la **Navidad**   Christmas
   Feliz Navidad   Merry
      Christmas
necesitar   to need   **(2.3)**
la **negación**   negation
negativo   negative
neozelandés *(f.*
   neozelandesa)   from New
   Zealand *(also noun)*
nervioso   nervous
nevado   snow-covered,
   snow-capped *(mountain)*
ni   nor, (not) . . . or
Nicaragua   Nicaragua
nicaragüense   Nicaraguan
   (also noun)
los **nietos**   grandchildren
nieva   it's snowing   **(1.6)**
la **nieve**   snow
los **niños**   children
no   no   **(1.1);** not   **(2.1)**
   ¡claro que no!   of course
      not!   **(2.2)**
   ¡cómo no!   of course!   **(2.2)**
   decir que no   to say no   **(5.3)**
   hoy no   not today
   ¿no?   no? right?
      isn't it? *etc.*

no hay there is (are)
no (3.3)
no hay de qué you're
welcome (1.3)
no importa it (that)
doesn't matter
¡no me digas! you don't
say! (4.3)
no puedo I can't (2.3)
no sólo not only
no tienes que you mustn't
(shouldn't)
¿por qué no? why not?
yo no not I (me)
no. *abbreviation of* **número**
una **noche** night, evening
buenas noches good
evening, good night (1.2)
de la noche in the
evening, at night, p.m.
(1.4)
la **Nochebuena** Christmas Eve
un **nombre** name
normal: una escuela
normal teachers' school
el **norte** north
Norteamérica North America
norteamericano (North)
American *(from the USA;*
also noun) (3.4)
nosotros(as) we (2.4); us,
ourselves *(after prep.)*
una **nota** note; grade *(mark in*
school)
sacar una buena (mala)
nota to get a good (bad)
grade
las **noticias** news
una **novela** novel (5.1)
noveno ninth (5.3)
noventa ninety (1.3)
una **novia** girlfriend (3.1)
noviembre November (1.5)
un **novio** boyfriend (3.1)
los novios boyfriend(s)
and girlfriend(s)
nublado: está nublado it's
cloudy (1.6)
nuestro our (5.3)
nueve nine (1.3)
nuevo new (3.3)
Nueva York New York
Nuevo México New Mexico
numerado numbered

numeral numeral, number
los adjetivos numerales
ordinales ordinal
number adjectives
un **número** number (1.3)
un número de teléfono
telephone number
nunca never

o

o or (2.1)
una **o** *the letter* o
un **objetivo** purpose, aim, objective
un **objeto** object (3.3)
una **obligación** *(pl.* **obligaciones)**
obligation
obligatorio required, obligatory
una **observación** *(pl.*
observaciones) observation
observar to observe
*****obtener** to obtain, get
obvio obvious
una **ocasión** *(pl.* **ocasiones)**
occasion
un **océano** ocean
el Océano Atlántico
Atlantic Ocean
el Océano Pacífico
Pacific Ocean
octavo eighth (5.3)
octubre October (1.5)
ochenta eighty (1.3)
ocho eight (1.3)
ochocientos eight hundred
odiar to hate
el **oeste** west
una **oficina** office
una oficina de turismo
tourist office
las **Olimpíadas** the Olympics
las Olimpíadas de Invierno
Winter Olympics
olímpico olympic
los Juegos Olímpicos
Olympic Games
un **ómnibus** *(pl.* **ómnibus)**
bus *(Argentina)*
once eleven (1.3)
una **opinión** *(pl.* **opiniones)**
opinion
cambiar de opinión to
change one's mind

oponen: se oponen (they)
are opposed
un **optometrista, una**
optometrista optometrist
el **opuesto** opposite
ordinal ordinal
los adjetivos numerales
ordinales ordinal
number adjectives
organizar to organize
el **orgullo** pride
un **origen** *(pl.* **orígenes)** origin
original original
originalmente originally
el **oro** gold
la medalla de oro gold
medal
una **orquesta** band, orchestra
el **otoño** autumn, fall (1.6)
otro another, other (3.3)
otros others, other people
ovalado oval
una **oveja** sheep
¡oye! listen! (3.3)

p

la **paciencia** patience
con (mucha) paciencia
(very) patiently
paciente patient
un **paciente, una paciente**
patient
Pacífico: el Océano
Pacífico Pacific Ocean
un **padre** father (5.2)
los padres parents (5.2)
los **padrinos** godparents
pagar to pay
una **página** page
la página de los deportes
sports page
un **país** country (3.4)
un **pájaro** bird (5.2)
una **palabra** word (2.1)
tú tienes la palabra it's
your turn to speak
un **palacio** palace
una **palma** palm tree
Panamá Panama
panameño Panamanian *(also*
noun)

panamericano Pan-American
(involving North America,
South America, and Central
America)
    los Juegos
        Panamericanos Pan-
        American Games
una pandilla group of friends
    (Spain)
una papa potato
    el papá father (5.2)
un papagayo parrot (5.2)
    el papel paper
    para for (2.4); in order to
    ¿para qué? why? what for?
    parada: las paradas de
        portero saves (soccer)
        una parada de pecho
        chest trap (soccer)
    el Paraguay Paraguay
    paraguayo Paraguayan (also
        noun)
    parar to stop, save (soccer)
una pared wall
un pariente, una parienta
    relative
        los parientes relatives
        (5.2)
un parque park
una parte part
    formar parte de to be (a)
        part of
    por todas partes
        everywhere
    participar to participate,
        take part
un participio participle
un partido game, match (sports)
        un partido de (fútbol)
        (soccer) game
    pasa: ¿qué pasa? what's
        wrong? what's the matter?
        (1.4)
    el pasado past
un pasaporte passport
    pasar to spend (time), to pass
        pasar el tiempo to pass
        (while away) the time
un pasatiempo pastime
    la Pascua Florida Easter
un pase pass (soccer)
        los pases plays (soccer)
un paseo walk, stroll, boulevard,
    avenue

de paseo walking down
    the street
un patio patio, courtyard
un pato duck
    la paz peace
        el Cuerpo de Paz Peace
        Corps
una pe the letter p
    pecho: una parada de
        pecho chest trap (soccer)
un pediatra, una pediatra
    pediatrician
    pegar a to hit, kick
una película film, movie
    peligroso dangerous
una pelota ball
una península peninsula
    peor worst
    pequeño small, little
        (size) (3.3)
        la Pequeña Habana
        Little Havana
    ¡perdón! excuse me! pardon
        me! (5.2)
    perezoso lazy
un perezoso sloth (slow,
    tree-dwelling animal of
    South America)
    perfeccionista perfectionist(ic)
    perfectamente perfectly
    perfecto perfect
un periódico newspaper (3.3)
        un puesto de periódicos
        newsstand
un periodista, una periodista
    journalist
un período period
        un período de estudio
        study period
    permanecer to stay, remain
    permisivo lenient, permissive
    pero but (2.1)
un perro dog (5.2)
    perseverante persevering,
        persistent
una persona person
        las personas persons,
        people
    personal personal
una personalidad personality
    el Perú Peru
    peruano Peruvian (also noun)
    pesado: el peso pesado
        heavyweight (boxing)

pesar to weigh
    la peseta the peseta (monetary
        unit of Spain)
una peseta peseta
    el peso the peso (Hispanic
        monetary unit)
un peso peso, weight
        el peso pesado (medio,
            welter, ligero, pluma)
            heavyweight (middle-
            weight, welterweight,
            lightweight, feather-
            weight) (boxing)
un pez (pl. peces) fish (live) (5.2)
        un pez de color goldfish
un piano piano
un pie foot
        a pie on foot (4.4)
        ir a pie to go on foot,
            walk (4.4)
        usan los pies they use
            their feet
    piensa en: (they) think of
un piloto driver (auto race)
    el ping pong Ping-Pong
un pingüino penguin
    pintoresco picturesque
una piña pineapple
una piraña piranha (South
        American carnivorous fish)
    los Pirineos Pyrenees (mountain
        range between France and
        Spain)
una piscina swimming pool (4.2)
un piso floor (of a building) (5.3)
una pista track (racing)
un plan plan
un planeta planet
una planta floor (of a building)
        la planta baja ground
            floor, first floor (USA)
una playa beach (4.2)
una plaza plaza, public square
        (4.2)
        pluma: el peso pluma
            featherweight (boxing)
    el plural plural
    la población population
    pobre poor (unlucky)
    poco little
un poco a little (2.1)
        un poco de + noun a little
    la poesía poetry
    policíaco detective

la **política** politics
un **pollito** chick
un **poncho** poncho
popular popular
por for, through, by, along
  por ciento percent
  por eso therefore, that's
    why **(2.4)**
  por favor please **(1.3)**
  por hora per hour
  por la tarde in the
    afternoon
  ¿por qué? why? **(2.3)**
  ¿por qué no? why not?
  ¡por supuesto! of
    course! **(2.2)**
  por teléfono on the (by)
    phone
  por todas partes
    everywhere
porque because **(2.3)**
la **portería** goal *(soccer)*
el **portero** goalie *(soccer)*
  las paradas de portero
    saves *(soccer)*
Portugal Portugal
el **portugués** portuguese
  (language)
la **posesión** possession,
  ownership
posesivo possessive
una **posibilidad** possibility
posible possible
una **posición** *(pl.* **posiciones)**
  position
una **postal** postcard
  practica: se practica (it) is
    engaged in
la **práctica** practice
  la práctica hace al
    maestro practice makes
    perfect
  practicar to practice, to take
    part in, play *(sports)*
práctico practical
la **precisión** precision
preciso precise
una **preferencia** preference
prefiero (I) prefer
una **pregunta** question
preparado prepared
preparar to prepare
una **preposición** *(pl.*
  preposiciones) preposition

una **presentación** *(pl.*
  presentaciones) introduction
presente present
el **presente** present *(tense)*
un **presidente, una presidenta**
  president
prestar to lend **(5.4)**
un **pretexto** excuse
una **prima** *see* **primo**
primario primary
  una escuela primaria
    elementary school
la **primavera** spring
  (season) **(1.6)**
primer first *(used for*
  primero *before m. sing.*
  noun) **(5.3)**
primero first **(1.5)**
  el primero de (agosto)
    the first of (August),
    (August) 1 **(1.5)**
primero *adv.* first
un **primo, una prima**
  cousin **(5.2)**
principal principal, main
probablemente probably
un **problema** problem
un **proceso** process
proclamado proclaimed
un **producto** product
un **productor, una productora**
  producer
profesional professional
un **profesor, una profesora**
  teacher, professor **(3.1)**
  un(a) profesor(a) de
    (inglés) (English)
    teacher
un **programa** program
  un programa de
    intercambio (de
    estudiantes) (student)
    exchange program
  un programa de
    televisión television
    (TV) program
un **programador, una**
  programadora programmer
un **pronombre** pronoun
la **pronunciación** pronunciation
pronunciar to pronounce
próximo next **(5.3)**; near
  el verano próximo next
    summer

un **proyecto** project, plan
  en proyectos económicos
    in economic planning
la **psicología** psychology
psicológico psychological
público public
un **pueblo** town, village **(4.2)**;
  people *(national group)*
  otros pueblos other peoples
puedes (you) can
puedo: no puedo I
  can't **(2.3)**
una **puerta** door **(5.3)**; goal
  (soccer)
  el área de puerta goal
    area *(soccer)*
  la línea de puerta goal
    line *(soccer)*
un **puerto** port
Puerto Rico Puerto
  Rico **(3.4)**
puertorriqueño Puerto
  Rican *(also noun)* **(3.4)**
un **puesto** stand
  un puesto de periódicos
    newsstand
un **puma** puma *(large cat of the*
  Andes)
un **punto** point
puntual punctual

q

que *(conj.)* that, as, than
que *(rel. pron.)* that, which,
  who, whom **(3.4)**
¿qué? what? **(2.3)**
  ¿a qué hora? at what
    time? **(1.4)**
  ¿para qué? why? what for?
  ¿por qué? why? **(2.3)**
  ¿qué día es hoy (mañana)?
    what day is it today
    (tomorrow)? **(1.5)**
  ¿qué hay . . .? what is
    there . . .? **(3.3)**
  ¿qué hora es? what time
    is it? **(1.4)**
  ¿qué pasa? what's wrong?
    what's the matter? **(1.4)**
  ¿qué tal? how are you?
    how's it going? how are
    things? **(1.2)**

¿qué tiempo hace? what's the weather like? (1.6)

(saber) qué hacer (to know) what to do

¡qué! how! what!

no hay de qué you're welcome (1.3)

¡que + *adj.*! how ...! (3.2)

¡qué bueno! great! (1.6)

¡qué horror! how horrible! how awful!

¡qué lástima! too bad! (2.1)

¡qué malo! that's bad! (1.6)

¡qué (*noun* or *adj.* + *noun*)! what (a, an) ...!

¡qué (*noun*) tan (*adj.*)! what a (an) ...! (5.4)

¡qué suerte! what luck! how lucky! (5.1)

¡qué suerte (tengo, etc.)! how lucky (I am, etc.)!

¡qué suerte tienes! how lucky you are! (5.1)

¡qué terrible! how terrible! how awful!

quédate: ¡quédate en casa! stay at home!

querido dear

el quetzal the quetzal (*monetary unit of Guatemala*)

un quetzal quetzal (*Central American bird with brilliant plumage*)

¿quién(es)? who? whom? (*after prep.*) (2.3)

¿a quién(es)? whom? (*personal dir. obj.*) (4.1); to whom?

¿de quién(es)? whose? (5.1)

¿de quién es? whose is it?

¿quién eres? who are you?

¿quién es? who is that?

quien *rel. pron.* who

quiere: quiere decir (it) means

la química chemistry

químico chemical

quince fifteen (1.3)

quinto fifth (5.3)

quiquiriquí cock-a-doodle-doo

r

la radio radio (*broadcasting*)

escuchar la radio to listen to the radio

un radio radio (*set*) (3.3)

un radio transistor transistor radio

una rana frog

un rancho ranch

rápido fast, rapid

rápido *adv* rapidly

una raqueta racket

una raqueta de tenis tennis racket

un rayo (flash of) lightning

una razón (*pl.* razones) reason

realista realistic

realmente really, truly

un récord record (*sports*)

rectangular rectangular

un recuerdo souvenir

una red net

redondo round

un refrán (*pl.* refranes) proverb, saying

un regalo gift, present (3.3)

regatear to bargain

una regla rule (*grammar*)

regular fair, not bad, pretty well, O.K. (1.2); regular

una relación (*pl.* relaciones) relation

relativo relative

religioso religious

un reloj watch (3.3)

reparar to repair, fix

repente: de repente suddenly

un repaso review

representar to represent

una república republic

la República Dominicana Dominican Republic

requiere (it) requires

respetado respected

responsivo responsive (*answering a question*)

una respuesta answer, response

un restaurante restaurant (4.2)

un retrato portrait

una reunión (*pl.* reuniones) party, (social) gathering

reúne: se reúne (it) gets together

revelar to reveal

una revista magazine (3.3)

un rey king

ridículo ridiculous

un río river

el rock rock 'n' roll

rojo red

Roma Rome

romántico romantic

rosa pink

rubio blond(e) (3.2)

las ruinas ruins

ruso Russian (*also noun*)

el ruso Russian (*language*)

s

sábado Saturday (1.5)

el sábado on Saturday

los sábados on Saturdays

saber to know (*facts, information*)

¿sabes? do you know?

sacar to take (*pictures*) (4.1); to get (*a grade*)

sacar fotos to take pictures (4.1)

sacar una buena (mala) nota to get a good (bad) grade

sagrado sacred, holy

el Sagrado Corazón Sacred Heart

una sala living room (5.3)

una salida departure

salir to leave, depart

un salón (*pl.* salones) salon

un salón de belleza beauty salon

una salsa sauce

la salsa de tomate tomato sauce

saltar to jump, leap

saludando greeting (*someone*)

saludar to greet

un saludo greeting

Salvador: El Salvador El Salvador

salvadoreño Salvadorian (*also noun*)

san saint

un sándwich sandwich

la sangre blood

un santo, una santa saint
    el día del santo saint's day, name day
se atraen (they) attract
se celebran (they) are held
se concentra (they) are concentrated
se llama his (her) name is, (it) is called
se llaman their names are
se lleva (he) wins
se oponen (they) are opposed
se practica (it) is engaged in
se reúne (it) gets together
se usan (they) are used
un secretario, una secretaria secretary
un secreto secret
secundario secondary
segundo second (5.3)
un segundo second (unit of time)
seguro sure
    seguro de ti mismo sure of yourself (fam.)
seis six (1.3)
una semana week (1.5)
    los fines de semana on (the) weekends
    un fin de semana weekend (1.5)
el SENA (Servicio Nacional de Aprendizaje) technical and vocational training program in Colombia
senegalés (f. senegalesa) Senegalese (also noun)
sensacional sensational
la sensibilidad sensitivity
un sentido sense
    el sentido común common sense
un sentimiento feeling, sentiment
señor (Sr.) Mr., sir (1.2)
    señores (Srs.) Mr. and Mrs.
    ¡señores! ladies and gentlemen!
un señor man, gentleman (3.1)
señora (Sra.) Mrs., ma'am (1.2)
una señora lady (3.1); wife
    Nuestra Señora de los Dolores Our Lady of the Sorrows
señorita (Srta.) Miss, miss (1.2)

una señorita young lady
septiembre September (1.5)
séptimo seventh (5.3)
*ser to be (3.1)
    ser aficionado a to be fond of
    ser amable con to be kind to
una serenata serenade
serio serious (3.2)
servicial helpful
un servicio service
    una estación de servicio service station, gas station
sesenta sixty (1.3)
setenta seventy (1.3)
Sevilla Seville (city in southwestern Spain)
sexto sixth (5.3)
si if (4.4)
    si te llamas if your name is
sí yes (1.1)
    decir que sí to say yes (5.3)
siempre always (2.1)
siete seven (1.3)
significar to mean, signify
siguiente following
una sílaba syllable
simbólico symbolic
simpático nice (3.2)
simplemente simply, merely
sincero sincere
el singular singular
sino but
un sistema system
situado located, situated
el slalom slalom
sobre on, about, concerning
sociable sociable
el sol the sol (monetary unit of Peru)
el sol sun
    hace sol it's sunny (1.6)
    tomar el sol to sunbathe
solamente only
solar solar
    el sistema solar solar system
sólido solid
solo alone, single (4.4)
sólo only (4.4)
    no sólo not only

un sombrero hat
son (they, you pl.) are (3.1)
    son las (dos) it's (two) o'clock (1.4)
un sonido sound
soy de I'm from (1.1); I'm of
Sr. abbreviation of señor (1.2)
Sra. abbreviation of señora (1.2)
Srta. abbreviation of señorita (1.2)
su, sus his, her, your (formal, pl.), their (5.3)
el sucre the sucre (monetary unit of Ecuador)
Sudáfrica South Africa
Sudamérica South America
sudamericano South American (also noun)
sueco Swedish (also noun)
la suerte luck
    ¡buena suerte! good luck! (5.1)
    ¡qué suerte! what luck! how lucky! (5.1)
    ¡qué suerte (tengo, etc.)! how lucky (I am, etc.)!
    ¡qué suerte tienes! how lucky you are! (5.1)
    tener suerte to be lucky (5.1)
Suiza Switzerland
sumar to add up, total
un supermercado supermarket
supersticioso superstitious
supuesto: ¡por supuesto! of course! (2.2)
el sur south
el suroeste southwest
un sustantivo noun

t

un taco taco (Mexican sandwich)
las tácticas tactics (skillful maneuvering)
tal: ¿qué tal? how are you? how's it going? how are things? (1.2)
    tal vez maybe (2.2)
el talento talent
también also, too (2.1)

tan: ¡qué *(noun)* **tan** *(adj.)!* what a (an) . . . ! **(5.4)**

tan . . . como as . . . as

un **taquillero,** una **taquillera** ticket seller

tarde late

más tarde later

una **tarde** afternoon

buenas tardes good afternoon **(1.2)**

de la tarde in the afternoon, p.m. **(1.4)**

una **tarea** assignment

hacer la tarea to do the assignment **(5.2)**

hacer las tareas to do (the) homework **(5.2)**

las tareas homework

una **tarjeta** card, postcard **(5.1)**

un **taxi** taxi

una **te** *the letter* t

te you, to you, (to) yourself *(fam.)*

¿cómo te llamas? what's your name? **(1.1)**

¿(no) te gusta? do you (don't you) like? **(2.4)**

si te llamas if your name is

el **té** tea

el **teatro** theater

técnico technical

una escuela técnica technical school

un **técnico,** una **técnica** technician

una **teja** tile

un **teléfono** telephone

llamar por teléfono to call on the phone **(5.4)**

un número de teléfono telephone number

la **televisión** television, TV *(broadcasting)*

un estudio de televisión television (TV) studio

un **televisor** television (TV) set **(3.3)**

un **temperamento** temperament

la **temperatura** temperature **(1.6)**

*tener to have **(3.3)**

tener correspondencia to correspond *(exchange letters)*

tener ganas de + *inf.* to feel like . . . ing **(3.4)**

tener (mucho) que hacer to have (a lot) to do

tener *(number)* **años** to be *(number)* years old **(3.4)**

tener que + *inf.* to have to **(3.4)**

tener suerte to be lucky **(5.1)**

tengo (I) have

el **tenis** tennis

una raqueta de tenis tennis racket

la **teoría** theory

tercer third *(used for* **tercero** *before m. sing. noun)* **(5.3)**

tercero third **(5.3)**

terminar to end, to finish

el **terreno** field

terrible terrible, awful

¡qué terrible! how terrible! how awful!

un **territorio** territory

los **textiles** textiles

ti you *(fam., after prep.)* **(2.4)**

una **tía** aunt **(5.2)**

el **tiempo** weather **(1.6);** time

al mismo tiempo at the same time

hace buen (mal) tiempo the weather's nice (bad) **(1.6)**

¿qué tiempo hace? what's the weather like? **(1.6)**

tener tiempo to have time

una **tienda** store, shop, boutique **(4.2)**

tienes: no tienes que you mustn't (shouldn't)

tú tienes la palabra it's your turn to speak

la **tierra** earth, land

tímido shy, timid

un **tío** uncle **(5.2)**

los tíos aunt(s) and uncle(s)

típicamente typically

un **tipo** type, sort, kind

un **título** title

un **tocadiscos** record player **(3.3)**

tocar to play *(musical instrument)* **(2.1)**

todo all **(3.3)**

por todas partes everywhere

todo el, toda la + *noun* all (the), the whole **(3.3)**

todos los, todas las + *noun* all (the) **(3.3)**

todos los días every day

todos, todas all, everybody **(4.4)**

Tokio Tokyo

tolerante tolerant

tomar to take, to have *(something to eat or drink)* **(4.1)**

tomar el sol to sunbathe

un **tomate** tomato

la salsa de tomate tomato sauce

tonto foolish, stupid **(3.2)**

torear to fight (bulls)

el **toreo** bullfighting

un **torneo** tournament

un torneo de dobles femenino women's doubles tournament *(tennis)*

un **toro** bull

la corrida de toros bullfighting

una **tortilla** tortilla *(in Mexico, a thin cornmeal pancake; in Spain, an omelet)*

total: en total in all, altogether

trabajar to work **(2.1)**

el **trabajo** job, work

un trabajo de verano summer job

una **tradición** *(pl.* **tradiciones)** tradition

traduce (he) translates

transistor: un radio transistor transistor radio

una **transmisión** *(pl.* **transmisiones)** broadcast

los **transportes** (means of) transportation

trece thirteen **(1.3)**

treinta thirty **(1.3)**

un **tren** train **(4.4)**

tres three **(1.3)**

triangular triangular

triste sad **(4.3)**

tu, tus your *(fam.)* (5.2)
tú you *(fam.)* (2.3)
  muy bien, ¿y tú? very
    well (fine), and
    you? (1.2)
turco Turkish *(also noun)*
el turismo tourism
  una oficina de turismo
    tourist office
un turista, una turista tourist

u

u or *(used for* o *before words
  beginning with* o *or* ho)
una u *the letter* u
  Ud. *abbreviation of*
    usted (2.3)
  Uds. *abbreviation of*
    ustedes (2.4)
último last (5.3)
un, una a, an (3.1)
una *see* un, uno
unas *see* unos
único only
una unidad unit
unido united, close
  las Naciones Unidas
    United Nations
  los Estados Unidos
    United States (3.4)
un uniforme uniform
la unión joining, linking *(of
  vowels, words)*
una universidad university,
  college
uno, una one *(number)* (1.3)
  a la una at one o'clock
    (1.4)
  cada uno, cada una each
    one, every one
  es la una it's one o'clock
    (1.4)
  (veinte) y uno (twenty-)
    one
unos *(pl. of* un), unas *(pl. of*
  una) some, a few, any *(in
  negative and interrogative
  sentences)* (3.3); about,
  approximately *(with number)*
  unos some (people)
  unos diez about ten, ten
    or so

el Uruguay Uruguay
  uruguayo Uruguayan *(also
    noun)*
usar to use, to wear
  se usan (they) are used
el uso use
usted (Ud.) you *(formal)*
  (2.3)
ustedes (Uds.) you *(pl.)*
  (2.4)
útil useful

v

una vaca cow
las vacaciones vacation
  estar de vacaciones to be
    on vacation
vale (it) is worth
la valentía courage
un valor value
  ¡vamos! let's go! (4.2)
  vamos a + *inf.* let's
    (verb) (4.2)
  vamos a + *place* let's go
    to (the) (4.2)
  vamos a ver let's
    see (5.1)
una variedad variety
varios several, various
vasco Basque *(also noun)*
Vd. *abbreviation of*
  usted (2.3)
una ve *the letter* v
ve: doble ve *the letter* w
veces: a veces sometimes
  (5.1)
  muchas veces many
    times, often
veinte twenty (1.3)
  veinte y uno twenty-one
una velocidad *(pl.* velocidades)
  speed, velocity
un vendedor, una vendedora
  vendor, salesperson
  un vendedor viajero
    traveling salesperson
vender to sell (5.1)
venezolano Venezuelan *(also
  noun)*
Venezuela Venezuela
*venir to come (3.4)
una venta sale

una ventana window (5.3)
  *ver to see (5.1)
  (vamos) a ver let's see (5.1)
  ver para creer seeing is
    believing
el verano summer (1.6)
  un trabajo de verano
    summer job
  veras: ¿de veras?
    really? (1.5)
  ¡de veras! really! truly!
un verbo verb
la verdad truth
  es verdad it's true
  ¿verdad? right? doesn't he
    (she, it)? isn't he (she,
    it)? etc. (2.2)
la vez *(pl.* veces) time
  a veces sometimes (5.1)
  de vez en cuando once in
    a while (5.1)
  muchas veces many
    times, often
  tal vez maybe (2.2)
Vía: la Vía Láctea
  the Milky Way
viajar to travel (2.2)
un viaje trip, voyage
  de viaje on a trip
  hacer un viaje to go on a
    trip (5.2)
  una agencia de viajes
    travel agency
  viajero traveling
  un vendedor viajero
    traveling salesperson
un viajero, una viajera traveler
la vida life
viejo old (3.3)
el viento wind
  hace viento it's
    windy (1.6)
  viernes Friday (1.5)
  vigoroso vigorous
la violencia violence
una visa visa
visitar to visit (2.2)
una vista sight, view, vista,
  panorama
  hasta la vista so long (1.2)
  viviendo: viviendo en
    apartamentos apartment
    living
  vivir to live (5.1)

un **vocabulario** vocabulary
  vocacional vocational
una **vocal** vowel
el **volibol** volleyball *(game)*
  vosotros(as) you *(fam. pl.; used in Spain)* **(2.4)**
  vuelta: de vuelta going back
la «**Vuelta**» *long-distance bicycle race around Spain*
el **vuelto** change *(money)*
  vuestro your *(fam. pl.; used in Spain)*

y and **(2.1)**
  (es la una) y media (it's one) thirty, (it's) half past (one) **(1.4)**
  (son las dos) y cinco (it's) five after (two) **(1.4)**
yo I **(2.1)**
  como yo like me, as I am
  yo no not I (me)

una **zeta** *the letter* z
  zigzag: correr en zigzag to run zigzag
una **zona** zone

COMUNICANDO: LA VIDA PRÁCTICA
SPANISH-ENGLISH VOCABULARY

The Spanish-English Vocabulary lists words and expressions that appear in the *La vida práctica* exercises within the **Comunicando** sections at the end of each unit. The number that follows each entry indicates the unit in which the word or expression first appears. Verbs are listed in the infinitive form; verb conjugations unfamiliar to students are also provided.

a

abierto open (2)
acogedor pleasant (3)
aéreo air
  la línea aérea airline (4)
agrupado grouped (3)
ajardinada with a garden (5)
las **alas** wings (4)
la **alcoba** berth (4)
el **ambiente** atmosphere (3)
amueblado furnished (5)
el **apellido** surname (1)
el **aseo** half-bath (5)
el **asiento** seat (4)

b

blanco y negro black and white *(TV)* (2)
la **bodega** cellar (5)

c

la **cadena** television channel (2)
caluroso hot (1)
el **camarín** sleeper (4)
el **cariño** affection (5)
la **carrera** race
  la media carrera racing bike (2)
la **cocina** cuisine (3)
colombiano Colombian (3)
el **concierto** concert (2)
  la sala de conciertos concert hall (2)
la **condición** condition
  las condiciones meteorológicas weather conditions (1)
cuadrado square
  el metro cuadrado square meter (5)

ch

el **chalé** chalet (5)
chino Chinese (3)

d

los **datos** data
  datos personales personal data (1)
desde *(+ date)* beginning from *(date)* (2)
desear to wish
  les deseamos... we wish you... (5)
el **destino** destination (4)
la **dirección** address (1); direction *(of a movie)* (2)
divertida fun (3)
el **domicilio** home address *(domicile)* (1)
el **dormitorio** bedroom (5)

e

el **embarque** boarding (4)
  la puerta de embarque boarding gate (4)
la **entrada** entry (1); admission (2)
la **entrega** delivery (3)
  la entrega gratis free delivery (3)
el **entretenimiento** entertainment (3)
  el entretenimiento en vivo live entertainment (3)
español Spanish (3)
el (la) **estudiante** student (2)
el **extranjero** foreigner (1)

f

la **fecha** date
  la fecha de nacimiento birthdate (1)
el **ferrocarril** railroad (4)
la **fila** row (4)
la **firma** signature (1)
fuerte strong (3)

g

gratis free *(of charge)* (2)
la **guía** guide
  la guía de restaurantes restaurant guide (3)
el **guión** screenplay *(script)* (2)

h

la **habitación** bedroom (5)
hasta until (1)

i

el **informe** information *(update)* (4)
el **ingreso** entry (1)
la **inscripción** enrollment, registration
  las inscripciones abiertas open registration (2)
la **interpretación** performance (2)
el **intérprete** actor
  el principal intérprete principal actor (2)
el **invernadero** greenhouse (5)
italiano Italian (3)

j

joven young (3)

l

la leñera woodshed (5)
la línea line
    la línea aérea airline (4)
el lugar place
    el lugar de nacimiento
      birthplace (1)
    tener lugar to take place
      (5)

ll

llegar to arrive
    llega de arrives from (4)
llevar to take
    para llevar take-out (3)
la lluvia rain (1)

m

los mariscos shellfish (3)
el matrimonio marriage (5)
menos less
    20% menos 20% off (3)
la mesa plateau
    Mesa Central Central
      Plateau (1)
    Mesa del Norte Northern
      Plateau (1)
el metro meter *(unit of*
    measurement)
    el metro cuadrado square
      meter (5)
mexicano Mexican (3)
mítico mythic (2)

n

el nacimiento birth (1)
    la fecha de nacimiento
      birthdate (1)
    el lugar de nacimiento
      birthplace (1)
la natación swimming (2)
la Navidad Christmas
    ¡Feliz Navidad! Merry
      Christmas! (5)
el nombre name (1)
    nombres y apellidos full
      name *(first and last*
      names) (1)

p

pagar to pay (5)
el país country (1)
la parcela lot *(property)* (5)
próspero prosperous
    ¡Próspero Año Nuevo!
      Happy New Year! (5)
próximo next (2)

q

querido dear (5)

r

el registro registry (1)
la reunión gathering (3)
rodeado surrounded (5)

s

la sala living room; performance
    hall
    la sala de conciertos
      concert hall (2)
salir to leave
    sale a departs to (4)
solicitar to ask for, request
    solicite you ask for
      (command) (2)

t

la tarjeta card (3)
    la tarjeta de crédito credit
      card (3)
templado mild, temperate (1)
la temporada season *(of events)*
    (2)
tener to have
    tener lugar to take place
      (5)
    tendrá lugar will take
      place (5)
el tesoro treasure (2)
el tiempo weather (1); time (4)
el tipo type (3)
el titular holder *(of passport or*
    visa) (1)
el título title (2)
el tren train (4)

v

la validez validity (1)
las velocidades speeds (on a
    bicycle) (3)
la vertiente slope
    Vertiente Pacífico Pacific
      Region (1)
    Vertiente del Golfo Gulf
      Region (1)
el vuelo flight (4)

ENGLISH-SPANISH VOCABULARY

The English-Spanish Vocabulary lists the active words and expressions.

a

a, an un, una **(3.1)**
  a few unos, unas **(3.3)**
  a little un poco **(2.1)**
  a lot (of) mucho,
    muchos **(2.1)**
about de **(4.2)**
afternoon: good afternoon
    buenas tardes **(1.2)**
  in the afternoon de la
    tarde **(1.4)**
airplane un avión (pl. aviones)
    (4.4)
all todo **(3.3)**
all right! ¡bueno! **(3.1)**
almost casi **(4.4)**
alone solo **(4.4)**
also también **(2.1)**
always siempre **(2.1)**
a.m. de la mañana **(1.4)**
amusing divertido **(3.2)**
an un, una **(3.3)**
and y (e before i or hi)
    (2.1)
another otro **(3.3)**
any unos, unas **(3.3)**
apartment un apartamento
    (5.3)
April abril **(1.5)**
to arrive llegar **(4.1)**
as como **(2.1)**
**assignment: to do the
    assignment** hacer la
    tarea **(5.2)**
at a **(1.4)**; en **(4.2)**
  at . . .'s (house) en casa de · · ·
    (4.2)
  at home en casa **(4.2)**
  at (two) o'clock a las
    (dos) **(1.4)**
  at what time? ¿a qué
    hora? **(1.4)**
to attend asistir a **(5.1)**
August agosto **(1.5)**
aunt una tía **(5.2)**
autumn el otoño **(1.6)**

b

bad mal, malo **(3.2)**
  badly mal **(2.1)**
  that's bad! ¡qué malo!
    (1.6)
  the weather's bad hace
    mal tiempo **(1.6)**
  too bad! ¡qué lástima!
    (2.1)
  very bad muy mal **(1.2)**
bag un bolso **(3.3)**
bathroom un baño **(5.3)**
to be *ser **(3.1)**; *estar **(4.2)**
  to be . . . years old tener
    . . . años **(3.4)**
  to be from ser de **(3.1)**
  to be located estar **(4.2)**
  to be going to ir a + inf.
    (4.2)
beach una playa **(4.2)**
because porque **(2.3)**
bedroom un cuarto **(5.3)**
before antes **(5.1)**
to believe creer **(5.1)**
below bajo (prep.) **(1.6)**
bicycle una bicicleta **(3.3)**
big grande **(3.3)**
bird un pájaro **(5.2)**
birthday un cumpleaños
    (1.5)
blond(e) rubio **(3.2)**
boat un barco **(4.4)**
book un libro **(3.3)**
boring aburrido **(3.2)**
boutique una tienda **(4.2)**
boy un chico, un muchacho
    (3.1)
boyfriend un novio **(3.1)**
to bring llevar **(4.1)**
brother un hermano **(5.2)**
brunet(te) moreno **(3.2)**
bus un autobús (pl.
    autobuses) **(4.4)**
but pero **(2.1)**
to buy comprar **(4.1)**

c

cafe un café **(4.2)**
to call llamar **(5.4)**
  to call on the phone
    llamar por teléfono **(5.4)**
camera una cámara **(3.3)**
can: I can't no puedo **(2.3)**
car un coche **(3.3)**
card una tarjeta **(5.1)**
cassette una cinta, una
    cassette **(3.3)**
cassette recorder una
    grabadora **(3.3)**
to carry (something) llevar **(4.1)**
cat un gato **(5.2)**
chubby gordo **(3.2)**
church una iglesia **(4.2)**
city una ciudad **(4.2)**
close (to) cerca (de) **(4.2)**
cloudy: it's cloudy está
    nublado **(1.6)**
cold: it's cold hace frío **(1.6)**
to come *venir **(3.4)**
content contento **(4.3)**
country un país **(3.4)**
country(side) el campo **(4.2)**
course: of course! ¡claro!,
    ¡cómo no!, ¡por supuesto! **(2.2)**
  of course not! ¡claro que
    no! **(2.2)**
cousin un primo, una prima **(5.2)**
Cuba Cuba **(3.4)**
Cuban cubano **(3.4)**

d

to dance bailar **(2.1)**
dark-haired moreno **(3.2)**
date (appointment) una cita **(1.4)**;
    (calendar) una fecha **(1.5)**
  it is (May 5) es (el 5) de
    (Mayo) **(1.5)**
  **what is today's (tomorrow's)
    date?** ¿cuál es la fecha de
    hoy (mañana)? **(1.5)**
daughter una hija **(5.2)**

day un día (1.5)
  good day buenos días (1.2)
  what day is it today (tomorrow)? ¿qué día es hoy (mañana)? (1.5)
December diciembre (1.5)
degree un grado (1.6)
to **desire** desear (2.3)
dining room un comedor (5.3)
to **do** *hacer (5.2)
  to do homework hacer las tareas (5.2)
  to do the assignment hacer la tarea (5.2)
  doesn't he (she, it)? ¿verdad? (2.2)
dog un perro (5.2)
door una puerta (5.3)
downtown el centro (4.2)
to **drink** tomar (4.1); beber (5.1)

e

each cada (4.4)
to **earn** ganar (2.2)
to **eat** comer (5.1)
  eight ocho (1.3)
  eighteen diez y ocho (1.3)
  eighth octavo (5.3)
  eighty ochenta (1.3)
  eleven once (1.3)
English inglés (f. inglesa) (3.4)
enough bastante (3.2)
evening: good evening buenas noches (1.2)
  in the evening de la noche (1.4)
every cada (4.4)
everybody todos (4.4)
excuse me! ¡perdon! (5.2)
expensive caro (3.3)

f

fabulous fabuloso (5.4)
  what a fabulous (noun)! ¡qué (noun) tan fabuloso! (5.4)
fair regular (1.2)
fall (season) el otoño (1.6)
family una familia (5.2)

fantastic! ¡fantástico! (2.1)
  what a fantastic (noun)! ¡qué (noun) tan fantástico! (5.4)
far (from) lejos (de) (4.2)
fat gordo (3.2)
father un padre, el papá (5.2)
February febrero (1.5)
to **feel like** tener ganas de + inf. (3.4)
few: a few unos, unas (3.3)
fifteen quince (1.3)
fifth quinto (5.3)
fifty cincuenta (1.3)
fine bien (2.1)
first primero (1.5); primer (5.3)
fish un pez (pl. peces) (5.2)
five cinco (1.3)
floor (of a building) un piso (5.3)
foolish tonto (3.2)
for para (2.4)
forty cuarenta (1.3)
four cuatro (1.3)
fourteen catorce (1.3)
fourth cuarto (5.3)
French francés (f. francesa) (3.4)
Friday viernes (1.5)
friend un amigo, una amiga (3.1)
from de (2.1)
  are you from? ¿eres de? (1.1)
  from where? ¿de dónde? (3.4)
  he (she) is from ... es de... (1.1)
  I'm from ... soy de ... (1.1)
  you are from ... eres de... (1.1)
fun divertido (3.2)

g

garage un garaje (5.3)
garden un jardín (pl. jardines) (5.3)
gentleman un señor (3.1)
gift un regalo (3.3)
girl una chica, una muchacha (3.1)
girlfriend una novia (3.1)
to **give** *dar (5.4)
to **go** *ir (4.2)
  let's ... vamos a + inf. (4.2)
  let's go! ¡vamos! (4.2)

  let's go to ... vamos a place (4.2)
  to be going to ir a + inf. (4.2)
  to go by plane (by train, ...) ir en avión (en tren, ...) (4.4)
  to go on a trip hacer un viaje (5.2)
  to go on foot ir a pie (4.4)
  to go to asistir a (5.1)
good buen, bueno (3.2)
  good afternoon buenas tardes (1.2)
  good day buenos días (1.2)
  good evening buenas noches (1.2)
  good-looking guapo (3.2)
  good luck! ¡buena suerte! (5.1)
  good morning buenos días (1.2)
  good night buenas noches (1.2)
  goodby adiós (1.2)
  it's good weather hace buen tiempo (1.6)
gosh! ¡Dios mío! (5.3)
grandfather un abuelo (5.2)
grandmother una abuela (5.2)
great ¡qué bueno! (1.6); gran (3.3)

h

hair: dark-haired moreno (3.2)
half: it's half past one es la una y media (1.4)
handsome guapo (3.2)
happy alegre, contento (4.3)
to **have** *tener (3.3)
  to have (food, drink) tomar (4.1)
  to have to tener que + inf. (3.4)
he él (2.2)
hello! ¡hola! (1.2)
to **help** ayudar (5.4)
her ella (after prep.) (2.4); la (dir. obj.) (4.4); su, sus (poss. adj.) (5.3)
  to her le (5.4)

here aquí (1.1)
hey! ¡caramba! (5.3)
hi! ¡hola! (1.2)
him él (after prep.) (2.4); lo (dir. obj.) (4.4)
to him le (5.4)
his su, sus (5.3)
home una casa (4.2)
at home en casa (4.2)
(to) home a casa (4.2)
homework: to do homework hacer las tareas (5.2)
to hope esperar (2.3)
hot: it's hot hace calor (1.6)
it's very hot hace mucho calor (1.6)
hotel un hotel (4.2)
hour una hora (1.4)
house una casa (4.2)
at ...'s house en casa de ... (4.2)
to ...'s house a la casa de ... (4.2)
how? ¿cómo? (2.3)
how (adj.)! ¡qué (adj.)! (3.2)
how are you? ¿qué tal? ¿cómo está Ud.?, ¿cómo estás? (1.2)
how's it going? ¿qué tal? (1.2)
how lucky! ¡qué suerte! (5.1)
how lucky you are! ¡qué suerte tienes! (5.1)
how many? ¿cuántos? (3.3)
how much? ¿cuánto? (3.3)
how much is it? ¿cuánto es? (1.3)
hundred cien (ciento) (1.3)
husband un esposo (5.2)

i

I yo (2.1)
if si (4.4)
ill enfermo (4.3)
in en (2.1)
in the afternoon de la tarde (1.4)
in the evening de la noche (1.4)
in the morning de la mañana (1.4)

inexpensive barato (3.3)
intelligent inteligente (3.2)
interesting interesante (3.2)
to invite invitar (4.1)
isn't it? ¿verdad? (2.2)
it él, ella (after prep.) (2.4); la, lo (dir. obj.) (4.4)
how's it going? ¿qué tal? (1.2)
it is (cold, hot, very hot, sunny, windy) hace (frío, calor, mucho calor, sol, viento) (1.6)
it is cloudy está nublado (1.6)
it is one o'clock es la una (1.4)
it is two o'clock son las dos (1.4)
what time is it? ¿qué hora es? (1.4)

j

January enero (1.5)
July julio (1.5)
June junio (1.5)

k

kitchen una cocina (5.3)

l

lady una señora (3.1)
large grande (3.3)
last último (5.3)
later después (5.1)
see you later hasta luego (1.2)
to learn aprender (5.1)
to lend prestar (5.4)
let's: let's ... vamos a + inf. (4.2)
let's go! ¡vamos! (4.2)
let's go to ... vamos a ... (4.2)

let's see a ver, vamos a ver (5.1)
letter una carta (5.1)
like como (2.1)
do you like? ¿te gusta? (2.4)
I like me gusta (2.4)
to feel like tener ganas de + inf. (3.4)
what is ... like? ¿cómo es ...? (3.2)
listen! ¡oye! (3.3)
to listen (to) escuchar (2.1)
little pequeño (3.3)
a little un poco (2.1)
to live vivir (5.1)
living room una sala (5.3)
look! ¡mira! (3.3)
to look (at) mirar (2.2)
to look for buscar (4.1)
lot: a lot mucho (3.3)
luck: good luck! ¡buena suerte! (5.1)
how lucky! ¡qué suerte! (5.1)
how lucky you are! ¡qué suerte tienes! (5.1)
what luck! ¡qué suerte tienes! (5.1)

m

magazine una revista (3.3)
magnificent magnífico (5.4)
what a magnificent (noun)! ¡qué (noun) tan magnífico! (5.4)
to make *hacer (5.2)
ma'am señora (1.2)
man un hombre, un señor (3.1)
young man un joven (pl. jóvenes) (3.1)
many muchos (3.3)
how many? ¿cuántos? (3.3)
March marzo (1.5)
May mayo (1.5)
maybe! ¡tal vez! (2.1)
me mí (after prep.) (2.4)
with me conmigo (2.4)
Mexican mexicano (3.4)
Mexico México (3.4)
minus menos (1.4)
Miss señorita (Srta.) (1.2)
mister (Mr.) señor (Sr.) (1.2)

Monday lunes (1.5)
monkey un mono (5.2)
month mes (1.5)
more más (4.4)
morning: good morning
  buenos días (1.2)
  in the morning de la
    mañana (1.4)
most más (4.4)
mother una madre, la mamá
  (5.2)
motorcycle una moto (3.3)
movie theater un cine (4.2)
Mr. señor (1.2)
Mrs. señora (Sra.) (1.2)
much mucho (3.3)
  how much? ¿cuánto? (3.3)
  how much is it? ¿cuánto
    es? (1.3)
  too much demasiado (3.2)
museum un museo (4.2)
my mi, mis (5.2)

n

name: my name is . . . me
  llamo . . . (1.1)
  what are their names?
    ¿cómo se llaman? (3.1)
  what is his (her) name?
    ¿cómo se llama? (3.1)
  what is your name?
    ¿cómo te llamas? (1.1)
near cerca (de) (4.2)
to need necesitar (2.3)
neighborhood un barrio (4.2)
new nuevo (3.3)
newspaper un periódico (3.3)
next próximo (5.3)
nice simpático (3.2)
  the weather's nice hace
    buen tiempo (1.6)
night: at night de la noche
  (1.4)
  good night buenas noches
    (1.2)
nine nueve (1.3)
nineteen diez y nueve (1.3)
ninety noventa (1.3)
ninth noveno (5.3)
no no (1.1)
(North) American
  norteamericano (3.4)

not no (2.1)
  of course not! ¡claro que
    no! (2.2)
notebook un cuaderno (3.3)
novel una novela (5.3)
November noviembre (1.5)
now ahora (2.1)
number un número (1.3)

o

object un objeto (3.3)
October octubre (1.5)
of de (2.1)
  of course! ¡por supuesto!,
    ¡cómo no!, ¡claro! (2.2)
  of course not ¡claro que no!
    (2.2)
often a menudo (5.1)
O.K. regular (1.2)
old viejo (3.3)
  to be . . . years old
    tener . . . años (3.4)
older mayor (5.2)
once: once in a while de vez
  en cuando (5.1)
one un, uno, una (1.3)
  it's one o'clock es la
    una (1.4)
  one hundred cien,
    ciento (1.3)
only sólo (4.4)
or o (u *before* o *or* ho) (2.1)
other otro, otros (3.3)
our nuestro (5.3)

p

to pack: to pack a suitcase
  hacer la maleta (5.2)
pardon me! ¡perdón! (5.2)
parents los padres (5.2)
parrot un papagayo (5.2)
past: it's (five) past (two)
  son las (dos) y (cinco) (1.4)
pen un bolígrafo (3.3)
pencil un lápiz *(pl.* lápices) (3.3)
people la gente (3.1)
photo una foto (3.3)
picture una foto (3.3)
  to take pictures sacar
    fotos (4.1)

place un lugar (4.2)
plain feo (3.2)
to play *(music, a musical
  instrument)* tocar (2.1)
player: record player un
  tocadiscos (3.3)
plaza una plaza (4.2)
pleasant simpático (3.2)
please por favor (1.3)
  it pleases me me gusta (2.4)
pleasure: with pleasure con
  mucho gusto (1.3)
p.m. de la tarde, de la noche
  (1.4)
to point out enseñar (4.1)
pool: swimming pool una
  piscina (4.2)
postcard una tarjeta (5.1)
present un regalo (3.3)
pretty bonito (3.2)
professor un profesor, una
  profesora (3.1)
public square una plaza (4.2)
Puerto Rican puertorriqueño
  (3.4)
Puerto Rico Puerto Rico
  (3.4)
pupil un alumno, una
  alumna (3.1)
purse un bolso (3.3)

q

quarter un cuarto (1.4)
quite bastante (3.2)

r

radio *(set)* un radio (3.3)
rain: it's raining llueve (1.6)
rather bastante (3.2)
to read leer (5.1)
reading la lectura (5.1)
really? ¿de veras? (1.5);
  ¿cierto? (4.3)
record un disco (2.1)
  record player un
    tocadiscos (3.3)
**recorder: cassette (tape)
  recorder** una grabadora (3.3)
relatives los parientes (5.2)

restaurant un restaurante (4.2)

right? ¿verdad? (2.2)

    all right buen, bueno (3.1)

room un cuarto (5.3)

    bathroom un baño (5.3)

    bedroom un cuarto (5.3)

    dining room un comedor (5.3)

    kitchen una cocina (5.3)

    living room una sala (5.3)

s

sad triste (4.3)

same mismo (4.4)

Saturday sábado (1.5)

to say *decir (5.3)

    you don't say! ¡no me digas! (4.3)

    to say yes (no) decir que sí (no) (5.3)

school una escuela (4.2)

sea el mar (4.2)

season una estación (pl. estaciones) (1.6)

second segundo (5.3)

to see *ver (5.1)

    let's see ¡a ver!, ¡vamos a ver! (5.1)

    see you later hasta luego (1.2)

to sell vender (5.1)

to send mandar (5.4)

September septiembre (1.5)

serious serio (3.2)

seven siete (1.3)

seventeen diez y siete (1.3)

seventh séptimo (5.3)

seventy setenta (1.3)

she ella (2.2)

    she is from es de (1.1)

ship barco (4.4)

shop una tienda (4.2)

short bajo (3.2)

to show enseñar (4.1)

sick enfermo (4.3)

to sing cantar (2.1)

single solo (4.4)

sir señor (1.2)

sister una hermana (5.2)

six seis (1.3)

sixteen diez y seis (1.3)

sixth sexto (5.3)

sixty sesenta (1.3)

small pequeño (3.3)

snow: it's snowing nieva (1.6)

so long hasta la vista (1.2)

some unos, unas (3.3)

sometimes a veces (5.1)

son un hijo (5.2)

so-so así, así (1.2)

Spain España (3.4)

Spanish español (f. española) (3.4)

to speak hablar (2.1)

spring la primavera (1.6)

square: public square una plaza (4.2)

store una tienda (4.2)

story un cuento (5.1)

street una calle (4.2)

student un alumno, una alumna, un (una) estudiante (3.1)

to study estudiar (2.1)

stupid tonto (3.2)

suitcase: to pack a suitcase hacer la maleta (5.2)

summer el verano (1.6)

sun: it's sunny hace sol (1.6)

Sunday domingo (1.5)

sure: are you sure? ¿cierto? (4.3)

to swim nadar (2.2)

    swimming pool una piscina (4.2)

t

to take tomar (4.1)

    to take pictures sacar fotos (4.1)

    to take (someone or something) llevar (4.1)

to talk about hablar de (4.1)

tall alto (3.2)

tape una cinta (3.3)

tape recorder una grabadora (3.3)

to teach enseñar (4.1)

    teacher un maestro, una maestra, un profesor, una profesora (3.1)

television set un televisor (3.3)

to tell *decir (5.3)

temperature la temperatura (1.6)

    what is the temperature? ¿cuál es la temperatura? (1.6)

ten diez (1.3)

tenth décimo (5.3)

terrible muy mal (1.2)

terrific fantástico (2.1); estupendo, magnífico (5.4)

thank you gracias, muchas gracias (1.3)

that (rel. pron.) que (3.4)

    that's bad! ¡qué malo! (1.6)

    that's why por eso (2.4)

the el, la (3.1); los, las (3.3)

theater: movie theater un cine (4.2)

their su, sus (5.3)

them ellos, ellas (after prep.) (2.4); los, las (dir. obj.) (4.4)

    to (for) them les (5.4)

then: well, then . . . entonces . . . (3.4)

there allí (4.2)

there is, there are hay (3.1)

    there is (are) no no hay (3.3)

    what is there? ¿qué hay? (3.3)

therefore por eso (2.4)

they ellos, ellas (2.2)

thin delgado (3.2)

thing una cosa (3.3)

to think *creer (5.1)

    I think that . . . creo que . . . (4.4)

third tercero (5.3)

tired cansado (4.3)

thirteen trece (1.3)

thirty treinta (1.3)

three tres (1.3)

Thursday jueves (1.5)

time la hora (1.4)

    at what time? ¿a qué hora? (1.4)

    what time is it? ¿qué hora es? (1.4)

    to a (2.1)

    to . . . 's (house) a la casa de . . . (4.2)

    today hoy (1.5)

    today is (May 2) hoy es el (2) de (mayo) (1.5)

tomorrow mañana (1.5)
too también (2.1)
  too, too much (many)
    demasiado (3.2)
  too bad! ¡qué lástima! (2.1)
town un pueblo (4.2)
train un tren (4.4)
to travel viajar (2.2)
tree un árbol (5.3)
trip: to go on a trip hacer
  un viaje (5.2)
Tuesday martes (1.5)
twelve doce (1.3)
twenty veinte (1.3)
two dos (1.3)
  it's two o'clock son las dos
    (1.4)

u

ugly feo (3.2)
uncle un tío (5.2)
to understand comprender (5.1)
United States los Estados
  Unidos (3.4)
unpleasant antipático (3.2)

v

very muy (2.1)
  very bad muy mal (1.2)
  very well, and you? muy
    bien, ¿y tú? (1.2)
village un pueblo (4.2)
to visit visitar (2.2)

w

to wait for esperar (4.1)
to walk ir a pie (4.4)
to want desear (2.3)
  warm: it's warm hace calor (1.6)
  watch un reloj (3.3)
to watch mirar (2.2)
  we nosotros, nosotras (2.4)
  weather el tiempo (1.6)
  the weather's bad hace
    mal tiempo (1.6)
  the weather's nice hace
    buen tiempo (1.6)
  what's the weather like?
    ¿qué tiempo hace? (1.6)

Wednesday miércoles (1.5)
week una semana (1.5)
weekend el fin de semana
  (1.5)
welcome: you're welcome
  de nada, no hay de qué (1.3)
well bien (2.1)
  well . . . bueno . . . (3.1)
  well, then . . . entonces . . .
    (3.4)
what? ¿qué? (2.3)
  what! ¡caramba! (5.3)
  what a *(adj. + noun)*! ¡qué
    (noun) tan *(adj.)*! (5.4)
  what are they called?,
    what are their names?
    ¿cómo se llaman? (3.1)
  what day is it today
    (tomorrow)? ¿qué día
    es hoy (mañana)? (1.5)
  what (did you say)?
    ¿cómo? (2.3)
  what is . . . like? ¿cómo es . . .?
    (3.2)
  what is he (she) called?,
    what is his (her)
    name? ¿cómo se llama? (3.1)
  what is the matter? ¿qué
    pasa? (1.4)
  what is the temperature?
    ¿cuál es la temperatura? (1.6)
  what is the weather like?
    ¿qué tiempo hace? (1.6)
  what is there . . .? ¿qué
    hay . . .? (3.3)
  what is today's (tomorrow's)
    date? ¿cuál es la fecha
    de hoy (mañana)? (1.5)
  what is your name?
    ¿cómo te llamas? (1.1)
  what luck! ¡qué suerte! (5.1)
  what time is it? ¿qué hora
    es? (1.4)
  what's wrong? ¿qué pasa?
    (1.4)
when cuando (2.3)
when? ¿cuándo? (2.3)
where donde (2.3)
where? ¿dónde? (2.3)
  from where? ¿de dónde?
    (3.4)
  to where? ¿adónde? (4.2)
which que *(rel. pron.)* (3.4)
while: once in a while de
  vez en cuando (5.1)
who, whom que *(rel. pron.)* (3.4)

who?, whom? ¿quién(es)? (2.3)
  whom? ¿a quién(es)? (4.1)
whole: the whole todo el,
  toda la (3.3)
whose? ¿de quién(es)? (5.1)
why? ¿por qué? (2.3)
  that's why por eso (2.4)
wife una mujer (3.1); una
  esposa (5.2)
window una ventana (5.3)
windy: it's windy hace viento
  (1.6)
winter el invierno (1.6)
to wish desear (2.3)
with con (2.1)
  with me conmigo (2.4)
  with pleasure! ¡con
    mucho gusto! (1.3)
  with you contigo (2.4)
woman una mujer (3.1)
  young woman una joven
    (pl. jóvenes) (3.1)
word una palabra (2.1)
to work trabajar (2.1)
wow! ¡caramba! (5.3)
to write escribir (5.1)

y

year un año (1.5)
  to be . . . years old
    tener . . . años (3.4)
yes sí (1.1)
you tú *(fam.),* usted *(formal)*
  (2.3); vosotros(as) *(fam. pl.)*
  ustedes *(pl.),* ti *(after prep.)*
  (2.4)
  how are you? ¿cómo está
    Ud. *(formal)?*, ¿cómo
    estás *(fam.)?* (1.2)
  with you contigo (2.4)
young: young man, young
  woman un joven, una
  joven *(pl.* jóvenes) (3.1)
younger menor (5.2)
your tu, tus *(fam.)* (5.2); su,
  sus *(formal)* (5.3)

z

zero cero (1.3)

INDEX

PHOTO CREDITS